戦国期の貨幣と経済

川戸貴史著

吉川弘文館

目次

序章　中近世移行期貨幣流通史研究の軌跡と課題

はじめに

日本の中世は、中国から移入された銭貨（渡来銭）が貨幣として流通した時代であった。その銭貨は、主に宋代から明代にかけて鋳造されたものであり、雑多な種類の銭貨が同時に流通していたが、それらは区別されることなく一枚＝一文の価値を与えられていた。

このような独特な銭貨流通秩序は十二世紀後半の流通開始期から列島規模で一貫して維持され、基本的には十七世紀後半の消滅期まで継続することとなった。また、この秩序は国家権力によって強権的に設定されたものではなく、むしろ流通現場の側によって自律的に構築され、維持されていたのである(1)。日本においては古代に「皇朝十二銭」と呼ばれる銭貨を独自に鋳造する時期もあったが、十一世紀前半頃に途絶し、その後は米・絹布が貨幣として使用されていた。ただし銭建ての価格表記自体は残存したと考えられており、そのような遺制が、渡来銭の受容を可能にしたと考えられている(2)。以後は権力側の受容により、彼らの定めた公定価格法である沽価法や、公的貸付である出挙に銭貨が浸透してゆくこととなり(3)、十四世紀前半には価格表記がほぼ銭建てで統一されることとなった(4)。日本における渡来銭の普及過程は、おおよそ以上のように理解されている。

その後十五世紀前半までは、渡来銭が安定して流通したと理解されている。しかし、十五世紀後半になると、「悪銭」と呼ばれる銭貨が史料上に頻発しはじめ、十六世紀に入ると幕府や各大名などが「悪銭」排除（もしくは強制使用）を命じた撰銭令（撰銭禁令）を頻発するなど、銭貨流通秩序が明確に混乱することとなった。本書は、その混乱が発生した原因及びそれに対する人々の対応について、十七世紀前半までも視野に入れて分析を行うものである。本書ではこの時代的スパンをもって中近世移行期と捉えるものとする。

近年相次いで関連書籍が発行されたように(5)、日本中世における貨幣流通史研究が、今や一つの研究分野として定着してきた感がある。なぜ今かかる研究が脚光を浴びているのか。おおまかに言えばその理由は次の通りである。すなわち、貨幣が国家権力と不可分にあるという経済学的理解から、貨幣流通の具体相が国家像を模索する上で重要な論点となりうると理解されるようになった点。もう一点は、貨幣がモノの価値体系や人の行動規範を規定する存在たりうる、という視点に基づくことによって、当該期の社会像をリアルに描写しうると考えられてきたことである(6)。

そして最も重要な要因は、いわゆる社会の「グローバル化」と称される現在的な事情であろう。その端緒となったのが社会主義体制の崩壊にあることは言をまたないが、それ以後の一国史的視点への批判から高まりを見せた対外関係史研究とリンクする形で、渡来銭の流通した中世貨幣流通史研究も注目を浴びるようになったのである。

しかし、過去の当該研究が、すべてかかる問題関心に基づいて進められたわけではない。様々な分野における研究の進展によって、改めて捉え直すべき問題点が浮かび上がっている。はじめに研究史の整理を行うことによってこれらの問題点を確認し、本書の課題を設定したい。

ところで、言うまでもなく「貨幣」というタームは経済学の用語である。社会において貨幣が流通するメカニズムについては膨大な議論の蓄積がありここで触れる余裕はないが、ひとまず交換媒体・価値尺度・蓄財手段の三つを貨幣の機能および役割と定義する事は許されるだろう。貨幣という概念は経済学が発達する近代資本主義社会において見出されたものであった以上、貨幣の基本的定義は、近代資本主義社会における貨幣をモデルとすることになる。だが前近代史研究においても敷衍され、この三つの定義を前提に貨幣流通史研究が蓄積されてきた。それゆえ、特有の論点も生み出されていることに注意しておかねばならない。

一　中世後期日本の銭貨流通史研究

十二世紀後半に始まった中世貨幣流通システムは、十五世紀前半まではおおむね安定して維持されていた。ところが、十五世紀後半に応仁・文明の乱をはじめとする大規模な戦乱情況の勃発を契機として、変化が訪れることとなった。それは、どのような銭貨でも一枚＝一文とする秩序が動揺し、「悪銭」と呼ばれて授受自体を拒否されるような銭貨が目立ち始めたのである。悪銭の実体がどのようなものであったかは後に述べることとしたいが、史料的には、銭貨授受の場において受領者側が忌避の対象とした銭貨として登場する。受領者側は悪銭のチェックを行い、受領する前であれば受領そのものを拒否し、受領した後であれば廃棄するかもしくは安価で売却する事態が頻発することとなった。このような情況が、撰銭問題と呼ばれるものである。貨幣経済が既に定着していた時代にあってこのような事態が横行することは、当然ながら大きな社会問題であった。十五世紀後半以降の貨幣流通史研究は、かかる社会情況を基調として進められてきた。以下、具体的に確認してゆきたい。

1　撰銭令をめぐって

元々粗悪銭排除を目的とした撰銭という行為そのものは、銭貨流通においては普遍的に存在するものであった。しかし、社会問題化した当該期においては、権力による法規制が登場することとなり、その点に注目が集まった。この法令は撰銭令（撰銭禁令）と呼ばれるものである。

一般的に撰銭令と称される法令には様々な形式があり、発布意図や内容もそれぞれ異なる性格を持つ。そのため一括して総称することには問題もあるが、端的に言えば以下のような共通点を定義としている。一つは使用すべき銭種を規定し、その使用を半ば強制したもの。もう一つは、流通から排除すべき悪銭を規定し、その使用を禁止したもの、である。この二つの定義は貨幣流通政策として共通し、実際に併記して発布されるケースが多いのだが、発布の背景はまったく正反対の事情を基にしている。つまり、前者は市場で忌避される銭種を権力が強制的に使用させるための法令であり、後者は市場で使用される銭種を権力が強制的にやめさせるための法令であった。ここで明らかになるのは、悪銭とは万人が均しく忌避する銭種ではなく、権力であれ市場であれ、個々によって悪銭の定義に差異が見られると思われる点である。この点をあらかじめ踏まえつつ研究史を確認したい。

(1)　グレシャム論争

戦前においては、十六世紀における悪銭流通の原因究明が注目された。そこで問題となったのが、「悪貨は良貨を駆逐する」として著名なグレシャムの法則が適用されうるか否かであった。はじめにグレシャムの法則の適用を唱えたのが渡辺世祐氏であったが[7]、柴謙太郎氏は具体的な良貨駆逐の形跡が無いことや、前提として必要とされる潤沢な貨幣流通の達成には至っていなかった点などを理由に、法則の適用はできないと批判した[8]。一方適用論者として奥野高広氏が、潤沢な貨幣流通を法則適用の要件とはしないとさらに反論したものの[9]、同じ頃小葉田淳氏が、当該期の悪銭流通は、法則の適用可否を論ずるのみでは解決しえないと主張し[10]、以後同氏の研究が広く参照されるに従い議論は平行線のまま沈静化した。

当該論争は、あらかじめ存在する法則に当てはまる事例を探し出して呈示する渡辺・奥野両氏の論証手法に問題があったと言わざるを得ない。しかし、かかる論争において撰銭令が中心的な検討対象となったことは、後の中近世移行期の貨幣流通史研究において決定的な影響を与えた。撰銭令発布の背景や法的効果の有無を解明することが、当該期貨幣流通の本質的構造を抉り出すために最も効果的であるとした、当該論争の手法が継承されたためである。同時期には撰銭令に限らず広く史料を博捜し、総合的に貨幣流通史を叙述した小葉田氏の研究が発表され[11]、同氏の研究が現在に至るまで貨幣流通史研究の基本文献としての位置づけを与えられている一方（詳しくは後述）、戦後しばらくは撰銭令の法解釈を巡る議論でほぼ占められるに至った。

(2) 封建制概念と撰銭令

戦後の貨幣流通史研究もまた、マルクス史学の影響を大いに受ける。とりわけ注目されたのは、中世における在地社会の経済的発展と銭貨流通の拡大を表裏一体とする視点であった。銭貨普及期においては、中世荘園における代銭納の普及を、農民経済の発展による銭貨流通の受容を前提とする視点が定着していったが[12]、それを受けて中近世移行期は成熟した農民経済の転換期として位置づけられ、そのなかで貨幣流通の諸問題が検討された。

たとえば、近世において繰り返された「貨幣改悪」策の前提として中近世移行期貨幣流通を検討した藤田五郎氏は、「農民的貨幣経済」の生成過程において支配者側が悪貨流通を強制する素地を与えた時代として捉え、その象徴が撰銭令による悪貨使用の強制であったと指摘した[13]。また奥野高広氏は、商品流通の発展とともに高利貸資本や新自作農が成長したことによって貨幣需要が高揚し、良貨が退蔵され低質銭流通の拡大を招くことによって、物価騰貴が激しくなったと主張した。そして撰銭令がそれを防止せんとする意図をもって発布されたという。[14]

一瞥してわかるように、中近世移行期は貨幣経済の成長が一定度達成された段階にあり、一方でその矛盾もまた拡大した時代とする視点は共通するものの、撰銭令に対してはほぼ正反対の性格が与えられている。すなわち撰銭令が「悪貨強制」の法令なのか、「悪貨駆逐」の法令なのかの定義そのものも議論の対象となっていたのである。[15] 後には、全面禁止ではないものの撰銭の制限を意図したものであるとする反面、将軍の権威回復により慣例的に発布されたものであるという、経済政策的側面を消極的に評価する滝沢武雄氏の主張なども出された。[16]

ここに至ると、貨幣流通の混乱を無前提に農民経済の過熱に求める視点そのものが相対化されなければならなかった。その視座に立つ藤木久志氏は、中世村落と貨幣との関係を実証的に理解する必要性を指摘し、権力が在地支配を領国統制に取り込もうとするなかで撰銭令も発布されたと主張した。[17] 社会において悪銭が具体的にどのように使用されていたかについては実証性の乏しさが認識され、以後はその克服に向けた動きが盛んとなったのである。

(3)　撰銭令と流通実体との関係

如上の混乱によって行き詰まった最大の原因は、そもそも撰銭令の定義が必ずしも定まっていないにもかかわらず、撰銭令と銘打たれた史料が戦前期段階で整理され、そのまま継承された点である。発布主体、発布の背景、法的内容がそれぞれ別個の法令を一括して撰銭令と総称し、その性格を同一視してきた問題を見直す必要があるだろう。

ただ発布主体に関しては、室町幕府発布の撰銭令に限定して検討対象とする動向が中心ではあった。幕府は規制内容を変化させつつ繰り返し撰銭令を発布したため、参照事例に比較的恵まれていた事や、何よりも経済的中心地たる京都を支配する幕府の経済政策が、当時の日本社会を最もよく反映したものであると考えられたためである。

しかし、なぜ幕府が撰銭令を発布したのか、その背景については諸説交々である。長く通説的位置を占めてきた滝沢説によれば、幕府は撰銭令を発布することによって忌避銭の流通を強制し、それを大量に保有する幕府の財源を補塡する効果をもたらすものだと理解された[18]。一方中島圭一氏は、公権力への社会の要請が法令発布の契機だとし、その内容は現状追認である点を強調した[19]。対して池享氏は、公権力は貨幣流通秩序の維持にはむしろ積極的であり、社会もそれを要請したと位置づけている[20]。

このように、撰銭令の検討を通して公権力と社会との関係をどう捉えるかについて、意見が変化していったことがわかる。中世史研究全体における、当時の公権力と社会との関係を捉える視角の変化に呼応したものと見なすこともあるいは可能であろうか。この点は後に触れたい。ここで指摘しておくべき問題は、中島氏の言う「現状」の実体である。同氏の見解は「現状追認」である以上、それに従えば撰銭令の法文そのものが「現状」の実体となる。とはいえそれを具体的に示す傍証は今のところ得られていないのが弱点でもあり、批判対象となった滝沢説が未だ放棄されてはいない要因ともなっている。

もちろんその「現状」を傍証する作業を研究史が怠ってきたのではなく、その作業を可能にする史料の発掘が未だ十分果たされていないために、如上の問題点が残されていると評価できよう。とりわけ実際の経済活動において銭種を明記した史料は極めて乏少であるため、撰銭令で繰り返し悪銭が問題視されながら、実際の経済活動レベルで悪銭がどのような扱われ方をされていたのかさえもほとんど不明だったのである。

ただし手をこまねいてきたわけではない。撰銭令研究が一段落した一九七〇年代以後、既存史料を新たな視点から再検討することにより貨幣流通の実態を把握しようとする動きが盛んになる。撰銭令の内容によって当時の貨幣流通の「現状」を把握する研究手法から脱却し、どのようにして実際の貨幣の使用状況を分析することが可能となり、そしてその「現状」を把握したのか。またどのようにしてそのなかに撰銭令を位置づけようとしたのか。次にみてゆきたい。

2　銭貨流通の実態をめぐって

(1)　文献史料の分析

文献史料の蓄積を基に貨幣流通秩序を分析する手法そのものは、早くから小葉田氏によって実践されていた。[21] しかし貨幣流通史に関しては先に見た通り撰銭令の検討が主要な論点となったため、長く批判の対象とはならなかった。一九七〇年代に入り実証的検討の必要性が意識されるようになると、小葉田氏の業績が先行研究の到達点と位置づけられ、その批判的検討が活発になった。かかる経緯もあって、新出史料の発掘に心血が注がれるというよりは、同氏が網羅的に収集した史料の再検討を中心とする論証手法が執られた。

その中で注目された史料は『多聞院日記』における、十六世紀後半の奈良の銭貨流通事情を示す記事であった。毛利一憲氏は十六世紀後半（天正期）に頻出する「ビタ」の使用事例に関する小葉田氏の指摘を批判し、米との比価からビタの和市と金・銀の和市を算出し、天正期にはビタの価値が上昇している事を明らかにした。[22] 十六世紀後半に登場する「ビタ」は、史料上では確認できつつもその流通実態はほとんど明らかではなかったが、具体的な流通実態を解明する一助となる論考である。なお、ここでの「ビタ」は悪銭と同義ではなく、実態としては一般に使用される通用銭であったと考えられる。[23]

もう一つは、売券に見られる価格表記に注目した分析手法である。これは戦前において玉泉大梁氏が採用していたが、以後の新出史料の発掘とともに本格的に分析を試みたのが浦長瀬隆氏である。(25)同氏は日本各地における売券を集積して分析し、その価格表記の変遷を検討した結果、一五六〇年代後半に西日本において一斉に銭遣いから米遣いへと変化したことを明らかにした。この研究は今も大きな影響を与えており、東日本における動向との相違から、東西間での地域差の一事例として頻繁に取り上げられてきた。(26)

一方、東国を対象とした戦国史研究の高まりによって史料の集積が進んだことから、とりわけ関東での貨幣流通の実態を検討する動きも盛んとなった。十六世紀後半の関東では、大名によって永楽銭を基準通貨とした収取体系が志向された事実は早くから注目されてはいたが、その起源は明らかではなかった。中島圭一氏は北関東を発祥とし、(27)永原慶二氏は伊勢商人が永楽銭を積極的に関東へ移入させたことが契機であったと主張した。(28)両者の見解が対立したままであり、さらなる検討が今後期待されるが、地域社会の構造を解明する梃子として貨幣流通に注目すべきとの藤木久志氏の提言にのっとり、地域社会における貨幣流通の構造そのものを明らかにする、マクロな視点を重視する動向が生まれた。

ただし、もちろん実際に貨幣を使用する地域社会の様相を探るミクロな視点は継承されるべきであろう。最近では撰銭令が米流通とリンクして発布される点に注目し、これら貨幣政策が食料需給政策の一環であったとの指摘(29)や、流通停滞によって銭貨流通も滞り、それによって撰銭や飢饉が発生するという指摘(30)は、貨幣流通と地域社会の実情との深い関わりを示唆するものである。

もう一つ最近の研究動向として指摘しておくべきは、大内氏および毛利氏領国における十六世紀の貨幣流通を実証的に分析した本多博之氏の一連の業績である。(31)同氏の研究は、単に実証分析に留まらず、貫高制から石高制への収取構造の転換に貨幣流通秩序が与えた影響に注目した点(32)に特徴がある。このように、収取システムや実際の収取の現場における貨幣使用のあり方から再検討する試みは、今後さらに深めてゆくべき課題である。

(2)　考古資料の援用

近年注目を浴びているのが、一括して大量に埋蔵されていた銭貨の発掘事例（出土銭貨）の分析である。文献史料による分析が困難である状況にあって、考古資料を検討材料とできる点は、当該研究の強みでもある。現時点では、調査報告書等から大量埋蔵事例を集積して年代を分類し、各時代の特質を明らかにした鈴木公雄氏の研究が代表的である(33)。同氏の一連の研究は出土銭貨研究を一個の研究分野として確立させ、雑誌『出土銭貨』も刊行されて現在に至る(34)。これによって、今も各地で発掘される出土銭貨事例の参照が容易になり、文献と考古との相互交流的な研究が発展した。

ただし、今はまだ克服すべき課題が少なくない。中でも最大の問題は、鈴木氏による年代決定法そのものに疑問が残る点である。同氏は一括出土した銭貨のうち最も新しい銭貨の鋳造年代から埋蔵時期を特定する分類手法を採った。しかし各種銭貨は鋳造枚数の多寡の差が激しく、とりわけ十五世紀以後の中国では銭貨流通を停止したこともあって、ほとんど銭貨を鋳造しなくなっていた(35)。そのため、それ以前に発行された銭貨が最新銭となる事例が多数を占める結果となっているのだが、鈴木氏がそれらを十五世紀後半の埋蔵事例に一括して分類したことには、批判が集中している(36)。出土銭貨の年代決定法が未だ確立していない段階であるために、事例を援用するのはまだ難しいのが現状といえよう。早急な解決が必要である。

(3)　対外関係と銭貨流通

近年の日本中世貨幣流通史における中心的論点は、「東アジア世界」という枠組での視点である。一九九〇年代の社会主義体制崩壊に代表される社会事情が大きく影響を及ぼしたことは言うまでもない。研究史としては、直接の契機は中世貨幣が中国の「内部貨幣」であったと主張した足立啓二氏の論考を端緒とする。(37)もっともこの足立説は、中国においては銭貨流通が停止したとするにもかかわらず、日本では依然として継続している問題を解消できないため、今は否定的に捉えられている。(38)だが、中国における政治事情と日本の貨幣流通との関係を積極的に見出そうとする視点は、研究史上は小葉田氏以来ほとんど注目されてこなかったこともあって、大いに脚光を浴びた。以後、中国で鋳造された粗悪な私鋳銭の大量流入が撰銭の原因とする大田由紀夫・黒田明伸両氏の指摘がなされ、(39)概ね通説となっている。

これらの研究動向は「東アジア世界」に留まらず、黒田明伸氏のように世界全体を見通す動きにも進みつつある。石見銀山の開発などによって大量に産出された日本銀が世界を席巻する点は常に注目されてきたが、中国で鋳造された銭貨が世界経済にどのような影響を与えたかという視点での議論はまだ成熟していない。その中での同氏の問題提起は注目すべきであろう。

しかし、かかる研究視角によって、中国における銭貨流通事情が実証面で深く考察されていった反面、日本における貨幣流通の実態についてはむしろ精緻な議論がなされていない感が強い。(40)とりわけ中国からの粗悪銭大量流入は十六世紀後半である事が指摘されているが、日本において悪銭が社会問題化する時期はそれより少なくとも半世紀遡る。また一連の議論は、悪銭をおしなべて粗悪銭と単純化して理解する点にも特徴がある。日本における悪銭は、明銭のような良銭がしばしば含み込まれ、撰銭で排除の対象となる点が大きな問題点であり、粗悪銭の流入量でのみ推し量ることはできない。日本における撰銭発生のメカニズムは、対外関係にのみその解決を求めるのではなく、日本における社会事情に配慮しつつ追究してゆく必要があるだろう。

二　貨幣流通史研究の視角と課題

以上にみてきた研究史に学び、中近世移行期の貨幣流通史研究を今後どのように進めてゆくべきなのか。多岐に亘る論点が予想されるが、主要なものとなりうるであろういくつかの点を個別に取り上げてみたい。

1　貨幣の機能――価値尺度・蓄財手段・交換媒体の実像

研究史を回顧すると、貨幣の持つ機能を巡る問題に言及する必要がある。つまり、その定義が必ずしも共有されておらず、そのためしばしば議論に混乱がみられるためである。

ただし、汎社会的に財との交換手段として認知された媒体という基本的な貨幣の定義については一致するところである。また、貨幣としての地位の安定性を銭貨が保有したという認識を人々が共有していたがゆえに、埋蔵銭に代表されるような蓄財手段として活用されたといえよう。

しかし価値尺度としての機能を論ずる時は、話が違ってくる。古代から中世前期にかけて、米や絹に替わって銭貨が価値尺度機能を有するようになる過程は、松延康隆氏によって明らかにされたが[41]、その根拠となっている「価格表記」は、基本的に売券に代表される土地価格表記に限定されて論じられてきた点が問題となろう。この点は浦長瀬隆氏による研究[42]に象徴的であり、「西日本の米遣い」の論拠にもなったわけだが、売券における価格表記の変化と、交換媒体としての銭貨の使用状況の変化とは完全にはリンクしていない[43]。「米遣い」となった時期にあっても、依然として銭貨が使用されたし、貨幣としての銀の普及が急速に広まった時期でもあり、貨幣的機能がすべて米に収斂したわけではないことが明白である。

もちろん、この時期において一時的に米が交換媒体としての機能を「復活」させていたことは確かであり（ただしこの状況は近世にも続くようである）、例えば高額ならば米、少額ならば銭貨というように、取引形態によって交換媒体が分岐する形で併存したと見ることも可能かもしれない。だが、むしろそうであるならば、米の貨幣的機能は限定的であると見なす必要が出てこよう。現在ではほぼ無前提に東西の地域区分の代表例として使用される浦長瀬氏の理論は、貨幣流通の実態のみならず、当該期社会の現状を見誤る危険性も秘めているのではないだろうか。

すなわち、価値尺度機能を有する存在こそが貨幣たりうるという定義に問題はないだろうか。交換媒体と価値尺度機能が必ずしも一致する必要はなく、そもそも別個であっても良いのではないか。そもそも当時において、銭建てなのか、米建てなのか、銀（金）建てなのかという区別が、果たして「いずれが貨幣か」という問題に直結していたかどうかを検証する必要があるのではなかろうか。これは先に述べた、売券における価格表記と、実際の支払手段とが必ずしも一致していたわけではないと思われる点にも関わる問題である。浦長瀬氏の実証に誤りがあるわけではなく、十六世紀後半の西日本において売券が米建てに一斉に変化することは、疑いようのない事実である。しかしそれは、戦乱期という社会的事情に照らせば、悪銭流通による銭貨流通の混乱とは別に、米需要が一気に高まったことこそが本質的問題ではないかという疑いを濃くする。

これに関しては、本多博之氏のように銭貨流通の混乱から石高制の成立へ直接繋げる議論も[44]、今一度精緻な検証を経る必要性があるだろう。しかし収取体系の変化に注目した同氏の研究は、収取の現場から銭貨流通の混乱を見る新たな視点を開拓した点で大きな示唆を与えている。従来の貨幣流通史研究は商品取引の現場にほぼ限定して議論されてきたが、収取の現場における混乱をその対象とすることによって、新たに数多くの史料を参照することが可能となり、貨幣流通史研究を豊かにする可能性を秘めている。収取に際して権力側が何を対象として選択したかという志向性は、ある程度権力者個々の恣意性が働いている可能性もあるし、在地社会の動向に規定される面があるものの、当該期社会における蓄財のあり方を見通すことは可能であろう。収取対象となった媒体は貢納として実際の支払手段ともなり、領主にとっての蓄財手段ともなるという視点に基づき、その媒体の変遷と貨幣流通との関わりを具体的に探ることを、本書の課題の一つとする。

2　貨幣と国家・社会秩序

貨幣流通史の論者を呪縛するのが国家の影である。近代貨幣が国家によって発行された事実を、かつての経済学が前提としたためであることは言うまでもない。前近代においても貨幣発行は国家が担う場合が大半ではあったが、すべてではなかった。その一事例がまさに、中国から移入した渡来銭が貨幣として定着した中世日本の貨幣経済である。では中世日本における貨幣と国家との関係はいかなるものであったか、が当該研究の一つの論点となった。

中世後期日本の貨幣流通と国家との関係については、佐藤進一氏の発言が著名である。いわく、「将軍が、明貨を独占的に受領して国内流通界に投ずる機能（それは立派な貨幣発行権である）をもつ」[45]。この発言は、室町幕府が独占的に明との交易を結び、それに伴って大量の銭貨が移入されたというモデルに基づいてなされたものであった。しかし実態としては密貿易が横行しており、銭貨移入は必ずしも幕府が独占的に行ったものではなく、むしろその範疇に含まれない形で流入したと見る方が適っている[46]。よって、佐藤氏のいわゆる「貨幣発行権」は、少なくとも室町幕府は有さない権能であったと考える。しかしむしろこの議論がもたらした重要な問題点は、その妥当性ではなく、貨幣が国家論とは切り離しがたい存在であるという理解が、今なお生き長らえている事実を象徴する点である。

先に触れた点とも関わるが、国家に代表されるような権力が何を支払手段とし、収取対象としたかが、何が貨幣として流通したかの条件として重要である。しかし中世日本の場合、既に触れたようにまずは民間へ普及する形で渡来銭流通が開始された事実が明らかであり、銭貨に対する国家の影は当初から薄い。そこを鋭く衝いたのが中島圭一氏による、自律的な社会秩序の醸成を重視した一連の主張である。(47)ただし、中島氏も貨幣と国家との関係を問い直す意識の必要性を訴えているものの、では国家とはどのような態様であったのかについては、明言を避けている節がある。もっともこれは現在の中世史研究自体の問題であり、とりわけ、中世後期の国家像は曖昧模糊としたままである点が阻害要因となっているのである。

ここで仮に国家を担いうる権力として朝廷・幕府・荘園領主の三者を措定するとしても、厄介なことに、これらの権力は十二世紀後半の普及期において渡来銭流通に猛反撥する形でやや反応が見られる以降、銭貨に対する具体的な統制行動は、十五世紀後半以前には一切見られない。(48)すなわちほぼ中世を通して、銭貨をコントロールせんとする動向がそもそも如上の権力には存在しなかった。そのため貨幣流通統制の問題から国家像を検証することが困難となっており、それゆえ中世国家と貨幣との関係は不明瞭なのである。

しかし、そもそも貨幣流通統制を国家が担うべきとする発想は、言うまでもなく近代貨幣理論に基づくものである。それを前提とするのではなく、時の国家がなぜ貨幣統制を必要とするかを、歴史的背景に即して検討する必要があるだろう。(49)中世日本においては、国家を担いうる権力は荘園を中心とした支配に基づいて収取を行うことによって維持されるものであり、十三世紀以降は、その中心的な収取対象として銭貨に対する関心が存在していたと考えられる。また、室町幕府財政は銭貨収取が中心であり、銭貨流通の混乱が自らの財政に打撃を与える危険性が意識されていた可能性はある。(50)しかし結果として、十五世紀前半までは貨幣流通に対する統制を行うことはなかった。結果論的に言えば、統制を行う必要がないほど銭貨流通秩序が安定していたためと見られ、中島氏の主張するように、自律的秩序が強固であったという視点は筆者も妥当性を有すると考える。

十五世紀後半になると一変する。先に見た、悪銭流通の開始である。幕府についていえば、初めて撰銭令を発布したのは明応九年（一五〇〇）であったが、悪銭流通によるトラブルの出来はそれに先行していたことは確かである。それ以前において、国家を担いうる権力として存在してきた勢力がどのような対応を行っていたのであろうか。実はこの点についての分析がほとんど行われていない。既述のように、既に銭貨は自らの財政に深く影響を与える存在であり、その混乱に対して無策であったと考えることは難しいであろう。そして、その対応が最もはっきりと現れるのは、収取の現場である。また、全国政権としての幕府権力の衰微に伴って、守護などから勃興した地域権力（戦国大名）が独自の領域支配を開始する時代でもあった。財政基盤については基本的に段銭など幕府の財政基盤を継承するものであったと考えられることから、ここでもやはり収取の現場において銭貨流通の問題に直面することとなる。その対応を具体的に見る必要があるだろう。ただし彼ら地域権力を「国家」とすることはできず、地域的な公権力と呼ぶべき存在として理解されている。しかし国家の持つ公的使命を分掌する存在として把握することは可能であり、その点において、個々の地域における彼ら権力の対応は、当該期の国家権力による対応の一形態とひとまずは見なすことが可能と考えられるのである。(51)

よって、十五世紀後半以降における戦国大名などによる貨幣統制のあり方は、公権力として立ち現れてくるものと考えられるのであり、そこには当該期における国家と貨幣との関係を窺知しうるものであると考えられよう。そして具体的には収取を巡る対応として立ち現れることが予想されるのであり、それゆえ公権力でありながら、その対応は時に恣意的である可能性もある。この具体像の解明を本書の課題の一つとする。

3 「悪銭」とは何か

十五世紀後半以後において史料上頻出する「悪銭」とは、そもそもどんな銭貨であったのだろうか。この点が、本書において中心となる論点である。先駆的研究者である小葉田淳氏によると、撰銭の発生原因について、①良質で新鋳である明銭の流通によって流通銭貨に優劣の差が顕著となったこと、②主要流通銭である宋銭の摩耗が激しくなったこと、③私鋳銭の流通が横行するようになったこと、以上三点を指摘している[52]。当該期に撰銭が社会問題化する銭貨流通史上の要因としては、銭貨自体に優劣の差が拡大したことが重視されている。この見解は今も概ね支持されるものであり、それが要因の一つとなったことは事実としてよいであろう。

ただし、この優劣の差だけを原因とする主張が散見される点は、問題である。例えば鈴木公雄氏は、十五世紀前半までにおいても銭貨の優劣差自体が存在する点を前提としながら、十五世紀後半以降における撰銭激化の原因を、模鋳銭の鋳造量の増加と、市場における「慣習的方法」として質的に劣った銭貨を排除する「撰銭慣行」が動揺したためであると述べる[53]。また既に見たように、中国の影響を重視する論者は、中国から大量の粗悪銭が日本へ流入したことを、その主原因とするのである。筆者は、それら劣悪銭の登場が要因となったことは認めつつも、それが本来貨幣として造られていること、また実際に貨幣として流通した形跡があることを勘案すれば、それらの登場そのものだけを原因とすることはできない。そもそも「悪銭」とは、ある銭貨授受の場面において、ある銭貨に対して与えられた「評価」として登場するのであり、その「評価」は単なる物理的な優劣の問題で決定されているわけではない（明銭の例に顕著[54]）。その「評価」がどのようにして下されているかを、記された史料の背景を勘案しながら検証する必要がある。このように考えれば、撰銭が社会問題化した背景は、それを巡る人々の対応のあり方や、流通構造そのものに起因すると見るべきではないだろうか。その検証を本書で進めてゆきたい。

4　金・銀の「貨幣化」

十六世紀は、金・銀が貨幣として流通を開始する時代である。もっとも日本史上、古代において銀が貨幣として鋳造され、流通していたことがある(55)。しかし中世においては途絶しており、当該期に改めて貨幣としての流通が始まることとなった。

金・銀の貨幣としての流通開始（本書では「貨幣化」と称する）は、中世経済に広まった領主層の贈与経済が、その淵源として考えられている。貴金属である金・銀は、超歴史的にそれ自体が価値を有する存在であったが、特に中世後期においては贈与対象として広く普及することとなった(56)。十六世紀に入るとその過熱によって金・銀が京都の領主のもとへ集中するようになったとされ、そのストックを背景として十六世紀後半に「貨幣化」を果たしたという(57)。これらの事実は、従来石見銀山等の大規模開発による銀の大量流通を契機とする通説的理解に修正を迫るものであり、興味深いものである。しかしこれらの検討は、領主層における貨幣的使用の開始時点を探る手法にならざるをえず、実際に庶民層にまで普及する段階は、やはり通説的理解である一五九〇年代とする考え方が一般的ではある(58)。「貨幣化」をどの時点で設定するかはそれ自体難しい問題ではあるが、消費経済の動向に中心的検討を据える場合、庶民層の動向を検討することは史料的にほぼ不可能であるだろう。

そこで本書では如上の検討手法のみならず、視点を変えて収取の現場に金・銀が浸透してゆく過程を分析することとしたい。収取対象は銭貨が主役であったが、その代役として金・銀が収取される変化がいつ、どのようにして訪れたか。この視点に基づく検討は、後北条氏を対象とした永原慶二氏[59]や毛利氏を対象とした本多博之氏[60]による分析が既にあるが、それ以外についてはほとんど検討されたことがない。特に毛利氏についてはやはり石見銀山の影響を強く見ざるを得ず、ともすればやや特殊事例として見なされる場合が多い。実際に収取の現場において金・銀がどのようにして立ち現れるようになるのかを見ることにより、その「貨幣化」段階を検討してゆきたい。

5 小括

近年では、黒田明伸氏の「支払協同体」論や中島圭一氏の「自律的秩序」論など、貨幣と国家との関係を切り離した議論が活発である。少なくとも十五世紀前半までの中世日本の貨幣は、おそらく本質的には国家と切り離す事が可能であろうと筆者も考える。しかし十五世紀後半以降を中近世移行期と設定すれば、その特質を権力が貨幣流通に「乗り込んでくる」時代として見出す事ができる。これは日本の近世国家にとって貨幣統制が重要な使命となった事の歴史的前提とすることも可能であろう。

悪銭流通の原因を、銭貨の磨耗に代表されるような、物的要因にのみ求める動向には与しない。粗悪銭ではない「悪銭」の実体を含め、そのようなモノが存在した社会条件を明らかにする事が必要であろう。また渡来銭流通は中国からの流入を前提とする以上、中国の動向と密接に関連する事は明らかであろうが、それへの対応のあり方は、日本社会特有の事情が左右したはずである。その実証的検証が今は必要であると考える。

以上の研究史整理と問題把握に基づき、中近世移行期日本の貨幣流通史を、主に銭貨流通を巡る問題から検討を進めることとしたい。

三　本書の概要

第一章では、十五世紀後半から十六世紀前半にかけての経済事情を把握する一環として、代表的な荘園領主である東寺の頼母子講を事例に、その財政事情を見ることとする。中世経済の主軸とも言うべき荘園制支配と、それを担う中心的存在であった東寺が、徐々に変容を遂げてゆく事態を具体的に見ることによって、中世後期の経済事情をクリアに捉えることが可能となるものと考える。

第二章では、同じく東寺を対象に、その荘園経営の変化を流通事情の問題から検討し、そこに貨幣経済の与える影響を明らかにする。中世後期社会は一般的に荘園制の衰退期として理解されているが、(61)十六世紀までその支配がある程度継続した荘園も少なからず存在し、その一つの事例である備中国新見荘を対象として、とりわけ隔地間流通に起こった問題に注目しつつ、貨幣流通との関係を検証する。

第三章では、さらに荘園経営に貨幣流通の変容が与えた問題を検討するため、賀茂別雷神社領荘園を対象に、その年貢収取において「悪銭」の与えた影響を分析する。その上で、「悪銭」を受領した荘園領主がどのような対応を取るかを具体的に検証することによって、「悪銭」がどのようにして発生するかのメカニズムを探り出すこととする。

第四章では、明銭に対して与えられた意識の差異に注目し、南九州と北九州（大内氏領国）を比較して検討する。その意識がどのような空間的広がりをもって共有されていたかを考えることとしたい。なお大内氏はいち早く撰銭令を発布した大名として著名であり、その理由は様々な形で検討されてきた。大内氏による権力としての収取構造に注目すれば、撰銭令発布の目的などについて従来とは異なった要因が見えてくる。この点も明らかにしたい。

第五章では、金・銀の「貨幣化」の問題を検討する。贈与経済の発達から金・銀の「貨幣化」を検証する近年の研究動向に鑑み、その記事が多く残されている本願寺の事例を対象にその贈与事例を分析したい。本願寺は十六世紀に勃興した特異な権力体でもあり、その贈与事例の分析は研究史に資するものとなりうるであろう。また先に触れた通り、後北条氏・毛利氏にほぼ対象が集中している点を問題視し、大友氏を対象として銀収取の開始時期を探り、その特質を明らかにしたい。

第六章では、十六世紀後半の関東における銭貨流通の問題について検討する。この時代は政治権力も大規模な変革期を迎えており、それぞれの権力が銭貨に対してどのような対応を採ったかを見ることが重要であろう。具体的には、永楽銭の「精銭化」が注目されてきた関東において、その具体像を再検討する。また補論においては、天正十八年（一五九〇）の豊臣秀吉による「奥羽仕置」に関わって、会津で行われた検地に現れる「永楽」について、関東の情勢を踏まえて検討する。

第七章では、十六世紀末期から十七世紀前半にかけて、徳川政権（江戸幕府）が全国政権になる過程とその貨幣政策について検討を加える。とりわけ寛永十三年（一六三六）の寛永通宝発行以前については、各大名が独自に銭貨を鋳造する動向が見られるのであり、そのような政策が必要とされた背景や、可能となった要因について考察する。

最後に終章においては、十五世紀後半から十七世紀前半にかけての貨幣流通史の変革を、貨幣が中心的役割を担う流通経済構造の変容のなかで位置づけることとしたい。十五世紀後半は、それまで維持されてきた荘園制的支配を軸とする「求心的経済構造」が変容する時代として捉えられるのであり、貨幣流通における諸問題はその変容と深く関係しているはずである、という問題関心に基づくものである。これによって、日本史上特異な現象である中世の渡来銭流通が「悪銭」による社会的混乱を経て、近世の統一的銭貨鋳造へと変化してゆく構造的要因を析出したい。

以上が、本書の問題関心および概要である。(62)

註

（1）中島圭一「日本の中世貨幣と国家」（歴史学研究会編『越境する貨幣』青木書店、一九九九年、初出一九九八年）参照。

（2）三上喜孝「皇朝銭の終焉と渡来銭のはじまり」（同『日本古代の貨幣と社会』吉川弘文館、二〇〇五年、初出一九九九年）。

（3）保立道久「中世前期の新制と沽価法―都市王権の法、市場・貨幣・財政―」（『歴史学研究』六八七、一九九六年）、井原今朝男「宋銭輸入の歴史的意義―沽価法と銭貨出挙の発達―」（池享編『銭貨―前近代日本の貨幣と国家』青木書店、二〇〇一年）。

（4）松延康隆「銭と貨幣の観念―鎌倉期における貨幣機能の変化について―」（『列島の文化史』六、一九八九年）。ただし、当然ながら供給元である中国の動向とも無縁ではない。一二七〇年代における南宋の崩壊により、中国から銭貨が大量に流出し、日本へ流入したことにより、銭貨による貨幣経済を確立させたとの指摘もある。大田由紀夫「一二～一五世紀初頭東アジアにおける銅銭の流布―日本・中国を中心として―」（『社会経済史学』六一―二、一九九五年）参照。

（5）一例として企画に基づく論文集に、歴史学研究会編註(1)書、池編註(3)書がある。

（6）池享「前近代日本の貨幣と国家」（同編註(3)書所収、二〇〇一年）参照。

（7）渡辺世祐「足利時代に於ける撰銭とグレシアム法」（『史学雑誌』三三―一、一九二二年）。

（8）柴謙太郎「室町時代の撰銭令及びその禁制に関する考察」（『史学雑誌』三三―三・四、一九二三年）、同「撰銭禁制の解釈再論」（『史学雑誌』四二―九・一一・一二、四三―二、一九三一～三二年）。

（9）奥野高広「室町時代の撰銭令とグレッシヤムの法則」（『史学雑誌』四二―二・三、一九三一年）、同「再び室町時代の撰銭令とグレッシヤムの法則」（『史学雑誌』四三―五、一九三二年）。

（10）小葉田淳『改訂増補日本貨幣流通史』（刀江書院、一九四三年、初出一九三〇年）。

（11）同右。

（12）大山喬平「中世村落における灌漑と銭貨の流通―丹波国大山庄西田井村―」（同『日本中世農村史の研究』岩波書店、一九七八

年、初出一九六一年)、神木哲男『日本中世商品流通史論』(有斐閣、一九八〇年)などを参照。

(13) 藤田五郎「撰銭禁制と貨幣改悪」(同『藤田五郎著作集四—封建社会の展開過程』御茶の水書房、一九七一年、初出一九五二年)。

(14) 奥野高広「前期封建制と撰銭禁令」(伊東多三郎編『国民生活史研究』二、吉川弘文館、一九五九年)。なお、同氏はこの論文の中においてもグレシャムの法則適用を唱えているが、滝沢武雄氏が奥野説を批判し小葉田説を支持した(滝沢「撰銭令についての一考察」、同『日本貨幣史の研究』校倉書房、一九六六年、初出一九六一~六二年)後は、グレシャムの法則に関して議論となった形跡はない。

(15) 現在においても「撰銭令」か「撰銭禁令」のどちらを称するかは論者によって異なる。当時の段階における議論については、京口元吉「撰銭と撰銭令」(『日本歴史』七三、一九五四年)参照。

(16) 滝沢註(14)論文。慣例的性格という視点を継承する研究は、前川祐一郎「戦国期京都における室町幕府法と訴訟—撰銭令と徳政令を中心に—」(勝俣鎮夫編『中世人の生活世界』山川出版社、一九九六年)を代表的なものとして挙げうる。

(17) 藤木久志「撰銭令と在地の動向」(同『戦国社会史論—日本中世国家の解体—』東京大学出版会、一九七四年、初出一九六九年)。

(18) 滝沢註(14)論文、同『日本の貨幣の歴史』(吉川弘文館、一九九六年)。

(19) 中島圭一「西と東の永楽銭」(石井進編『中世の村と流通』吉川弘文館、一九九二年)。

(20) 池註(6)論文。

(21) 小葉田註(10)書。

(22) 毛利一憲「ビタ銭の価値変動に関する研究」(『日本歴史』三一〇・三一一、一九七四年)。

(23) 当該期史料に見られる「ヒタ」「ひた」は、現在では「鐚」の字を充てられるものの、十六世紀の時点ではこの字が使用された形跡を確認できない。「鐚」の字は、「ビタ」=「悪銭」との図式を連想させるものであるが、この観念を相対視する必要がある。詳細は第七章で述べたい。

(24) 玉泉大梁「室町時代に於ける貨幣の流通状態」(同『室町時代の田租』吉川弘文館、一九六九年、初出一九二九年)。

(25) 浦長瀬隆『中近世日本貨幣流通史—取引手段の変化と要因—』(勁草書房、二〇〇一年)。

(26)　網野善彦『日本論の視座―列島の社会と国家』(小学館、一九九〇年)、同「貨幣と資本」(『岩波講座日本通史』九、岩波書店、一九九四年)、同『日本の歴史00・「日本」とは何か』(講談社、二〇〇〇年)などの、同氏の一連の著作を参照。
(27)　中島註(19)論文。
(28)　永原慶二「伊勢商人と永楽銭基準通貨圏」(同『戦国期の政治経済構造』岩波書店、一九九七年、初出一九九三年)。
(29)　髙木久史「撰銭令の再検討―食料需給の視点から―」(『ヒストリア』一七九、二〇〇二年)。
(30)　黒田基樹「戦国大名の撰銭対策とその背景」(同『中近世移行期の大名権力と村落』校倉書房、二〇〇三年)、同「一五〜一七世紀における「村の成り立ち」と地域社会」(『歴史学研究』七八一、二〇〇三年)。この見解は「勝山記」(別名「妙法寺記」、『山梨県史』資料編六所収)の分析により導き出されたものであるが、中島圭一氏の批判があるなど(同「撰銭再考」、小野正敏・五味文彦・萩原三雄編『モノとココロの資料学』高志書院、二〇〇五年)、解決すべき問題が残っている。
(31)　本多博之「毛利氏領国における基準銭と流通銭」(『内海文化研究紀要』二〇、一九九一年)、同「戦国期社会における銭貨と基準額―筑前・豊前両国を中心に―」(『九州史学』一二六、二〇〇〇年)、同「南京銭と鍛(ちゃん)」(『出土銭貨』一五、二〇〇一年)。詳しくは第四章で述べる。
　なお最近本多氏は、次掲註(32)各論文も含めて、改編を経て一書にされた(本多『戦国織豊期の貨幣と石高制』吉川弘文館、二〇〇六年)。ただし本書においてはそれぞれ初出時の論考を参照したため、原則的に初出時のものを注記する。
(32)　本多博之「戦国期の貨幣通用と石高の成立」(『MUSEUM KYUSHU』五一、一九九六年、註(31)著書未収録)、同「戦国・豊臣期の貨幣通用と公権力―撰銭の発生から石高制の成立まで―」(池編註(3)書所収、二〇〇一年)、同「戦国・豊臣期の貨幣流通と東アジア貿易」(岸田裕之編『中国地域と対外関係』山川出版社、二〇〇三年)、同「中近世移行期安芸厳島における銀の浸透と米の機能」(『日本史研究』五〇四、二〇〇四年)。なお、同註(31)著書の概要、貨幣流通と石高制成立との関係に関する氏の理論についての筆者の意見は、拙稿「書評・本多博之『戦国織豊期の貨幣と石高制』」(『歴史学研究』八三一、二〇〇七年)を参照されたい。
(33)　鈴木公雄「出土銭貨からみた中・近世移行期の銭貨動態」(歴史学研究会編註(1)書所収、一九九九年、初出一九九八年)、同『出土銭貨の研究』(東京大学出版会、一九九九年)。
(34)　考古学分野における出土銭貨研究の主要文献として、永井久美男編『出土銭の調査と分類』(兵庫埋蔵銭調査会、一九九四年)、

同編『中世の出土銭―補遺Ⅰ―』（兵庫埋蔵銭調査会、一九九六年）、東北中世考古学会編『中世の出土模鋳銭』（高志書院、二〇〇一年）、永井『新版中世出土銭の分類図版』（高志書院、二〇〇二年、初出一九九四年）などがある。

(35) 足立啓二「東アジアにおける銭貨の流通」（荒野泰典・石井正敏・村井章介編『アジアのなかの日本史』三、東京大学出版会、一九九二年）参照。

(36) 橋口定志「銭を埋めること」（歴史学研究会編註(1)書所収、一九九九年、初出一九九八年）、同「書評・鈴木公雄『出土銭貨の研究』」（『歴史学研究』七四一、二〇〇〇年）、大田由紀夫「一五・一六世紀東アジアにおける銭貨流通」（『鹿児島大学法文学部紀要・人文学科論集』四八、一九九九年）、黒田明伸『貨幣システムの世界史―〈非対称性〉をよむ―』（岩波書店、二〇〇三年）。

(37) 足立啓二「中国から見た日本貨幣史の二・三の問題」（『新しい歴史学のために』二〇三、一九九一年）、同註(35)論文。

(38) 大田註(36)論文。

(39) 大田註(36)論文、黒田註(36)書参照。

(40) 中島圭一「中世貨幣の普遍性と地域性」（網野善彦・石井進・鈴木稔編『中世日本列島の地域性』名著出版、一九九七年）参照。

(41) 松延註(4)論文。

(42) 浦長瀬註(25)書。

(43) 髙木久史「一六世紀後半の畿内における価格表記について―『多聞院日記』から―」（『神戸大学史学年報』一八、二〇〇三年）、同「一六世紀後半における貨幣史的転換について―浦長瀬隆氏の所論を中心に―」（『ヒストリア』一九五、二〇〇五年）。

(44) 註(32)参照。

(45) 佐藤進一「室町幕府論」（同『日本中世史論集』岩波書店、一九九〇年、初出一九六三年）。

(46) 小葉田淳「勘合貿易と倭寇」（『岩波講座日本歴史』七、岩波書店、一九六三年）、佐々木銀弥「東アジア貿易圏の形成と国際認識」（同『日本中世の流通と対外関係』吉川弘文館、一九九四年、初出一九七六年）などを参照。この点については、拙稿「室町幕府明銭輸入の性格―「貨幣発行権」はあったか―」（『歴史評論』七〇〇、二〇〇八年）で詳説した。

(47) 中島註(1)論文。

(48) 建武政権期に後醍醐天皇による銭貨鋳造計画があったというが、具体的に推進されたかどうかは疑問である。また、室町幕府初期において銭貨私鋳の咎で刑罰を受けた者がいた事例はあるものの、三〇〇年間にわずかこの一事例のみという点から、これを一般的事例と見なすことは難しい。なお、桜井英治「日本中世における貨幣と信用について」（『歴史学研究』七〇三、一九九七年）、中島註(1)論文などを参照。

(49)　髙木久史「日本中世銭貨史研究の現在―一六世紀を中心に―」（『歴史評論』六六七、二〇〇五年）参照。

(50)　室町幕府の財政に関しては、桑山浩然「室町幕府経済の構造」（同『室町幕府の政治と経済』吉川弘文館、二〇〇六年、初出一九六五年）、中島圭一「中世京都における土倉業の成立」（『史学雑誌』一〇一―三、一九九二年）、桜井英治「折紙銭と十五世紀の贈与経済」（勝俣編註(16)書所収、一九九六年）、早島大祐『首都の経済と室町幕府』（吉川弘文館、二〇〇六年）などを参照。

(51)　中世後期における地域権力の位置づけについては多角的に議論が進められているが、ここではひとまず以上のように理解しておきたい。なお、川岡勉『室町幕府と守護権力』（吉川弘文館、二〇〇二年）参照。一言付言すれば、戦国大名に代表されるような地域権力が公権力としての地位を獲得する過程については、守護権力の「変質」によるものか、既存権力への対抗（あるいは合力関係の締結）を軸とした在地社会の結集によるものかなどの議論がある。前者は前掲川岡書のほか、今岡典和・川岡勉・矢田俊文「戦国期研究の課題と展望」（『日本史研究』二七八、一九八五年）などを参照。後者は池享『大名領国制の研究』（校倉書房、一九九五年）、歴史学研究会日本中世史部会運営委員会ワーキンググループ「「地域社会論」の視座と方法―成果と課題の確認のために―」（『歴史学研究』六七四、一九九五年）、榎原雅治『日本中世地域社会の構造』（校倉書房、二〇〇〇年）などを参照。ただし本書で見る貨幣統制については、既に公権力としての地位を得てはじめて乗り出すものであると見なしており、その形成過程や内部構造については、ひとまずは問わないものとする。

(52)　小葉田註(10)書。なおここでいう「私鋳銭」とは、正規の鋳造銭（渡来銭）ではない鋳造銭を指し、具体的には態様を似せた模鋳銭（偽金）や、造りや材質も粗悪で、渡来銭に似せた形跡も無い無文銭・輪銭などを一括した総称である。ただし近年では、「公鋳銭」の存在しない中世日本において「私鋳」という語を用いることは適当ではないという見解から、「私鋳銭」に替わってすべて「（民間）模鋳銭」とすべきと提唱されている（永井『新版中世出土銭の分類図版』、註(34)前掲）。
ただしそれでもなお、正規の鋳造銭との判別の難しい模鋳銭（鋳写銭とも）と、一見して判明する無文銭などの銭貨との区別がわかりにくい。この点は今後さらに議論を深める必要があり、本書においては、原則的に従来の理解としての「私鋳銭」という用語を使用することとする。

(53)　鈴木註(33)書一七二～七三頁。

(54)詳しくは第四章で述べる。拙稿「中世後期日本における「地域通貨」の視点」(『歴史の理論と教育』一二八、二〇〇八年)も参照。
(55)和同開珎の銀銭をその代表例とする。栄原永遠男『日本古代銭貨流通史の研究』(塙書房、一九九三年)などを参照。
(56)桜井註(50)論文、同「中世の貨幣と信用」(桜井・中西聡編『新体系日本史一二・流通経済史』山川出版社、二〇〇二年)、盛本昌広『日本中世の贈与と負担』(校倉書房、一九九七年)などを参照。
(57)田中浩司「十六世紀前期の京都真珠庵の帳簿史料からみた金の流通と機能」(峰岸純夫編『日本中世史の再発見』吉川弘文館、二〇〇三年)、同「一六世紀後期の京都大徳寺の帳簿史料からみた金・銀・米・銭の流通と機能」(『国立歴史民俗博物館研究報告』一一三、二〇〇四年)、中島圭一「京都における「銀貨」の成立」(同前誌所収)、髙木久史「信長期の金銀使用について」(『福井県文書館研究紀要』二、二〇〇五年)。
(58)盛本昌広「豊臣期における金銀遣いの浸透過程」(『国立歴史民俗博物館研究報告』八三、二〇〇〇年)、浦長瀬註(25)書、中島註(57)論文。
(59)永原註(28)論文、同「中世貨幣史における金の問題」(『戦国史研究』三五、一九九八年)。
(60)本多「中近世移行期安芸厳島における銀の浸透と米の機能」(註(32)前掲)。
(61)代表的なものとして、永原慶二『荘園』(吉川弘文館、一九九八年)参照。
(62)本書の内容に関連する重要な文献として、鈴木公雄編『貨幣の地域史—中世から近世へ—』(岩波書店、二〇〇七年)がある。ただし本書の成稿後に公刊されたため、当該書で示された新たな成果を十分に取り入れることができなかった。一部については註(46)拙稿で関説したが、さらなる論及については今後の課題としたい。

第一章　戦国期東寺の頼母子講

はじめに

頼母子[1]とは、複数の個人（あるいは法人）が講を結成して定期的に一定額の出資金を拠出し合った上で、鬮などによってその拠出金を一人が一括して受け取るシステムである。これを講の参加者全員に一度ずつ行き渡るまで繰り返し、全員に行き渡ると解散する。個々では工面することが難しい多額の金銭を無利子で用意することができる利便性を有し、主に民間で活用された金融システムである。

そして、頼母子は中世に登場した金融システムである。中世は現代にも通底する様々な金融システムが編み出され、発展していった時代であった。頼母子もその一つである。日本における頼母子は十三世紀半ば頃を起源とし、銭貨の大量供給とともに貨幣経済が急速に普及する十四～十五世紀に広く行われるようになった[2]。その後近世以降においても活用され、現在に至っている[3]。とりわけ中世後期においては民衆の経済生活に既に浸透していたが、この点について近年においてはあまり顧みられなくなっている。

その理由は、かつての頼母子講研究において据えられた目的にある。三浦圭一氏は、頼母子講の分析視角は「その構成員の歴史的な存在形態の追究にあ」り、その結果、「頼母子は在地領主層や商業高利商人の財源追求の一つの方法であった」という結論に至った[4]。むろん同氏は頼母子が相互扶助的・営利的な目的を持った金融手段を本質とする点を否定していないが、頼母子講は権力による収奪手段であり、その根底にある階層対立の具体像を見出すことに意義を求めていたのである。その意義は大きいものであるし、当時における研究事情からの要請に応えるものであったと言える。ただしその後の研究情況には変化が訪れたものの、それに対応した再検討がなされなかったため、頼母子講の存在自体が等閑に付されてきたのである。(5)

こうした傾向に対して、近年では勧進活動との連関を重視する興味深い論考が出された。(6) これらの成果に学びつつ、本章では特に戦国期東寺の経済活動の一環として、東寺内で開催された頼母子講の分析を進めることとしたい。このことは、当該期の経済事情一般をより具体的に探るための試みでもある。あわせて、取材した頼母子講の運営システムの分析も行うこととする。

一　「田中穣氏旧蔵典籍古文書」の頼母子関係史料

これまで頼母子に関する史料が多く紹介され検討されてきたが、国立歴史民俗博物館が所蔵する「田中穣氏旧蔵典籍古文書」（以下、「田中本」）中にある頼母子関係史料については、未だ本格的に取り上げられたことはない。「田中本」には五点の頼母子関係史料があるが、そのうち特に相互に関連が深いと思われる四点について触れることとしたい。次に全文を掲げる。(7)

【史料A】「浄順・浄砌信貴憑子請文」

請取申　若衆方信貴憑子用脚事

合参拾六貫五百文者但此内九百文者世諦料、定使給引也、右用脚者所請取申実正也、毎年此合力之時、両季春二月二日、冬十一月二日、懸足壱貫伍百文宛此合力之間、無懈怠可致其沙汰者也、万一無沙汰申候者、以所帯地名田幷夏衆徳分相当分可被押召候、猶以無沙汰申候者、就請人堅可有御催促候、若又本人幷請人相違□（之カ）時者、就田地供僧等徳分相当分可被押召候、又重而請人可立替申候、毎事可任置文之旨幷衆中之御命申候、若猶令無沙汰候者、取主幷請人相共可罷蒙
両部三宝八大祖師幷日本国中大小神祇冥道・別而当寺鎮守八幡大菩薩・稲荷明神御罰者也、仍為後日請文之状如件、

大永六丙戌年（一五二六）十一月二日

半分取主　浄順（花押）
半分取主　浄砌（花押）
請人　亮恵（花押）

【史料B】「尭運信貴憑子請文」

（端裏書）「若衆方憑子光明□」

請取申若衆方信貴馮（ママ）子用脚事

合拾玖貫弐百五十文者但此内四百五十文者世諦料、定使給引也、

右用脚者所請取申実正也、毎年此合力之時、両季春二月二日、冬十一月二日、懸足□□（七百カ）伍十文宛此合力之間、無懈怠可致其沙汰者也、万一無沙汰申候者、以諸供料懸足相当分可被押召候、猶以無沙汰申候者、就請人堅可有御催促候、若又本人幷請人相違時者、就所帯之供僧憑子之程可被召候、又重而可立替請人申候、毎事可任置文之旨・衆中之御儀候、若猶令無沙汰候者、取主幷請人相共可罷蒙
両部三宝八大祖師幷日本国中大小神祇冥道・別而当寺鎮守八幡大幷稲荷明神御罰者也、仍為後日請文如件、

（一五二九）
享禄二年十一月二日

取主　尭運（花押）
請人　亮恵（花押）

【史料C】「浄琳信貴頼子請文」

（端裏書）
「若衆方合力浄琳請文天文弐癸巳二月二日」

請取申若衆方信貴頼子用脚事

合肆拾弐貫文者但此内九百文者世諦料、定使給引也、

右用脚者所請取申実正也、毎年此合力之時、両季春二月二日、冬十一月二日、懸足壱貫五百文宛此合力之間、無懈怠可致其沙汰者也、万一無沙汰申候者、就所帯小行事職懸足相当分可被押召候、猶以無沙汰申候者、就請人堅可有御催促候、若又本人幷請人相違之時者、就所帯職徳分憑子之程可被召候、又重而可立替請人申候、毎事可任置文之旨幷衆中御命申候、若猶令無沙汰候者、取主幷請人相共可罷蒙両部三宝八大祖師幷日本国中大小神祇冥道・別而八幡大菩薩・稲荷大明神御罰者也、仍為後日請文如件、

（一五三三）
天文弐年二月二日

取主　浄林（ママ）（花押）
請人　光深（花押）

【史料D】「亮恵信貴憑子請文」

請取申　若衆方信貴憑子用脚事

合肆拾参貫伍百文者但此内九百文者世諦料、定使給引也、

右用脚者所請取申実正也、毎年此合力之時、両季春二月二日、冬十一月二日、懸足壱貫五百文宛此合力之間、無懈怠可致其沙汰者也、万一無沙汰申候者、就所帯供僧職懸足相当分可被押召候、猶以無沙汰候者、就請人堅可有御催促候、若又

本人幷請人相違之時者、就供僧職徳分憑子之程可被召候、又重而可立替請人申候、毎事可任置文之旨幷衆中之儀
申候、若猶令無沙汰候者、取主幷請人相共可罷蒙
両部三宝八大祖師幷日本国中大小神祇冥道・別而八幡大菩薩・稲荷大明神御罰者也、仍為後日請文如件、
天文三年(一五三四)十一月二日
取主　亮恵（花押）
請人　為源（花押）

この四点は大永から天文期にかけての頼母子史料である。すべてが「若衆方信貴」頼母子と呼ばれる頼母子講であり、懸足（一回の出資額）は史料A・C・Dの三点が一貫五〇〇文と記され、史料Bは虫損により判然としないが、七五〇文と思われる。これらの文書は頼母子の配当金を受領した際に提出された請文と考えられるが、その金額はそれぞれ異なっている。講が開催され鬮取のなされる日は、四点とも春二月二日と冬十一月二日の年二回である。また取主・請人とも、差出に記されるいずれの名前も僧であることが明らかである。文書様式はいずれも起請文の形式を採っているが、牛玉宝印は確認できない。中世における頼母子当選金の請文は、管見の限りこの四点が唯一である。[8]

ところでこの四点の文書は、いずれも東寺僧によって発給された文書であることが既に明らかになっている。[9] すなわち、この「若衆頼母子」は東寺僧が講衆として参加している頼母子講であった。史料A～Dを合わせると合計七人の発給者を確認できるが、このうち最も登場頻度の高い亮恵は宝菩提院の院号を持つ東寺供僧である。同様に尭運は光明院、為源は宝厳院、光深は仏乗院の院号を持つ供僧であった。いずれも東寺廿一口供僧に連なる。とりわけ、亮恵・尭運・為源の三人は、大永～天文期にかけて廿一口方・十八口方・最勝光院方など東寺の中枢組織の年預を勤める機会が多く、寺院経営において最も中心的な存在であったことになる。[10] また残りの三人のうち、史料Aの浄順・浄㓛は東寺目代職として名が見える三綱僧である。[11] 史料Cの浄琳もまた三綱僧と見られる僧であり、真言院少行事職の

家に連なる者で、浄順とは父子関係にあったようである。[12] このことは、史料Cの担保文言に「小行事職」を所帯している旨が記されていることにより、一致する。

ほかの三点の史料における担保文言も見ると、史料Aの「田地供僧等徳分相当分」（請人は亮恵）、史料Bの「所帯之供僧憑子之程」（取主は尭運、請人は亮恵）、史料Dでは「供僧職徳分憑子之程」（取主は亮恵、請人は為源）とあるように、彼らの所帯した職に一致することがわかる。このような東寺内における職が担保となっていることを勘案すれば、彼らが東寺僧として頼母子講に参加していることが鮮明になっているといえよう。すなわち、この頼母子は寺院経営に深く関与する東寺供僧や三綱僧が加わるものであり、それゆえ頼母子講そのものが東寺の寺院経営となんらかの関連があることを十分に窺わせるものである。

東寺内で頼母子講が開催されていたであろうことは、既に中田薫氏も指摘するところである。むしろ、この頼母子講は東寺内で完結していたものであったと推察される。講が開催された場も東寺境内であっただろう。このことは、既に述べたように、担保に寺内の職による徳分を差し出している点のほかに、講衆である亮恵が史料A・Bにおいて請人となっているように、講衆が他の講衆の保証人になるという、講衆相互の依存関係が比較的強固に見出され、講衆内部でその関係が完結している可能性の高い点からも示唆的である。

そして親である「若衆」も、東寺の組織である。富田正弘氏によれば、東寺の若衆は供僧・学衆層からなる寺僧のうち、少僧都以下の僧官を持つ者を指したという。若衆は若衆方として評定組織も持っていた。[13] 若衆方は既に金融活動との深い関わりが示唆されているが、[14] 頼母子講をその親となって組織する活動は、まさにその金融活動の一環だったのである。

以上を要約すると、史料から確認できる親も講衆もすべて東寺に属する僧であり、この頼母子講そのものが東寺の寺院経営と深い関わりのあることが窺える。次に具体的にこの頼母子講はどのように出資され、当選金はどのように利用されたのかを検討してゆきたい。

二　東寺の寺院経営と頼母子講

本章で検討対象とする若衆頼母子には、東寺の寺院経営に寄与する寺内組織が深く関わっていたことが窺える。その様子を具体的に追いながら、寺院経営と頼母子講との関係を探ってみたい。

1　五方と頼母子講

まず若衆頼母子には、幕府等の諸権力との渉外担当として中世後期に組織されていた五方の関与が見られる。(15)五方は東寺経営の中心的存在である廿一口供僧が兼帯していたが、財源となる特定の料所はあてがわれず、寺内他組織からの借用金を中心として運営されていたという。

しかし十六世紀に入って、他組織においても潤沢な資金が得られなくなり、五方の収支はその余波を蒙る。それでも、永正十三年（一五一六）の五方算用状(16)では借銭をした形跡がなく、その上五四貫二五四文の繰越金が残るように、この時期までは比較的健全な状態が維持されていた。しかし大永期になると、急速に財政状況は悪化していった。

大永二年（一五二二）の五方算用状(17)を見ると、大永元年（一五二一）算用の不足分として一一貫六五四文が計上されている上に、同二年の収支では結果的に九貫七六七文の不足が生じている。かかる財政悪化に最も影響を及ぼしたのは、借銭による利平（利子）が募っていたことである。大永二年の算用状に翌三年一月の遣足（支出）が列記されているが、そのうち借銭利平の返弁に三八貫三五五文も充てている。これは同年予算（八一貫五六九文）の約四七％を占めるほどのものである。借銭の本銭（元本）も一〇〇貫文を超えている一方で、新たに一五貫文の借銭を行っており、利平の返弁に借銭を充てる厳しい財政情況に陥っていた。

こうしたなか、新たな財源確保の途の一つとして、頼母子の利用が図られたものと考えられる。五方の頼母子への関与が見られるのは、五方の財政情況が悪化に向かいつつある永正十五年（一五一八）からである（表1）。当初は「具足憑子」と呼ばれる頼母子講への出資が行われていたが、大永元年からは若衆頼母子への出資が開始された。出資額ははじめ二貫文であったものの、後に二貫五〇〇文に増額されている。これについて、大永四年（一五二四）及び同五年（一五二五）分の算用状には、「二分懸増加分」と注記されている。五方には二口分を出資し、また「増加分」として五〇〇文の積み増しがあったものと考えられる。なぜこのような積み増しが行われたのかは、後に触れたい。

若衆方の主催する頼母子講には、天文十一年（一五四二）まで参加していたことが窺える。これは史料A～Dの各発給年次を含むものであり、五方算用状に記される若衆頼母子と、「田中本」史料における若衆頼母子は同一の頼母子講であったことが示唆される。

そして注目すべきは、大永二年に当選し、三二貫七〇〇文が五方に支払われている点である。先に触れたように、借銭利平の返弁に窮していた年に当たり、この年の総予算（在足・有足）の約四〇％を占めるほどのものであった。この金額では利平の総支払額にも満たないものではあったが、それでも悪化していた財政を補塡する重要な意義を持っていたと思われる。なお出資額・当選金額ともに史料A～Dの額のいずれとも相違するが、この理由も後述したい。

表1によると、頼母子への出資は天文四年（一五三五）二月以降は一端途絶え、天文十年（一五四一）から同十一

表1　五方の頼母子講への出資事例及び関連記事一覧

西暦	和暦	頼母子関連記事	その他関連記事	典拠
1518	永正15	具足憑子懸足　200文[12.26]		チ169
1519	永正16	具足憑子懸足　400文[2.28]		チ170
		具足憑子分　400文[12.??]		
1520	永正17	具足憑子懸足　800文[12.27]（二分ニ年中分）		チ171
1521	大永 1	具足憑子　800文[12.21]（二分ニ四ヶ度）		チ176
		若衆御方御憑子御懸足　2貫文[12.27]		
1522	大永 2	若衆御方御憑子　2貫文[2.3]		チ176
		若衆御方御憑子取足　32貫700文[11.2]（在足計81貫569文，約40%）		教2372
		若衆御方憑子懸足　2貫文[11.2]		
		具足憑子懸足　800文[12.20]（二分，四ヶ度分）		
1523	大永 3	若衆御方御憑子懸足　2貫500文[2.??]		教2372 ら74
		御憑子懸足　2貫500文[11.2]		
		具足憑子懸足　800文[12.8]（四ヶ度分）		
1524	大永 4	御憑子懸足　2貫500文[2.2]		ら74,75
		御憑子懸足　2貫500文[11.??]（二分懸増加分）		
		具足憑子四ヶ度分　800文[12.??]（二分）		
1525	大永 5	御憑子懸銭　2貫500文[2.??]（二分懸増加分）		ら75
1526	大永 6	（文書後欠により不明）		ら77
1527	大永 7		宝輪院殿御借銭　2貫文	教2408
			宝菩提院殿御借銭　3貫文（天文5.11.5以弘慶跡ノ二ヶ年々貢，悉返弁畢）	
			女御田方御年貢代御借銭2貫文	
1528	享禄 1			教2408※
1529	享禄 2	御憑子懸足　2貫500文[11.2]		チ190
		具足憑子懸足　800文[12.??]（四ヶ度分）		
1530	享禄 3	御憑子懸足　2貫500文[2.2]		チ190 ら78
		具足憑子御懸足　200文[2.28]		
		実相寺屋敷地子銭4貫文内，実相寺殿御懸足於若衆御方へわたし600文		
		御憑子懸足　2貫500文[11.??]（同利平3ヶ月分225文）		

西暦	和暦	頼母子関連記事	その他関連記事	典拠
1531	享禄 4	御憑子懸足　2貫500文[2.2] (同利平1ヶ月分75文) 御憑子懸足　2貫500文[11.??] (同利平2ヶ月分150文)		教2443
1532	天文 1	御憑子懸足　2貫500文[2.2] 御憑子懸足　2貫500文[11.2] (同利平150文)		教2443, 2512
1533	天文 2	御憑子懸足　2貫500文[2.2]		教2512, 2520
1534	天文 3	御憑子懸足　3貫文[11.??] (同利平270文)	**御□(若)衆方御憑子御借用　3貫文** 宝菩提院殿ヨリ請申　1貫文	教2528
1535	天文 4	御憑子懸足　3貫文[2.3]		教2528, 2534
1536	天文 5			(なし)
1537	天文 6		若衆方分　2貫207文 (敷銭方ニテ算用了)	教2537
1538	天文 7		若衆方分　2貫207文 (敷銭方ニテ算用了，天文6記載分と同一か)	チ201
1539	天文 8		若衆分　3貫30文 (敷銭方ニテ算用了)	教2546
1540	天文 9			(なし)
1541	天文10	憑子方　寿珍方へ渡之　200文[12.??] 憑子方　源介方へ渡之　3貫813文[12.??]		教2554
1542	天文11	御若衆方御憑子五人相合内　近江方1貫945文[12.??] 同相合内　鶴若　1貫945文[12.??]		教2556

註 「五方算用状」を基に作成した．

表中［××．××］はそれぞれ月・日を示す．

典拠のうち「教」は『教王護国寺文書』とその文書番号，その他は「東寺百合文書」の函名と文書番号を示す．
※ 享禄元年（1528）は6月までの記事に基づく．7～12月算用状は同年分算用状散逸により不明である．

年（一五四二）に再び見られるものの、その後は見られなくなる。五方算用状を見る限り、五方による頼母子への出資は十六世紀前半にのみ見られるものであった。

2　造営方と頼母子講

亮恵をはじめとしてこの頼母子講に参加する供僧は、造営方の構成員としても名を連ねている。東寺造営方は貞治元年（一三六二）を初見とし、修造料所からの収入や修造経費全般を管理する組織である。[18]伊藤俊一氏によると、造営方は幕府や朝廷から料所の寄付を受けたほか、段銭・棟別銭の賦課を許されるなど、室町幕府によって安定的に用途確保が維持されていたというが、十五世紀半ば頃になるとその機能に翳りが見え、修造用途は主に大師門徒勧進を通じて確保されるようになったとされる。すなわち、十五世紀後半頃になると造営方は、従来の手段では修造用途の確保そのものに窮する情況に至っていた。

造営方は大規模な修造に携わり、供僧が構成員としてその運営に関与するなど、寺院経営において中核的な組織の一つであった。それゆえ、その収支情況を探ることは東寺の寺院財政の実態を把握する上で重要であろう。そこで、十五世紀後半以降の造営方算用状からその収支情況を纏めたものが表2である。

この時期の造営方は、主に八条殿澳殿や大巷所などからの年貢や地子によって賄われていたが、前年度からの繰越金や当年度の収入を合算した在足額を見ると、十五世紀末期に比べ十六世紀に入ると激減していることは明らかであろう。それに応じて大規模な修造も十六世紀に入ると影を潜めている。大永六年（一五二六）の「西院ノ上葺」のような、大規模な修造用途が必要となった場合は、伊藤氏の指摘するように臨時に奉加銭や勧進を募って賄っていたことが窺える。当該期は表面的には黒字に見えるが、各方面からの借銭も増加傾向にあり、いわば自転車操業同然とも言える情況にあった。それさえもままならなくなった享禄期には、帳簿上にも明確に赤字の記録がされるに至ったのである。

このように安定的な財源確保が動揺し、新たな収入源を求めることもままならなかったなかで、単純な貸借関係に限定されない、寺内で資金を融通する新たな手段を講じることが大きな課題になったと思われる。その最適な手段の一つが頼母子であった。

表2によれば、先に検討した五方に先立って延徳元年（一四八九）の「宝泉院御合力懸足」に一貫文を出資した例をはじめとして、造営方は以後しばしば頼母子講に出資していたことがわかる。そのなかで明応五年（一四九六）に「若衆御方具足憑子」が登場し、永正期は算用状が散逸しており確認できなかったが、大永期以降においても若衆頼母子への出資事例が確認できる。史料A～Dの発給年代にもそれぞれ「若衆御方憑子」に出資されていることがわかる。

また時期は異なるものの、五方と同じく当初一貫文であった懸足が、天文三年（一五三四）からは一貫五〇〇文に増額していることが窺える。なお、残存する大永期以降の算用状からは、この頼母子による当選金を受領したことを示す記事を確認できなかった。また天文九年（一五四〇）以降は造営方算用状そのものが残存せず事情は不明だが、残存史料から見た限り、造営方の頼母子への出資記事は天文七年（一五三八）二月の出資を最後とする。

造営方は五方に先立って十五世紀後半から頼母子講に参加した形跡が認められるが、史料的制約はあるものの、出資を終える時期は比較的近接していると言えよう。

頼母子関連記事	典拠	備考
	教1837	文明8年分御遣足を含む
	わ20	
宝菩提院御合力取足　15貫文	わ23	
宝泉院御合力懸足　1貫文		
宝菩提院御合力懸足　1貫300文		
宝菩提院御合力懸足(11/29分)　970文	わ24	
宝泉院憑子懸足(翌年1/29分)　976文		
宝泉院殿御合力(闕分加定，11/29分)　970文	わ25,28	
宝泉院殿御合力懸足(闕分加定，翌年1/29分)　954文		
宝泉院殿御合力懸足(11月分)　802文	わ31	
若衆御方具足憑子懸足(10月分)　300文		
宝泉院殿御合力懸足(翌年1月分)　802文		
若衆御方具足憑子懸足(翌年1月分)　300文		
宝泉院殿御合力(翌年1/29分)　673文	わ35	
若衆御方具足憑子(翌年1月分)　300文		
宝泉院殿御合力(翌年1/29分)　289文	わ38	
具足憑子(翌年1月分)　300文		
宝泉院殿御合力懸足(11/29分)　200文	わ43	
	わ46	
	わ49	
	わ52	
	わ55	
若衆御方憑子四ヶト懸足(翌年分)　800文	わ73	
若衆御方憑子四ヶ度分(翌年分)　800文	わ75	
同 御憑子四ヶ度分(翌年分)　4貫文		
若衆御方憑子四ヶ度分(翌年分)　800文	わ78	別に宝菩提院殿ヨリ御渡足15貫文あり
同 御頼子二ヶ度分(翌年分)　2貫文		
若衆御方御頼子四ヶ度分(翌年分)　800文	わ82	
同 御憑子二ヶ度分(翌年分)　2貫文		
若衆御方御頼子四ヶ度分(翌年分)　800文	わ85	在足額のうち，各御奉加銭41貫700文・祐栄方ヨリ御取足31貫839文・播磨ヨリ勧進料16貫300文を含む.
同 御頼子二ヶ度分(翌年分)　2貫文		
若衆御方頼子三ヶ度(翌年分)　600文	わ86	
同 御憑子一ヶ度分(翌年分)　1貫文		
若衆方憑子三ヶ度分(翌年分)　600文	わ87	
同 御憑子一ヶ度分(翌年分)　1貫文		
若衆御方憑子四ヶ度分(翌年分)　800文	わ90	
同 御憑子二ヶ度分(翌年分)　2貫文		
御憑子二ヶ度分(翌年分)　2貫文	わ95	
御憑子二ヶ度分(翌年分)　2貫文	わ97	
御憑子春ノ分(翌年分)　1貫文	わ98	
御憑子冬分　1貫500文	わ99	
御憑子春之分(翌年分)　1貫500文		
	わ103	
若衆御方御憑子懸足　1貫87文	わ105	
若衆御方御憑子懸銭　1貫87文	わ106	
御若衆御方御憑子懸銭(翌年2/2分)　1貫87文		
	わ108	
	わ115	

は「東寺百合文書」の函名と文書番号を示す.

表2　東寺造営方の年別収支及び頼母子講への出資事例一覧

西暦	和暦	在　足　額	遣足・定除額	用　　途(代表的なもの)
1475	文明 7	16貫685文	16貫720文	惣蔵やね入足　2貫119文
1487	長享 1	108貫892文	146貫919文	南大門西方築地やね以下　56貫645文 　同　東方以下　34貫907文
1489	延徳 1	254貫 67文	199貫506文	西院東築地上葺新造入足　25貫742文 西院鐘突堂入足　10貫723文
1490	延徳 2	196貫409文	143貫570文	唐門以下所々構入足　6貫1文
1492	明応 1	226貫352文	173貫 96文	西院檜皮修理入足　25貫393文 築垣修理　30貫953文
1495	明応 4	210貫164文	152貫 25文	
1496	明応 5	201貫405文	157貫535文	不動堂南西築地やね修理入足　22貫850文
1498	明応 7	143貫250文	86貫955文	講堂造営(海乗上人渡申)　5貫文
1499	明応 8	96貫787文	91貫120文	阿弥陀堂修理入足　26貫135文
1500	明応 9	70貫 89文	42貫307文	御倉やねノ修理　5貫788文
1501	文亀 1	78貫310文	27貫918文	千手堂井修理　1貫825文
1502	文亀 2	65貫144文	45貫441文	北僧坊やね修理方　4貫378文
1503	文亀 3	48貫693文	45貫151文	西院壁修理入足　12貫811文
1521	大永 1	73貫339文	35貫379文	御倉やね入足　3貫336文
1522	大永 2	68貫 14文	61貫966文	灌頂院瓦修理入足　14貫65文
1523	大永 3	60貫447文	39貫655文	蓮池東ノツキチやね入足　4貫26文
1525	大永 5	69貫112文	69貫688文	湯屋之舩以下修理入足　17貫461文
1526	大永 6	154貫159文	173貫304文	西院ノ上葺入足　127貫22文
1527	大永 7	26貫856文	56貫 16文	
1528	享禄 1	32貫963文	27貫595文	
1529	享禄 2	29貫893文	30貫469文	
1530	享禄 3	20貫362文	21貫802文	
1532	天文 1	15貫956文	16貫106文	
1533	天文 2	22貫318文	13貫 42文	
1534	天文 3	11貫343文	19貫 46文	
1535	天文 4	19貫690文	14貫 92文	
1536	天文 5	11貫631文	15貫242文	
1537	天文 6	25貫221文	20貫826文	
1539	天文 8	26貫282文	34貫836文	
1540	天文 9	9貫 18文	25貫523文	

註 「造営方算用状」を基に作成した．典拠のうち「教」は『教王護国寺文書』とその文書番号，その他大永4年，享禄4年，天文7年は関連記事を確認できなかった．

では、頼母子講を利用することにいかなるメリットがあったのか。この点について検討を加えたい。

3　頼母子講利用の意義

佐々木銀弥氏によれば、[19]既に十五世紀において五方は寺外からの借銭を積極的に行っており、その利平返弁が負担になっていたことが明らかになっている。当時における利平は月一〇〇文につき五文（五文子）が一般的で、年利では六〇％にもなる。そこで寺内において融通する方策が積極的に採用されていったと佐々木氏は指摘する。その理由は、寺外からの借銭とは異なり、寺内での融通は無利子であったことによるという。

そうであれば、寺内で完結する資金融通が中心的な在り方として定着してゆくことが想起されるが、実際は十六世紀に入っても五方は利平返弁に苦しんでいたように、寺外からの借銭に頼る傾向が大きく変化していたわけではなかった。このことはつまり、造営方の収支を見てもわかるように、寺内組織それぞれの収入が縮小傾向にあったため、特定の寺内組織から一括して多額の借銭をすることは困難な事態に陥っていたことによるものではないかと推察される。[20]この点は、大永七年（一五二七）に五方が宝輪院など寺内組織から借銭を行っているものの、その額は合計してもわずか七貫文に過ぎないことに窺える。そこで、多数の組織から少額の金銭を徴収して多額の資金を融通する頼母子講のメリットが見出されたものと考えられる。また天文三年（一五三四）に、五方が「御（若）衆方御憑子御借用」として三貫文を計上している（表1参照）。これも額はわずかなものであるが、若衆方が頼母子講によって得た資金を元に、他の寺内組織に融通していた形跡を示すものであったとも考えられる。

ところで、同年に宝菩提院亮恵から五方に一貫文の寄進があった。史料Dによれば、この年亮恵は若衆頼母子による当選金を受領している。この一貫文が当選金そのものであるかどうかはともかく、頼母子による多額の当選金を得たことに伴う行為であったことは疑いないであろう。少額とはいえ、いくつもの職を兼帯する供僧が多額の資金を得ることで、その一部を様々な寺内組織に融通することが可能となった。造営方では、大永三年（一五二三）に亮恵から一五貫文の寄進を受けていることが算用状に記されている（表2参照）。この寄進そのものと頼母子との関連は窺えないが、頼母子の当選金もこのような形で様々な組織に分配されていたものと考えられる。

三　若衆頼母子のシステム

続いてこの若衆頼母子が何口の講衆によって組織され、運営されていたのかについて検討し、若衆頼母子のシステムを具体的に明らかにしたい。

1　開始時期と解散時期

まずはこの若衆頼母子がいつ開始され解散したかを確定したい。

五方と同じく、造営方も若衆頼母子への出資が大永元年（一五二一）に見られるが、金額からこれは別の頼母子である「具足頼母子」であったと考えられる。若衆頼母子には大永三年（一五二三）に四ヶ度分として四貫文を出資したのが、造営方では最初に確認できる事例である。以後、出資は一年に二ヶ度分であることから、この年は二年分を出資したのであろう。大永三年の造営方算用状に二ヶ度分の出資事例もあることや、造営方算用状に見られる頼母子出資事例は当年十一月分と翌年二月分の出資を記載することが通例であったことを勘案すれば、大永三年の出資は同元年の一度と同二年の二度、同三年の一度の四回分を指すものと考えられる。よって造営方もまた、若衆頼母子への出資は大永元年に開始されたとすることができよう。

次に、この頼母子講が解散したと思われる時期について見てみよう。表1によれば、五方算用状における若衆方主催と思われる最後の頼母子出資記事は天文十一年（一五四二）十二月であるが、これは出資額も講の開催日も以前のものとは異なるので、この頼母子講は同じ若衆方によるものでも別個の頼母子講であったと考えられる。出資額や講の開催日による共通性を考慮すれば、この若衆頼母子への出資記事の最後を天文四年（一五三五）二月の事例とすることができよう。

一方、造営方では、最後に確認できるのは天文六年（一五三七）である。しかし同三年までのものと、同五年から同六年に見られる頼母子とは出資額が相違することから、こちらもそれぞれが別個の頼母子講であったと考えられる。そこで天文三年分の造営方算用状を見ると、翌年の「春之分」すなわち天文四年二月分として出資された事例が、大永元年開始の若衆頼母子における最後となったことがわかる。

以上のことから、大永元年のおそらく十一月に開始された若衆頼母子は、天文四年二月に講衆全員に当選金が回り解散したものと考えられる。

2　当選金と懸足

「田中本」史料を見ると、当選金は次の通りである。

史料A　三六貫五〇〇文
史料B　一九貫二五〇文
史料C　四二貫文

史料D　四三貫五〇〇文

これらを同一の頼母子講であると仮定すれば、なぜこのように当選金額が異なるのかが問題となる。ここで注目したいのは、史料Bを除いて、年次を経るごとに当選金額が増加している点である。

まず、実際に若衆頼母子講がいつ開催されていたかを追ってみよう。「田中本」各史料には、二月二日と十一月二日の年二度開催される旨が記されている。しかし表2の造営方算用状を見ると、必ずしも年二度の開催であったとは限らなかった。すなわち、享禄元年（一五二八）と同二年（一五二九）分の頼母子出資はそれぞれ「一ヶ度」とあり、この両年に限り講が一度しか開催されなかったと考えられる。講が結成された大永元年と、解散した天文四年もまた各一度の開催であったことから、この頼母子講は合計二六回開催されたと考えられる。すなわち講衆は延べ二六口であった。

次に、史料Bがほかの三点の史料と金額が相違する点について触れたい。史料Bは懸足及び経費が他の三史料のそれぞれ半額であることから、この請文を発給した尭運は半分取主であり、史料Aのような形式を取らず、半分取主が個々に請文を発給したものと考えられる。よって、享禄二年十一月の当選金は、史料B記載額の倍に当たる三八貫五〇〇文であったのではないだろうか。

以上の見解に基づいて作成したのが表3である。それによれば、抽選を重ねるごとに当選金が五〇〇文増加するという法則性が推察されよう。大永二年の五方の取足（第三回）が算用状には三二貫七〇〇文と記されている点に疑問が残るものの、「田中本」史料の金額の相違はこの法則性で説明することが可能であり、実際にこのシステムによって運営されていたと考えられる。

この推測は史料からも裏付けが可能である。五方が当選するまでは二口で懸足が計二貫文であったものの、翌年か

表3　若衆頼母子の抽選年月と当選金

回数	抽選年月（西　暦）	当　選　金（単位：貫文）	備　　考
1	1521. 11	31. 5	月は推定
2	1522.　2	32	
3	1522. 11	32. 5	五方当選
4	1523.　2	33	
5	1523. 11	33. 5	
6	1524.　2	34	
7	1524. 11	34. 5	
8	1525.　2	35	
9	1525. 11	35. 5	
10	1526.　2	36	
11	1526. 11	36. 5	史料A
12	1527.　2	37	
13	1527. 11	37. 5	
14	1528. 11	38	月は推定
15	1529. 11	38. 5	史料B(ただし半額)
16	1530.　2	39	
17	1530. 11	39. 5	
18	1531.　2	40	
19	1531. 11	40. 5	
20	1532.　2	41	
21	1532. 11	41. 5	
22	1533.　2	42	史料C
23	1533. 11	42. 5	(五方当選ヵ)
24	1534.　2	43	造営方当選ヵ
25	1534. 11	43. 5	史料D
26	1535.　2	44	

註　史料A～Dを典拠とする第11・15・22・25回を除く回の金額はすべて推定額である.

ら二貫五〇〇文に増加しており、「増加分」と注記されている。さらに、当選直後の大永三年（一五二三）二月の出資記事によると、当初は「二貫文」と記されていたものが「二貫五百文」と訂正されていることがわかる。[21] また天文三年からはさらに五〇〇文増加し、三貫文となっている。一方造営方では、既述の通りやはり懸足が当初は一貫文であったものの、天文四年二月からは一貫五〇〇文に増加している。

　以上のことから、この若衆頼母子は当初の懸足が一口当たり一貫文であったものが、当選後は一貫五〇〇文に増額されたものと考えられる。これは史料A・C・Dのすべてに、以後の懸足が一貫五〇〇文として記されていることと合致する（史料Bはその半額である七五〇文）。

　これが正しいとすれば、造営方は第二四回に当選し、二口を出資した五方は第三回のほかに第二三回か第二五回のどちらか（第二四回は造営方当選のため除外）に当選したものと考えられる。そして第二五回は史料Dから、当選者は亮恵であった。亮恵がどのような立場で参加したかは明らかではないが、亮恵は天文三年分五方算用状[22]の勘定に判を据えていることや、先に触れたようにこの年に亮恵から五方に一貫文が寄進され、またこの年五方は「御（若）衆方御憑子」から三貫文を「御借用」している。このことから、この第二五回当選は、五方との関係が無関係ではなかったと言えよう。しかし第二三回か第二五回の当選であるとしても、いずれも相当する算用状には当選の記事を確認できなかった。では、この当選金の行方はどうなったのであろうか。

これについて中田薫氏の指摘に興味深い事例がある。すなわち享徳期（十五世紀中期）の「寄進合力」について、[23]この頼母子は「寄進者は自己の取足を寺院に寄進して、土地買入の資に充てんとする」ものであったという。このように、当選金が講衆の収入とならずに、寺内の用途として直接融通されることがあった。五方及び造営方算用状にあるはずの当選記事が見られないのは、そのためではないだろうか。先に触れたように当選金がすべて講衆個人の得分となったのではなく、様々な寺内組織に分配されていた様子を窺えるが、寺内組織の支出として出資したものであっても、その当選金すべてがその組織の得分とはならずに、寺内で融通するようになっていたのであろう。こうした運用システムは、頼母子への出資そのものが勧進としての要素を内包していたことも促進要因として働いたものと考えられる。[24]

また、大永元年十一月に開始したとすれば、初回の当選金は三一貫五〇〇文であり、先の検討が正しければ講衆は延べ二六口となるので、当選前は全員が一貫文の懸足であったとするには問題が残る。当初から親である若衆方が上積みして出資していた可能性などが考えられるものの、後考に委ねざるをえない。このように問題点は残るものの、基本的に当選後は懸足に五〇〇文の上積みがあったことを確実としてよいものと考えられる。

このような当選時期による当選金額の相違は、平等に同額の金銭が行き渡るべき頼母子講の意義からすれば、不公平感を伴うものである。しかしなるべく早急に多額の金銭が融通されることを希求したであろう当時の経済事情からすれば、当選の順番にかかわらず当選金額が一定であることの方こそが不公平感を招来するものであったと考えられる。当選後の懸足上積みは、早く当選金を得た者が応分の負担（低利の利平とも言うべき支出）をすることによって、かかる不公平感を払拭するようにと考案された若衆頼母子特有のシステムであった。

ところで五方は時折頼母子への出資に遅滞していたようで、その延滞金とも言うべき利平が計上されている（表1参照）。この利平は月一〇〇文に三文であり、寺外からの借銭よりは低利であったようである。ただしこれまでの検討を踏まえれば、この延滞金は当選金に上積みするなどして講衆に還元されることなく、親である若衆方の収入としたものと考えられる。あるいは五方が天文三年に借用した三貫文は、これによって得られた資金を融通するものであったのであろう。

おわりに

以上の検討から、「田中本」所収史料A〜Dはすべて同一の若衆頼母子講の当選金請文であり、この頼母子講には東寺五方や造営方の寺内組織が関与し、資金の融通を行っていたことが明らかとなった。またそのシステムは、当選後に懸足が五〇〇文上積みされることにより、当選金受領時期の相違による不公平感を和らげる方式が採られたものであった。

従来の手段では収入確保が困難な時代情勢にあって、東寺は寺内の資金繰りの円滑化を企図して頼母子講を開催した。とりわけ特定の料所を持たない五方や、修造用途に多額の金銭が必要となる造営方は積極的に参加し、その活用を図った。結局は借銭の利平返弁が主要な役割となったり、ほかの組織への融通に用いられたことも考えられるように、頼母子講への参加自体が五方や造営方にとって収入改善に大きな効果をもたらすものではなかった。だが一度に多額の金銭を得ることが可能な頼母子講のシステムは、単なる借銭とは異なり高率な利子が存在しない分、困窮していた寺院経済を一定度救済する手段として歓迎されたのである。

しかし、東寺内の頼母子は天文十年（一五四一）前後まで確認できるものの、その後開催された形跡は無い。寺院財政における頼母子の活用は、十五世紀後半から十六世紀前半にかけての特異的なものに終わったと考えられる。五方についていえば、十六世紀後半に差し掛かっても収入が改善されることは無かったが、支出が大幅に抑制されることで、借銭に依存する財政情況は一応の改善を遂げている。収入の大幅な増加が期待できない時代情勢にあって、緊縮傾向に至ることは必然的結果であろうが、かかる財政構造の転換によって頼母子講もその役割を終えたのではないだろうか。ただし十六世紀後半の寺院財政については未解明な点も多いので、その具体的分析は今後の課題としたい。

註

（1）「タノモシ」の漢字表記について、中世においては「頼子」「憑子」「憑支」と表記される場合が多いが、史料等からの引用を除いて、本章では現在の通例的表記である「頼母子」に統一して表記する。

（2）中世の頼母子に関する先駆的研究に、三浦周行「頼母子の起源と其語原」（同『法制史の研究』岩波書店、一九一九年）、中田薫「頼母子の起源」（同『法制史論集』三、岩波書店、一九四三年、初出一九〇三年）がある。なお、本章で参照する中田氏の見解はすべて同論文による。

（3）近世以降では頼母子と無尽が同義に用いられることが多いが、中世ではそれぞれ別の金融手段であるとする三浦周行氏による指摘が通説的理解となっているので、それに従い無尽銭の事例は検討対象から除外した。なお、三浦周行註（2）論文参照。

（4）三浦圭一「中世後期村落の経済生活」（同『中世民衆生活史の研究』思文閣出版、一九八一年、初出一九五九年）。

（5）ただしその後も頼母子関係史料が時折紹介されてきた。例えば、荻野三七彦「中世の頼母子の文書」（『月刊歴史手帖』九―六・七、一九八一年）がある。

（6）　安田次郎『中世の奈良―都市民と寺院の支配―』（吉川弘文館、一九九八年）、阿諏訪青美「奈良福智院地蔵堂の再興と「勧進憑支」」（同『中世庶民信仰経済の研究』校倉書房、二〇〇四年、初出一九九八年）。

（7）　「田中穣氏旧蔵典籍古文書」三八七―七〜一〇。整理番号は『田中穣氏旧蔵典籍古文書目録』（歴史民俗博物館振興会、二〇〇〇年）による。

（8）　「信貴」の語については、信貴山を指すものとする説もあるが（『日本史大事典』平凡社所収「頼母子」の項。小田雄三氏執筆）、本章で検討するようにこの若衆頼母子は信貴山との関連は見られない。語義については詳らかにしえないが、頼母子講の名称にのみ見られる特有の用語であったと考えられる。

（9）　東寺文書データベース作成委員会編集「東寺文書検索システム」（CD-ROM版、二〇〇一年）。

（10）　富田正弘「中世東寺の寺院組織と文書授受の構造」（京都府立総合資料館『資料館紀要』八、一九八〇年）参照。

（11）　史料Aの取主の対する担保文言に「夏衆徳分」とあるが、夏衆は東寺の三綱僧によって組織される僧集団である。富田正弘「中世東寺の寺官組織について―三綱僧と中綱僧―」（京都府立総合資料館『資料館紀要』一三、一九八五年）参照。

（12）　富田註(11)論文参照。

（13）　同右。

（14）　本多毅「中世東寺における寺僧集団―「東寺四季祈禱廻請」を主な素材として―」（『仏教史研究』三七、二〇〇〇年）。ただし、その関わりについて具体的には検証されていない。なお、近年では、西尾知己「室町期東寺寺僧の自治と老若」（『日本歴史』六八二、二〇〇五年）に言及がある。

（15）　五方については佐々木銀弥「荘園領主経済の諸段階」（同『中世商品流通史の研究』法政大学出版局、一九七二年、初出一九六九年）、岡田智行「東寺五方について」（『年報中世史研究』七、一九八二年）参照。

（16）　赤松俊秀編『教王護国寺文書』（平楽寺書店）所収二三四一号文書。以下、『教』二三四一と略記する。

（17）　『教』二三七二。

（18）　伊藤俊一「室町時代における東寺修造勧進―諸国大師門徒勧進を中心に―」（東寺文書研究会編『東寺文書にみる中世社会』東京堂出版、一九九九年）。以下の伊藤氏の見解も同論文による。なお、近年の関連する論考として、金子拓「室町期東寺造営方の活動とその変質」（『史学雑誌』一一三―九、二〇〇四年）がある。

(19) 佐々木註(15)論文。

(20) 当然それは、主要な収入源である荘園経営の行き詰まり傾向が大きな要因であったと考えられる。その一例として東寺領新見荘の事例を次章で検討する。

(21) 註(17)に同じ。

(22) 『教』二五二八。

(23) 享徳元年(一四五二)十二月十八日付「寺崎法橋玄雅八条大宮買得料足寄進状」(「東寺百合文書」な函一八二)参照。なお、中田氏は日付を「八日」とするが、「十八日」に改めた。

(24) 頼母子当選金による収入のみならず、特に五方算用状においては、支出として計上されるべき頼母子への出資記事も脱漏している箇所が認められる。例えば、第二五回(天文二年十一月)において、五方算用状にはこの時に懸足を支出した記載が見られない。しかし、造営方算用状には記載されている点と、史料Dの存在から、天文二年十一月に頼母子講が開催されたことは確実である。こうした脱漏が算用状に散見される理由について、中田氏が「寄進合力」において当選後の懸足負担者が交替している点を指摘していることや、大永三年(一五二三)十二月十九日付「寿源借銭算用状」(「東寺百合文書」チ函一八〇)には「去年御憑子カケ足立用申」として二貫文を返弁した事例もあること(ただしこの返済先は、算用状に出資記事のある五方や造営方ではなかったであろう)から、借銭返弁への立用(立替)などで五方が直接懸足を支出しなかった時は、算用状に記載されなかったことが考えられる。ともあれ、算用状からの脱漏問題については、算用状作成システムの検討を含めて今後の課題としたい。

第二章　中世後期荘園の経済事情と納入年貢の変遷

——東寺領備中国新見荘の事例から——

はじめに

中世の経済構造に関して、脇田晴子氏や佐々木銀弥氏がかつて「求心的流通構造」の概念を提唱した(1)。荘園制を基盤とする中世経済においては、荘園領主の大半が居住する畿内先進地域に「求心的に」物資が集中し、そして各地へと物資が拡散するというものである。その後鈴木敦子氏は、十四世紀以降においては求心的流通構造だけではなく、各地の地域市場を結節点とした「地域経済圏」も登場したとし、アンチテーゼを投げかけた(2)。かつてはこのような形で、荘園経済を対象として、流通経済の構造が検討されてきた。一方、近年では、具体的な流通事情の解明に力が注がれ、この方面では大きく研究が進展した。例えば太平洋海運の具体像の解明や(3)、貨幣流通を「東アジア」的視点から見直す動きがある(4)。また、中世的な信用経済のメカニズムを解明すべく、中世特有の為替手形たる割符の構造を解明した研究も脚光を浴びている(5)。

しかし、かつての主要な分析対象であった、荘園公領（以下、荘園とする）からみた経済構造の分析はやや停滞している感がある。とりわけ「解体過程」と定義されて、兼ねてよりあまり検討されてこなかった中世後期の荘園経済についてはほとんど注目されていない。中世の経済構造論を再構築するためには、荘園制に立脚した流通経済を具体的に見直すことも厭うわけにはいかないのではないだろうか。本章は十五世紀後半から十六世紀前半の一荘園を対象とし、当該期の地域市場としての荘園経済の具体像を明らかにするものである。

なかでも注目したいのは、十三世紀に貨幣経済が浸透するにつれて、荘園の年貢納入形態に変化をもたらした代銭納の存在である。十三世紀から十四世紀にかけて代銭納が徐々に盛行するメカニズムが、佐々木氏によって明らかにされている。(6)一方で、佐々木氏は十五世紀に入ると代銭納は衰退に向かうとする。「衰退」とする根拠を納入額の絶対的減少に求め、「代銭納の後退・衰滅＝荘園制解体」という図式を示したように、荘園領主の支配力低下によって荘園制が衰退に向かうという傾向を代銭納に当てはめて考える視点である。しかし本章においては、荘園の支配システムと代銭納という年貢納入システムの衰微が連動するという佐々木氏の所論をひとまず措きたい。その理由は行論において明らかになるが、先取りして言うならば荘園の解体が必ずしも代銭納の衰滅とは連動しないという事例が存在するためである。こうした荘園、すなわち本章で対象とする東寺領備中国新見荘においては荘園制的秩序もさることながら、とりわけ経済的事情が代銭納のシステムを大きく左右していたと考えられる。本章ではその過程を具体的に探る。

その上で、十五世紀末期から先鋭化する撰銭問題との関連の有無についても見据えたい。代銭納というシステムが貨幣流通の浸透とともに成立した以上、その衰退もまた貨幣流通がなんらかの影響を及ぼしたのではないかという問題関心を有するためである。

一　隔地間流通の停滞と地域経済——路次物騒と違割符・物価下落

まずは応仁・文明の乱までの新見荘支配について振り返っておきたい。(7) 新見荘が東寺領となるのは建武政権期であったが、度々在地の違乱に悩まされ、結局応永十五年（一四〇八）に細川京兆家の被官安富宝城の代官請とする体制が成立した。(8) なお請切額は一年に都合一五〇貫文であり、代銭納が採用されている。

安富宝城やその跡を継いだ安富智安は、当初は東寺に対して請切額通りの年貢を納入していたようであるが、嘉吉期からは未進が増大した。(9) この後は未進に歯止めが利かなくなる。とりわけ、享徳元年（一四五二）以後はほぼ全額が未進という状況に陥った。(10) 未進が嵩んだ状況にある一方、安富智安は新見荘から恒常的に課役を徴収していた形跡が窺える。東寺には「於田舎者、又懸无理非分之課役」(11) と論難され、一方名主百姓等は「やすとみとのへ沙汰分の御年貢」を納めていたと主張している。(12) 安富智安と対立する側の意見だけに多少の割引は必要であるが、嘉吉期以後にあっても、安富方には一定量の年貢が集積されていたようである。しかし、寛正期に入ると「令譴責地下人お之間、百姓等既退幅仕、（中略）就中、彼安富代、自去六月比、(寛正二年)捨地下退散仕云々、」(13) という状況に陥ることになった。こうした事態の原因について杉山博氏によれば、「自立しつつあった三職をはじめとする名主百姓らの統一戦線の結成によって、下からくずされていった」ためだという。(14) いくら催促を重ねても未進を続けた安富智安が、代官としての支配力さえも喪失してしまったことを東寺は知り、ついに代官罷免を幕府に訴えるに至った。安富氏代官請時代は、時には不作などの影響を受けたとは考えられるが、基本的に納入額の減少は新見荘における生産高の減少に起因するものではなかった。京都と在地とを結ぶ流通もまた安定的に維持されていたと推察される。

代官安富智安の罷免後も後任の選定には紆余曲折する。例えば、細川京兆家が後任の選定に「口入」したことに憚って、東寺が指名した候補者が辞退することもあった。後には複数の人物による競望も起こり、新たな代官補任に逡巡が見られた。この間東寺は上使を在地に派遣させて年貢の確保に奔走していたが、寛正三年（一四六二）七月に漸く次期代官祐清が補任された。ところが翌年に祐清が新見荘で殺害されるトラブルがあり(15)、次いで祐成が代官となって応仁・文明の乱を迎える。

代官職に関する経緯はおおよそ以上のごとくである。安富智安を罷免し東寺は直務支配を期待したが、実態はそうではなかった。武家の代官請は一応排除したものの、代官請の体制そのものは結局続けられたのである。

1　寛正期における路次物騒の登場

荘園支配については如上の経緯を辿った新見荘において、寛正〜応仁期における社会・経済情勢は如何なる情況にあったのだろうか。年貢納入と、それに大きく関与する流通面における様相を探ってみたい。

安富智安罷免後は、米や麦などの作物や荘内で産出する鉄などは、引き続き在地で換貨し納入されていたものの、漆・紙・蠟などの現物納が一部見られるようになる点にまず注目できよう（表4参照）。漆の納入については次節で詳述したい。

もう一点忘れてはならないのが、割符を巡るトラブル、すなわち違割符が頻繁に見られるようになったことである。違割符とは換金が不可能になった割符を指す。安富代官期も違割符の事例は見られたが(16)、寛正期にその割合が増加したようである。この時期に割符が積極的に使用されたことについて、しばしば割符は現銭よりも信用が置かれたという説明がなされる(17)。ところがそれとは裏腹に、寛正期には割符の信用を揺るがす重大な事態が発生したのである。

表4　新見荘からの送進物一覧（1461～1535年）

西暦	和暦	現銭(貫)	割符(貫・個)	漆	紙(束)	その他	典拠
1461	寛正 2	80	20?(2)	4升	10		サ90(350), 91(351), 92(352), け12(822)
1462	3	50	35+(4+)	大桶1	1		け13(823), 教1693, 1695, 1699
1463	4	15	50 (5)	大桶1, 小桶11	7	蠟1斤	サ117(373), け14(824)
1464	5	10	57.5(3+)	大桶1, 小桶10	14		サ151(404), 158(411), 368(590), け16(825)
1465	6	2.6	91.3+(12+)	大桶1, 小桶10	17		け18(826)
1466	文正 1	3	80?(8)	大桶1	23.5 中折帋3	蠟1斤	ヤ120(238), サ167(420), け19(827)
1467	応仁 1	0.81	90 (9)				ム70(164), ク41(222), け19(827)
1468	2		60?(6)				け21(829), え46(916), 教1793
1469	文明 1	4					サ199(435), け22(830)
1471	3	8.052					サ204(438)
1479	11		20?(2)				け32(834)
1485	17	70		2桶	3		け40(841)
1487	長享 1	10		1桶			け43(843)
1491	延徳 3	10					け48(847)
1492	明応 1	20	20 (2)				ヰ121-4(180), け49(848), 50(849), 教2053
1493	2	40		大・小桶4	10		け50(849), 教2062, 2097
1494	3	65	20 (2)	大・小桶2	10		け51(850), え67(932-940), 教2097
1495	4	52		大・小桶2	10		け52(851), 教2118
1496	5	67.3					サ216(446)
1497	6	20	20 (2)	大・小桶2			け55(852), 教2137, 2139, 2146, 2153
1498	7	43?	10 (1)	大・小桶2	10		け56(853)
1501	文亀 1	30		大・小桶2			け60(854), サ226(472), ひ142(1177)
1502	2	70		(*大・小桶2)	5		け62(855), ひ142(1177)
1503	3	15(*60)		大・小桶2	21		け63(856), サ234(483), ひ142(1177)
1504	永正 1	85		大・小桶2	5		け64(857), ひ142(1177)
1505	2	48.5		2桶 (*大・小桶4)			け65(858), ひ142(1177)
1506	3	91.6		大・小桶2, 2桶	10		け66(859), サ238(485), ひ142(1177)
1507	4	20					サ239(486), 241-1(487), ひ142(1177)
1508	5	10		大・小桶6	10		け68(861), ひ142(1177)
1510	7	(*10)	10 (1)	大・小桶2+	10+		け70(862), ひ142(1177)
1511	8	(*10)		(*大・小桶2, 指中桶2)			
1512	9	(*16.5)	10 (1)	大・小桶2 指中桶10 小桶1	12.5		け72(864)
1514	11			指中桶10 (*大・小桶2)	(*10.5)		け75(865)
1515	12	20		大・小桶2 (*指中桶6)	150.5	蠟鍋7 (*蠟鍋12)	け76(866), 77(867)

西暦	和暦	現　銭（貫）	割　符（貫・個）	漆	紙(束)	その他	典　　拠
1516	永正13	73		一升桶3，指中桶12（＊指中桶17）	68(＊78)	蠟鍋6斤	け77(867)，78(868)
1517	14	0.7		一升小桶1，指中桶8（＊指中桶19）	(＊62.5)		け78(868)
1518	15			大桶2，指中桶8	20(＊40)		け79(869)
1519	16			小桶1，指中桶2（＊指中桶7）	60	白皮35（＊白皮70）	け80(870)
1520	17			指中桶9，一升桶1	10 雑紙110	蠟鍋3	け81(871)
1521	大永 1			小桶1（＊大・小桶3，指中桶3）	(＊285)	鹿皮140，蠟鍋1（＊蠟鍋4）	る66(732)
1522	2			指中桶2	200	蠟1斤	る67(733)
1523	3			5桶(指中桶ヵ)（＊小桶1）	108(＊256)		る68(734)
1524	4			指中桶14，小桶1	60	蠟5斤	る69(735)
1525	5			17升6合（＊指中桶3）	340	蠟5斤	け83(872)
1526	6	(＊6.5)		(＊指中桶9)	(＊200)		
1527	7				30		け85(873)
1528	享禄 1			指中桶2（＊指中桶12，小桶1）	(＊65)		る70(736)
1529	2			指中桶10	76		る71(737)
1530	3			指中桶10（＊大・小桶2，指中桶19）	99.5（＊269.5）	蠟5斤	る72(738)
1531	4			指中桶9，公事桶1	60		る73(739)
1532	天文 1			指中桶6	100		る74(740)
1533	2			指中桶15			る75(741)
1534	3			指中桶3	10		る76(742)
1535	4			指中桶6（＊指中桶13，一升桶1）			る77(743)

註　(1)　「？」は推定

(2)　(＊) は筆者の整理よりも杉山博註(7)論文第9表の方が数値が大きいため，便宜上併記したものである．

同表は典拠史料が明示されていないため，比較検討は困難である．筆者の整理によって同表の数値よりも大きくなった場合は，筆者の整理による数値を採用した．

(3)　「＋」は，例えば「2＋」は2つ以上の送進が確認できることを示す．

(4)　典拠に史料名のないものは「東寺百合文書」の函名と文書番号，(　) は『岡山県史』第20巻家わけ史料所収「東寺百合文書」の文書番号を，「教」は『教王護国寺文書』とその文書番号を示す．

寛正三年（一四六二）には、結果的に違割符となった割符を田所の金子衡氏へ渡した商人に対して、在地の三職は代金を返すように要求した。しかしもう代金は別の商人のもとに渡ってしまったので、取り返すまでに時間がかかっている様子が窺える。また、取次商人から質を取るようにするとの意向も在地から東寺側に伝えられた。[18]実際に寛正四年（一四六三）二月に割符を送進する際、取次商人から鉄を質に取っている。[19]

かかるトラブルに見舞われた後も、東寺側は割符での納入を督促したようであり、割符での納入は継続された。その理由としては、現銭に比べると輸送コストが軽減できることや、盗賊による被害を受ける可能性を低く抑えることができるためであるとされてきた。しかし桜井英治氏によれば、輸送コストは必ずしも軽減されるわけではなかったし、盗賊に襲われる危険が小さくなったわけでもなかった。[20]割符納入を継続したことは桜井氏が示唆したように、「割符一般に対する信任の存在」によるものとも考えられるが、[21]東寺側に現銭での納入を忌避する何らかの理由があったのであろう。

とはいえ、それも畿内商人が振り出した割符が継続的に新見荘にもたらされる状況が維持されていた上での話である。そもそも割符を新見荘に持参する畿内商人の来訪が途絶えた時、割符に依存した納入形態は行き詰まるに至る。この点について、「御割符を尋候へ共、当国一宮之社務職備前すけ松方、当国之守護方と相ろん候て、更ニ割符持候あき人なんとたやすからす候て、此便宜ニ進上申さす候」[22]という在地から東寺への報告が目を引く。寛正五年（一四六四）に備中国吉備津社の社務職を巡って守護方と「すけ松方」[23]とで相論となった。実際は紛争状態になったと思われ、道中が不穏になったために商人が新見荘へ来ることができず、割符の入手が困難になっていることを注進しているのである。「割符持候あき人」の新見荘への来訪が途絶し、割符の入手そのものに困難を来すようになった。しかも新見荘における物価を検討する限り、来訪商人の減少はもっと早く訪れていた節が窺える。

寛正四年二月に代官祐清は東寺公文所に宛てて、「米和市なとも、去年ハ事外減直ニ候て、御公平も多々無進納候、去々年の和市ニ百俵か内ニ十五貫可違由、皆々地下人申候間、めいわく此事候」と伝えている(24)。銭建てで納入しなければならない在地側にとっては実質的な減収となっているのである。

売価の下落は作柄が良く豊作になったためだと見做すことも可能ではあるが、実際はそうとは限らなかった。この頃は「寛正の大飢饉」と言われる状況にあり、新見荘においては寛正三年十月、荘内の高瀬・中奥から長雨や霜による被害の訴えがあり、結局は半損とする決定が下されている(25)。それでも物価が下落していたのは、作柄の影響を飲み込むほど需要が落ち込んだためと考えるべきであろう(26)。新見荘にはおそらく畿内から多くの商人が来訪したと思われる（その商人が新見に割符を供給する主体であった）。代銭納のシステムを裏で支える彼らが新見荘を訪れるのは、産品の買い付けを主要な目的としていたであろうし、地方の市場では彼らのような存在が大口として鍵を握っていたであろう。とすれば、寛正三年頃には既に商人の来荘が減少に転じていたのではないかと考えられる。寛正期に違割符が多く見られるようになったのは、以上のような流通状況の動揺が少なからず影響していたのであろう。

まだここで世情が安定化に向かえば流通状況も改善したかも知れないが、裏腹に応仁・文明の乱が勃発するに至り、一層世情不安が蔓延していった。文明元年（一四六九）には、「京都御物惣（ママ）ニより候て、人おも上せ申さす候、又御下もなく候(27)」という有様であった。京都と新見荘とを結ぶ商人を媒介とした隔地間流通は、応仁・文明の乱による「路次物騒」によって壊滅状態に陥ったと考えられる(28)。

2　文明～明応期における物価下落

応仁・文明の乱が勃発すると、足利義政によって新見荘が一旦収公される。文明三年（一四七一）には義政の意を受けた守護細川氏の影響下において在地の有力国人多治部氏が支配した。これ以後、幕府によって東寺へ還補された文明十年（一四七八）まで、新見荘から東寺への年貢納入はまったく滞ることとなったのである。かかる過程を経た結果、新見荘を巡る荘園支配や送進年貢は具体的にどうなったのだろうか。以下概略を辿ってみたい。(29)

東寺還補後は武家の代官請が復活し、細川京兆家被官の山田具忠を代官職に任じた。ところが応仁・文明の乱を経た新見荘は、在地領主多治部氏などが押領を経て私領を形成させていた。三職などの在地の有力者とも被官関係を既に結んでいたと考えられ、東寺の代官が入部しようとしても、激しい抵抗に遭うに至った。表4を見れば、その影響は明白である。東寺に還補されたとはいえ、年貢収取はほとんど滞った。業を煮やした東寺側は度々代官を改替するが、その効果は全く顕れなかったのである。数々の代官が在地支配を試みては失敗した結果、延徳三年（一四九一）に東寺は細川京兆家と代官契約を結び、被官の秋庭元重を名代とし、実務代官として妹尾重康が経営にあたった。そして妹尾重康の現地代官と思われる大和守明重は、漸くにして新見荘入部を果たした。しかし、やはり在地の激しい抵抗に遭うなど、収納額の確保は困難を極めている。

十五世紀末期の新見荘は、おおよそ以上のような経過を辿った。では、当該期における流通状況はどのような様相を見せていたのだろうか。とりわけ明応期における新見荘から東寺への年貢の納入状況は、それ以前とはまったく異なる様相を呈することになる。それは納入額の減少だけではなかった。

まず注目されるのは、寛正期には頻繁に使用されていた割符の使用例が滅多に見られなくなる点である。既に述べたように、遠隔地を往来する商人によって畿内から新見荘に割符が持ち込まれる機会が激減したからではないかと推察される。

次いでは物価の変化である。明応三年（一四九四）六月には在京していた妹尾重康が、「当年者、国之売ね共なく候間、一向無到来之儀候へ共、先少候へ共、納申候、到来次第又やかて可納申候」と東寺に報告している。[30]「国之売ね共なく」という文言の解釈は難解であるが、代銭納に困難を来している文脈であることを踏まえれば、新見荘における和市の売価が下落していたことを示すものであると考えられる。既に寛正期において兆候が見られた物価の下落は路次物騒の流通路不安が大きく影響したのであるが、この時期の備中においても守護細川氏と守護代庄氏とで激しい合戦となっていたことも要因となったのであろう。しかも後に触れるように妹尾重康は在地での収取そのものに困窮していた。それに物価下落が追い打ちをかけたため「国之売ね共なく」という表現がなされたものと考えられる。

「求心的流通構造」を担う京都の状況も気になるところである。かつて百瀬今朝雄氏は「東寺百合文書」などをもとに、京都と播磨国矢野荘における米価の推移を詳しく検証した。[31]それによれば、京都の米価は応仁・文明の乱勃発を境に大きく下落している。すなわち京都の米価下落に合わせるかのように、新見荘においても同じような状況になっていたのである。確かに備中の在地情勢も大きく影響したであろう。しかし、応仁・文明の乱以前に比べると京都との関係が薄らいだとはいえ、新見荘の物価が京都の物価と多少なりとも連動していたと言えるのではないだろうか。大消費地たる京都の物価動向が地方市場に波及する効果は、応仁・文明の乱による混乱状況を経てもなお、一定度はあったと考えられる。

少し時代は降るが、永正二年（一五〇五）には、代官新見国経が在京の弟新見政直に宛てて、「下地催促堅仕候へ共、米・大豆之和市事外多候て、代方なと一向納かね候、さ候儀より、御公用すき〳〵と上不申候、弥さいそく仕、春ニ成、少事なり共上可申候」[32]と伝えている。「和市事外多」いという表現も難解だが、代銭納が困難となったことを言及している点から、買手市場に陥ったためによる物価の下落を示すものと解釈できよう。[33]米や大豆などを換貨して納入することを嫌ったための方便であった可能性もある。しかしこれまでの検討を鑑みれば、この年がたまたま豊作であった可能性もあるとはいえ、物価の下落は事実であったと受け止めてよいだろう。

京都において米価が下落したことについて百瀬氏は、京都の主要な消費人口を構成していた在京武士が帰国して需要が減少したことがあるとしている。(34)新見荘において物価が下落したのは、大消費地である京都における需要を見込んで隔地間の物資の流通を担った畿内商人の来荘が減少したため、新見市における活発な取引が停滞状況に陥ったことを示すものであった。応仁期以後の戦乱によって兵庫津や淀川関の物流が激減したことが明らかになっており、(35)これまで確認した情況は必ずしも新見荘に特有のものではなかったことが推察されよう。寛正期に萌芽した「路次物騒」そして応仁・文明の乱の大混乱が、求心的流通構造や実際にこのシステムを担った人々を中世的経済構造の大変革という荒波に飲みこんでいった。本節でみた違割符や物価下落は、その具現の一例である。(36)

寛正期以後の慢性的な物価下落は、換貨納入を原則とする代銭納のシステムにどのような影響を与えたのだろうか。節を改めて、その様子を見てゆきたい。

二　納入年貢変遷過程における漆納入

新見荘は東寺領となって以来、納入年貢はすべて代銭納であった。しかし寛正期に安富智安が罷免されると、漆の納入が開始された。なぜ漆の納入が見られるようになったのだろうか。また、後には銭納の維持が困難になるなかで、漆をその代納手段として選択する様子が見られる。本節においては、これらの事情の背景を探ることにしたい。

1　漆納入の開始

安富智安が代官であった時期までは代銭納が貫徹されていた。ところが寛正二年（一四六一）に彼が罷免された後、新見荘から東寺に対して、漆を現物で納入する形跡がみられるようになる。なぜ突如として漆の現物納が行われるようになったのか。まずその背景について検討してみたい。

寛正二年十二月二十七日に漆が東寺の元に届けられた。このとき「上使上洛以後、可有支配」[37]として支配は一旦保留し、上使が京都へ戻った後、その分配が行われた。ここで漆などの現物は本年貢とは別個とされ、公事と位置づけられている。分配の対象となったのは講堂本供僧六口・護摩三口・奉行分一口の十口であった。また十口はそれぞれ均等に分配されている。以上の分配の様子は「最勝光院方評定引付」寛正三年（一四六二）一月十七日条[38]に記されているが、最後に「為令無向後之乱、記之矣、」と付記している点に注目したい。すなわち、新見荘から納入された漆の分配方法は、この時初めて決められたことを示すものである。東寺領としての新見荘における漆の納入は、この時から開始された。

とはいえ、上記記事を見る限り、漆が突如として送進されて供僧が狼狽したという様子を窺うことはできない。これより少し以前にやはり初めて紙の納入も見られたが[39]、この時も即時に「支配」（分配）されている。むしろこうした現物が納入されることを既に把握していたとさえも感じられるのである。もちろん新見荘で漆や紙を生産していたことについては、東寺側も既知のところであったと考えられる。例えば元弘三年（一三三三）の新見荘徴符案を見ると、荘内の一部の名には漆が納入対象として記されており[40]、早くから漆の本数も検注されていたことが網野善彦氏によって指摘されている[41]。また、元弘三年段階での国吉名においては、代銭納とされていた品目に胡麻・白皮・綿・布・簾・花・炭・「寺兵士」・「狩役」があり、現物納の対象として米・「山畠」（雑穀か）・漆・苧・国節料帋・鳥があったことも東寺に残る史料から確認できる[42]。

東寺に漆が初めて納められた、寛正二年に記された年貢公事物注文案が残されている[43]。この史料は、安富罷免後に東寺が「直務」体制を整備するために作成したものと考えられる。ここで同じ国吉名がどのような品目を納めていたかを確認してみると、米（大斗）・麦・大豆・小麦・紙・漆・銭三貫文と記されている。荘園から京都の領主への納入は代官請として完全な代銭納となってはいたものの、在地での収取にあたっては必ずしも銭納が貫徹されていたわけではなかった様子を看取できよう[44]。とりわけ漆や紙は、在地においては一貫して現納とされた品目であったのではないだろうか。新見荘においては、代官が兵粮用途として重視したと思われる米や麦等のみならず、漆や紙といった商品作物もまた集積されていたのである[45]。

安富智安の代官時代までは、こうした作物が換貨され、東寺に納入されていた。とはいえ換貨する場所が必ずしも在地であったとは限らず、時によっては京都に送進して換貨した可能性もあるだろう。「蠟一斤御年貢方ニ取候、上進候、代一貫七百文にて候、京都にてハ、二貫五百計ニ御うらせ候へく候[46]」と代官が東寺に伝えたものがある。安富時代のものではなく、また漆ではなく蠟についてであるが、漆と同じ商品作物として参考となりえよう。蠟は寛正期前半までは年貢として収取された様子を見て取ることはできないが、寛正四年（一四六三）の上記史料や寛正七年（一四六六）の算用状[47]を参照すれば、新たに収取対象とされたようである[48]。また、寛正七年の算用状によれば蠟は代銭納の対象となっており、その代価は一貫七〇〇文であった。

ところが、上記史料の書かれた時、蠟を現物で京都に送進し、二貫五〇〇文ほどで売却するようにと代官祐清は述べている。蠟の相場は、新見荘では一斤当たりおよそ一貫七〇〇文程度、京都ではおよそ二貫五〇〇文程度で推移していたのであろう。隔地間を頻繁に商人が往来して利鞘を稼いだことも勘案すれば、生産地たる新見荘よりも大消費地たる京都の方が相場の高いことは明白としてよかろう。無論新見荘から京都までの運搬の労に配慮せねばならない。

しかし、現銭も物品に劣らずその運搬には難儀が伴うし、割符で送進するとしても、手数料を考慮すれば得られる利益が削減されることになる。また、割符で送進するとしても路次で遭難する危険性が大きく、緩和されるとは限らなかった。(49)

以上の検討を踏まえれば、安富智安も必ずしもすべての収取物を在地で換貨・送進させていたとは限らないのではないだろうか。相場を敏感に調査し、場合によっては京都へ送進させた上で換貨した可能性もある。むしろ基本的には、京都で換貨されることを前提としていたのではないか、とも見做しうる。そのために多くの物品が代銭納化される一方で、漆は一貫して現物納が維持されたと考えられる。安富罷免後に漆が直接東寺へ納入されたのも、元来代官へ現物納されるシステムを利用しつつ、相場に敏感に対応して換貨する施策を引き継いだ結果ではないだろうか。今一度初めて漆が東寺へ納入された際の送進状を見てみよう。

(封紙ウワ書)
「漆　送状　寛正弐　十二　十五」

送進　新見庄御年貢銭之事

合漆四升者　大小四桶内

大桶一ノ代国本八貫文

右、所送進如件、

寛正弐年十二月十五日

公文(宮田)家高（花押）

追補使(福本)盛吉（花押）

田所(金子)衡氏（花押）

上使祐深（花押）

上使
祐成（花押）(50)

「年貢銭」として漆を記す点から、漆送進の際の文書形式が定まっていないことを看取できるが、注目すべきは「大桶一ノ代」として新見荘における漆の取引相場が記されている点である。この前月に送進された紙の送進状も残されているが、(51)こちらには同様の記述はない。

漆送進状における相場の注記は後には見られなくなる点から、従前の代銭納から現物納への転換の過渡期にあって、代銭額との比較を行いやすくすることがこの注記の第一義にあったと思われる。しかし、紙にはそうした記述はされず漆にはなされている点から、漆の相場には領主側も大きな関心を寄せていたことを暗示するものと見做すことができるのではないだろうか。ただし代銭納の体制そのものは堅持され、多くの物品はやはり東寺へ納入する段階では既に換貨（もしくはさらに割符に交換）されていることが必要とされた。全体的には荘園からの納入額が減少傾向にあったと思われる領主側にとっては、徐々に仏事等の用途に事欠く事態へとなりつつあった。かかる事情にあっては、とりわけ銭貨による収入が必要とされたと考えられる。原則的には代銭納を維持することによって、散用の迅速性を確保しようとしたのであろう。京都やその近郊の商人の振り出した割符を在地に要求する一方で、比較的遠隔地の摂津や堺などの商人の振り出した割符には難色を示したのも、可及的速やかに銭貨を得ようとする意図が働いたためではないだろうか。

漆の現物納に関する以上の検討は、主に領主側からの利点を中心としたものである。なぜ在地において現物納が維持されたかを解明するには、もうひとつの当事者である在地にとっての意義を考えねばならないであろう。

先に、寛正三年には荘内で激しい損亡が地下から訴えられた一方で、米和市が大幅に下落していたことに触れた。その際呈示したものと同じ史料には漆未進について記されている。それによれば、漆未進は領主と代官との間での

「奉行徳分」についての意見の相違によるもので、物価変動や自然災害の影響があったことは窺えない。[52]この差は注目に値するのではないだろうか。もちろん漆が自然災害による被害を受けることはあったが、[53]比較的安定した収穫量が確保できる作物であったのではないかと推察される。

網野氏によれば、漆はすべて代官に徴収されたわけではなく、一定量は百姓の元に残されていた。[54]また一本の木から一年に採取できる漆の量はある程度上限はあるようだが、採取技術によってはその上限を引き上げることも可能であったと考えられる。[55]建治元年（一二七五）に新見荘西方（領家方。後の東寺領新見荘域）では漆が検注され、この時記された賦課量は四斗四升八合余であった。[56]十三世紀後半の段階で少なくともこれだけの量の漆の産出が可能であった一方、寛正期に決められた漆の納入量は五升二合であった。在地にストックされつつ、時には在地で消費され、もしくは売却して自己資金化の対象となった漆は相当な量に上っていたと考えられる。代官も納入量以上に収奪して自己資金化したと想像しうるが、それでもなおかなりの余剰生産物が流通した可能性を窺わせる。

また在地においても代銭納を採用した場合、百姓は換貨して代官に納入することとなるわけだが、その際には相場の影響を蒙ることは言をまたない。同一の収穫量であっても、年次によっては換貨収入額は増減する。しかも、不作になったからといって相場が上昇するとは限らない点から、換貨納入する場合にはいわば二重の収入減の被害を蒙ることもしばしばあったのである。

以上の点を考慮すれば、百姓にとっても漆を現物納とすることに一定の利点があったのではないだろうか。現物納の場合は相場に関係なく一定量を納入することで、余剰生産を自らの利益として獲得できた。その上、漆は比較的安定した生産量を維持できたため、自然条件によって納入量の確保に苦心するケースは比較的少なかったと考えられる。漆の現物納において、支配側と被支配側の利害の一致を見ることができよう。しかも漆は植樹栽培によって収穫量の増加も望めるので、余剰生産は徐々に膨らんでいったであろう。このことが後に大きな意味を持つに至る。

2　代納手段としての漆納入

明応五年（一四九六）、妹尾重康は次のような書状を東寺に宛てて送った。

猶々申入候、御公用未進つもり候へハ、弥めいわくにて候間、漆をめされ候ハヽ、可為喜悦候、旁御ためにて候、

就新見庄御公用事、度々預御催促候、其分雖致披露候、未国到来候間、迷惑仕候、先度御使ニ申入候ことく、自国漆上代立候て、可納申由申候て、書状上候、為御披見進入仕候、可然様被仰談、御納候ハヽ、可為恐悦候、若被召間敷にて候者、代成次第可納申候、然間御さいそくハあるましく候、更々如在之儀あるましく候、只今現銭事ハ、余ニ切々御催促あつかり候間、備中守不申候て、私秘計仕納申候、此分可預御心得候、同ハ漆めされ候て、御下行方へ被遣候者、於身可為祝着候、恐々謹言、

（明応五年・一四九六）
五月六日　　　妹尾太郎左衛門尉
　　　　　　　　重康（花押）

（増秀）
相模殿
　御宿所[57]

これによれば、現銭の納入が困難であるため、本来現銭で納入されるべき分を漆で東寺に納入する旨を述べている。この年の四月三日と思われる現地の大和守明重の書状によれば、百姓は「無足」と称して夏麦は一向に納めないため年貢銭はまったく沙汰できないと伝えている。ところが同時に「指中桶拾桶」を妹尾重康に送進している。[58]現銭では

納入困難でありながら漆であれば納入は可能である点は興味深い。

ところで、「指中桶」とはどれくらいの容量の桶であったのだろうか。「指中一」が「漆廿合」を収容していたとする史料がある。[59] また「指中四ハ漆八十合」という記述も見られることから、[60] 指中桶一桶には二〇合(=二升)の漆が入る計算になると見てよかろう。それが一〇桶となると、合計二斗の漆がこの時京都の妹尾重康に送進されたことになる。本来妹尾重康が納入すべき漆の量は寛正期と同じ年五升二合であった。それを大幅に超える量の納入を行ったことも注目に値しよう。従来の収取量を超える漆を在地でどのように調達したのであろうか。

前項で触れたように五升二合という量は、新見荘における総生産量に比してかなり控え目なものであったと考えられる。しかし、代官側が年貢収納に窮々としていたことを踏まえれば、在地の百姓が漆を余分に納入したとはにわかには考えがたい。

ところでこの時、年貢銭の納入が期待できないため妹尾重康は自腹を切って年貢銭を納入した様子を窺うことができる。大和守明重もまたこうした行動を取ったとすれば、和市で漆を調達し、送進した可能性も指摘できよう。先に行った推測が正しければ、新見荘では漆が余剰生産物として流通し、売価も京都に比してかなり安価であった可能性が高い。実際に指中桶一〇桶を三〇貫文で購入したのではなく、それよりもかなり出費は小さかったと考えられる。

しかし東寺側はこの時もたらされた漆について、次のように述べている。(傍線筆者、以下同)

(折裏奥書略)

尚々、漆代物相違候者、以現銭早々可有御納候、

新見庄去年分御年貢銭之事、至于今一向無御寺納候、以外曲事候、就其漆をもて且可有御寺納之由承候間、寺家成其意得候之処、代物少之相違事被仰候て、無御領状候、併為御難渋候歟と寺家取置候、此年貢之事者、去年冬

中ニ可有御皆済候之処、于今御無沙汰之事、就利平等過分失墜迷惑之次第候を、漆之代物少之よりのきによて、菟角承候条、難意得申候、漆之外ニ年貢足無到来候哉、千万無御心元候、慥ニ承候て、寺家ニ可致披露候、此間連々催促之通、使者慥不申届候哉之由候て、為衆中折檻候之間、以折紙申入候、恐々謹言、

（明応五年）
五月廿三日　　　　　　　　　　　　　　　　　備後
　　　　　　　　　　　　　　　　　　　　　　　聡秀
　　　　　　　　　　　　　　　　　　　　　筑前
　　　　　　　　　　　　　　　　　　　　　　　鎮宗

妹尾太郎左衛門尉殿(61)

これによれば、「代物少之相違」「代物少之よりのき」があったために受領に難渋し、現銭による差額の納入を要求したのである。対して妹尾重康は、「国之代官三貫文宛申定候て上候を、可進候心中申候処、二貫五百文承候間、左様よりのきについて不進候、たとへ国のね十疋・二十疋ハちかい候ハヽ、先可進之候心中候へ共、一桶ニ五十疋まての御ちかいニて候間、不進候つる」(62)と説明して納入手続を保留するよう改めて申し出た。実際にこの時の京都で取り引きされていた漆の相場は、指中桶一桶当たり二貫五〇〇文だったようである。新見荘の漆相場は更に低かったと推察される。ところが、大和守明重は漆の相場を高く見積もり、その差額（「よりのき」）を未進額から棒引きさせようと画策していた。妹尾重康も同調していたのであろう。年貢納入が事実上不可能な状況にあって、不正な手段を講じてまでも未納額の減額を図っていた。その際、新見荘では比較的安価で入手できるであろう漆が利用されたのである。

その後、妹尾重康はいよいよ行き詰まりを見せたようである。明応七年（一四九八）には「漆近年又減少(63)」と東寺

から抗議を受けたようであるが、以後は納入自体も見られなくなった。まもなく妹尾重康も解任されたようである。

良かれ悪しかれ、妹尾重康による漆の代納は先例として後の代官にも引き継がれた。代わって代官となった新見国経にも、銭納分を漆で代納するケースが見られた。すなわち永正二年（一五〇五）に、未進二〇貫文に対して、漆二桶を代納した事例がある。(64)「如シロ《（代）》物ハ雖不可叶、只今計ハ漆ニテ可被召」とあるように、東寺もそれを渋々了承した。ここでの二桶は大桶が一桶、小桶が一桶だったと考えられるが、その場合、漆の容量はおよそ二升九合であった。(65)すなわち一合当たり約六九〇文である。当該期の相場を勘案する限り、東寺側にとっては極めて不利な条件であったといえよう。本来ならば到底受領しがたいものであったが、受領せざるを得なかった。

新見荘の特産品である漆は、その商品的価値の高さのために発生する生産地と大消費地との物価格差によって、代官による恰好の資産蓄積手段として利用されてきたと考えられる。領主たる東寺もそれに目を付け、強力な在地支配を推し進める武家代官を排除した後は、直接その収取を狙ったのである。

しかし、応仁・文明後に復活した武家代官たちにとっては、ただでさえ在地での収取がままならない上に、隔地間流通の停滞に起因したと考えられる物価の下落によって、代銭納の維持は大きな負担となっていった。そこで漆を珍重する領主の思惑を逆手に取り、募る未進額を少ない負担で減額させる手段として、漆を利用しようとしたのである。ところが東寺もその動向は既に把握しており、両者の間では虚々実々の駆け引きがなされていた。

とまれ、如上の経緯が後の新見荘の年貢納入に重大な影響を及ぼしたことを想像するに余りあるものである。すなわち漆の代納を認める姿勢は、東寺の代銭納に対する拘泥をなし崩し的に失わせていった様子を如実に示したものとは言えまいか。そして、代銭納を支える貨幣流通システムそのものに変化が見られる時期へと突入した時、如何なる推移を辿ったかが注目されるところである。

三　戦国期の荘園経営と地域経済――代銭納の崩壊と悪銭流通

本節の検討対象は十六世紀前半の新見荘である。十五世紀末期とは異なり、代官は在地支配を既に完成させていた人物であった。しかし度重なる戦乱によって、領主との関係は多様な姿を見せていた。まずはこの点に配慮したい。年貢納入について言えば、当該期に特徴的なものは悪銭の登場である。代銭納のシステムが貨幣流通によって支えられていたと考えるならば、悪銭の納入事例を看過するわけにはいかないだろう。そしてそれが年貢納入をどのような形へと導いていったのか、またなぜ年貢銭に悪銭が混入したのか。当該期の社会現象として注目される撰銭問題の根元的原因に迫る上でも考えてみたい課題である。

1　代官による年貢納入の意味

明応十年（文亀元年・一五〇一）、新見国経が新見荘代官に任命された。杉山博氏によれば、新見氏は早くから在地で権力を築いていた国人領主であった(66)。杉山氏は、新見氏を当該期における代官の「最適任者」と評する。次々と荘園公領が在地領主によって押領されてゆく社会情況において、新見氏の代官補任は、その危機感を察した東寺による切り札であったといえよう。

実際にこの判断は功を奏した。明応末期はほとんど年貢納入が滞っていたものの、文亀期に入るとやや回復がみられる（表4参照）。東寺にとっては、これによって多少ながらも安定した年貢銭の確保を期待したであろう。ところがその期待は早くも裏切られる。先に見た永正二年（一五〇五）の強引な漆納入である。新見氏の意思次第では、年貢納入の継続さえも危ぶまれつつあった。妹尾氏とは違って新見氏の場合は渋々ながらも受領されたのは、こうした力関係が背景にあったと考えられる。

しかしこの新見氏の強圧的な態度も、長くは続かなかった。永正四年（一五〇七）五月に備中国守護方から国経に兵粮米の納入が催促された[67]。これに対して国経は、在京する弟政直に書状を送り、この兵粮米の賦課が幕府によるものか「御屋形様[68]」によるものかを調べた上で、東寺から守護に対して使者を遣わすように要請させた[69]。ところが東寺側は「公儀以下可被相調事候、今時分難叶、所詮、代官新見方、幸在国候間、為彼方、可然様可有御調法之由、衆議了[70]」と返答し、対応を渋ったのである。請切によって国経を代官に任命している上は、在地のことについては東寺側が介入する必要などないという見解であった。既に見たような新見氏の強圧的な態度に対する、東寺の精一杯の皮肉でもあろう。

翌永正五年（一五〇八）春には国経が直々に上洛して対応を促したようだが、その際も東寺側は難渋した[71]。最早東寺側の対応は当てにならないと悟ったのか、国経は政直を通じて内々に幕府に訴え出たようである。その結果幕府奉行人の松田英致から支持を取り付ける[72]。これまでは腰の重かった東寺側もその後の対応は迅速で、国経の当知行を認める手続きを取っている[73]。

結局、守護方の兵粮米賦課は「非分」だった。とはいえ、これらの介入から支配を守るには、いかに新見氏といえども、幕府との緊密な関係を構築する必要があったのである。もっともそれによって「当知行」認定を引き出すためには、継続した年貢納入によって領主との関係を維持することもまた不可欠である。当該事例では当てが外れたものの、当初は東寺に幕府への交渉を依頼した点から、領主を通じて幕府との交渉が円滑に果たされることもまた期待していたと考えられる。

要するに年貢納入の継続は、対立する他勢力の介入から新見荘支配を守るために必要なものだと新見氏も認識していたのではないだろうか。あえて在地領主である妹尾重康・新見国経・政直が在京した目的も、領主ひいては幕府との直接交渉によって関係をより密にするためのものであったと言えよう。

2　代銭納から現物納へ

在地で強大な権力を築いていた新見氏も、次第に守護代をはじめとする他の国人領主との関係が悪化し、その支配基盤も動揺を見せ始めた。かかる情況にあって、当該期の新見荘から東寺へ送進される年貢はどのようになっていたのだろうか。

当時の流通情況を考える上で看過できないものに、悪銭による混乱がある。新見荘から東寺への年貢送進についても、永正三年（一五〇六）三月十五日には「新見庄公用到来之由、（中略）参拾貫文分可寺納之由申之、（中略）代物令精ケン《（検カ）》、請取帰了、但此内弐百足余、悪銭尚有之間、十七日被返遣了」[74]という東寺側の対応が見える。また、同年には新見荘より送られた現銭四貫五〇〇文のうち一五〇文の悪銭混入が記録されている。[75]

もっとも、これ以前に納入銭から悪銭を排除する例は見られた。しかし悪銭を新見荘に「返遣」す例は管見の限りこれが初見である。これ以後も悪銭に悩まされたようで、永正十年（一五一三）に至ると新見政直が「いつも国の料足わろく候間、売物取候間」と東寺に報告している。[76]「国の料足わろく候」ため、容易に物資を売却して換貨することができなくなったというのである。

一方で、先に見た永正五年の守護方とのトラブルの後、備中やその周辺国を巻き込んだ戦乱状況に新見氏も飲み込まれていった。とりわけ同国成羽荘を支配する三村氏の台頭に悩まされ、永正十四年（一五一七）には、「仍国衆三村、拙者知行分所可押領仕」[77]という事態に至る。

こうした中、納入年貢の変化が顕著になるのは永正八年（一五一一）頃からである。すなわち「指中桶」による漆の納入が本格的に始まる点である。

寛正期以後、漆の契約納入量は年五升二合に変化はなかった。表4によれば、永正七年（一五一〇）頃までは原則的にはこの量を前後しなかったと思われる。それに比べれば、永正九年（一五一二）に指中桶一〇桶（＝二斗）も納入されていることには目をみはる。永正八年（一五一一）頃からは指中桶が大桶や小桶に代わって漆を送進する際に主に使用されるようになっていた。そしてやや波があるものの、漆の納入量そのものも増加していったことが窺える。さらに史料的制約から断続的にしか確認できないのだが、紙の納入量が増加していることも明らかであり、また、これまでは現物で納入された形跡がほとんど確認できなかった蠟や鹿皮での納入も見られるようになった。無論、これらは元々代官が現物で納入することにはなっておらず、新見市で売却して代銭納もしくは自己資金化していたものであろう。

反面、現銭での納入は永正十四年（一五一七）の事例の後、大永六年（一五二六）に六貫五〇〇文の納入があった以外に見られなくなる。その後、銭を送進した事例は永禄三年（一五六〇）まで降らねばならない[78]。しかし、その額は一貫文にも満たない微々たるもので、実質的には一五二〇年代を最後として代銭納は途絶した。

新見氏による在地支配の動揺が決定的になるに連れて、漆の納入量が大幅に増加していったのである。これは「好意的献上物」と呼ばれるような贈答に留まるものではなかったであろう。この時期に至ると、新見氏の在地支配の根拠はまさに代官職という地位に大きく依存するようになっていた。その結果、東寺への年貢納入は欠かすことのできないものとなったのである。

しかもその対象が現銭ではなく漆であった点は注目に値しよう。もちろん、既に東寺の立場が新見氏を凌駕していたことを踏まえれば、「京都ニ只今、漆大切」という文言が新見氏側より出るように[79]、東寺に漆を求める意向の強かったことが大きく影響したと思われる。ではなぜ漆が「大切」だったのだろうか。

漆の京都での和市価格は残存史料によって多少の傾向を窺うことはできる。ただし漆の品質によって価格が異なった可能性もあるので、相場の変動を追うことは容易ではない。あくまで品質が同一のものと仮定しての話になるが、永正九年（一五一二）は一合当たりおよそ一六七文[80]、永正十七年（一五二〇）はおよそ一九三文[81]であった。その一方で天文二年（一五三三）は一合当たり一八〇文[82]である。

応仁・文明の乱以後漆の物価は多少上下したと考えられるものの、米相場のような漸減傾向にはなかったようである[83]。すなわち漆の米に対する相対価値は上昇傾向にあったとも言えよう。以上の点から、極めて経済的な事情においても領主側が漆を求める要素があったということになる。

しかしそれだけではないだろう。次節に見るように、十六世紀に入ると東寺は年貢銭における悪銭の混入に常に悩まされることとなった。

3　年貢銭における悪銭と撰銭問題

十六世紀に差し掛かる時期において年貢銭に悪銭が混入する事例は、新見荘に限ったことではなかったようである。では、ほかの荘園から送進される悪銭にはどのような対応を東寺は取っていたのだろうか。播磨国矢野荘を対象として確認してみよう。

矢野荘もまた新見荘と同じく文明十年（一四七八）に再び東寺領となった後、年五〇貫文の請切で在地の代官と契約を交わした。その後幾度となく代官は改替されているが、基本的に年貢納入に関しては一貫して代銭納が維持されていた。

矢野荘については、東寺は明応九年（一五〇〇）十二月、代官中井連乗（連承）に対し、「於悪銭不足等者、対連乗、令撰現、於悪銭者、連乗仁可被弁之由、衆儀了」(84)と伝えている。年貢銭のうち不足分を再度納入する際、その中に悪銭が混入しているか、納入額に不足があるかなどというチェックを事前に連乗に行わせること、その際に検出された悪銭の分は連乗がそれを補塡するように通達した。この時期には矢野荘から送進した銭の中に悪銭が混入する危険性を東寺側が既に認識するようになっており、その対策として、悪銭が混入しないように代官に要請していることが見て取れる。また年貢銭送進にあたっては事前に在地で撰銭をさせている様子が窺える。

以前にも何度か納入の催促を行ったことに関する記述が認められるものの、事前に撰銭をさせるよう明言したものはこの事例が管見の限り初見である。すなわち、この明応九年という年に悪銭を巡るなんらかの事情の変化があった可能性を示唆している。注目されるのは、同年にはじめて幕府が撰銭令を発布していることである(85)。東寺による年貢銭における悪銭対策に、撰銭令発布が深く関与している可能性を窺わせる。

そこで新見荘の事例に戻ろう。新見荘に関しては、永正三年（一五〇六）に東寺は悪銭を「返遣」したが、永正二年（一五〇五）十月に幕府は撰銭令を発布している(86)。特に永正三年三月二日には、幕府が洛中洛外の酒屋や土倉に宛てて、撰銭令の通達を行っているのである(87)。この年の撰銭令の通達は東寺側には残っていないが、後年、撰銭令が奉行人奉書の形で東寺に通達された例がある(88)。また前川祐一郎氏は、撰銭令が「高札そのものか紙に書いた形かで東寺宛に送られ、東寺側が掲示した可能性が考えられる」としている(89)。これに従えば、東寺は撰銭令の遵守が要求されていたという認識を持っていたであろう。撰銭令発布のわずか十三日後に新見荘から送進された悪銭の受領を拒否するような事態が見られる背景には、撰銭令の発布が大きく影響を与えていると考えられる。

永正三年段階においては、いまだ新見氏の立場が強く、東寺としてもなるべく新見氏との対立は避けようとしていたと考えられる。しかしながら、悪銭と主張して東寺側が新見荘に突き返す事例が登場したのは、法的な裏付けに乗じたものであったといえよう。また、永正二年の撰銭令では「悪銭売買」が禁止されたことを重視したい。この悪銭売買は悪銭を取扱業者に売却して一定額の良銭に換貨する行為であると考えられるが、しばしば東寺はこの「悪銭売買」に手を染めていたようである。(90)送進された年貢銭に「悪銭」が含まれていたとしても、「悪銭替」業者に売却して良銭を得ることによって、損失を多少補塡することが可能であった。しかしこうした対策が法的に禁じられたこともまた、「悪銭」そのものの受領拒否へと向かわせた要因の一つたりえたであろう。明応九年の撰銭令には「悪銭売買」を禁止する条項はないものの、矢野荘においても代官側に悪銭分を補塡させるような強い態度を東寺側が打ち出したのは、撰銭令という法的根拠を背景にしたものであったと考えられる。東寺においては、撰銭令を契機として年貢銭における悪銭の混入を事前に抑止しようとしたり、実際に混入していた場合は明確に計上され、受領をも拒否する態度を打ち出したのである。

ただし、管見の限り悪銭受領拒否の事例は以後見られない。後に悪銭も一定の条件付きで貨幣として流通することが認められたことも影響したと思われるが、(91)永正八年（一五一一）十二月の東寺への撰銭令通達中に「撰銭事、度々雖被相触、無成敗」とあることから、(92)年貢銭納入者に撰銭令遵守を要求する方針そのものが放棄されたのであろう。また、納入額が漸減傾向にある当該期の荘園経営の現状を勘案すれば、「悪銭売買」によって収入をいくばくかでも確保する策を取るようになったとも推察される。この点を念頭に置きつつ永正中期の情況について見てみよう。

永正元年（一五〇四）から天文四年（一五三五）までの記録がある仏事田年貢銭の収納情況(93)を元に新見荘・矢野

荘・東寺境内地柳原からの納入銭を整理してみると（表5）、それぞれの地域によって数値には差異があるものの、永正中・後期の納入銭に比較的悪銭含有率が高いことを読みとれよう。とりわけ、膝下境内地の柳原から納入される銭の中にも悪銭が含有する事例が、永正九年（一五一二）から見られる点は興味深い。撰銭令が永正前・中期に頻繁に発布されているが、これが何らかの関連を有するのだろうか。

永正八年から同十年（一五一三）にかけては、東寺宛の撰銭令通達が残されている。[94] それに対応するかの如く、悪銭とされる銭貨の割合が上昇する傾向にあった。柳原で徴収された地子銭に含まれる悪銭のうち、撰銭令の改正[95]によって新たに東寺が悪銭の対象としたものが多く含まれていたためではないだろうか。しかしこれら悪銭を東寺は受領したようであり、受領自体を拒否するような強硬な対応は取らなかった。その理由については既に述べた通りである。撰銭によって日常取引においてトラブルが頻発したのは、京都市中であっても、必ずしも悪銭の定義が共有されているとは限らなかったことによると推察される。このことが撰銭令発布の意義に大きく関わっていた。[96] そして、京都市中における日常取引においてかかる情況が最も先鋭的に顕れたのが、十六世紀前半にあっては撰銭令が頻発された永正前、中期であった。

振り返って新見荘についていえば、まさにこの永正中期を境として代銭納が放棄され、漆納を主体とする納入形態に変遷していった。仏事田年貢銭をみても、新見荘は永正十二年（一五一五）にほぼ銭納が途絶している。悪銭流通による混乱の深まりによって、代銭納に依存した荘園経営を主体的に維持する意欲さえも東寺は失っていったのであろう。

東寺側が主体的に漆納を求めた背景については、そもそも寺院経営の用途として漆が必要であったことや、米に対する相対的価値の上昇などの要因があったことを前提とする。しかし代銭納の主役である銭貨に既述の問題が頻発し

表5　仏事田年貢銭一覧

西暦	和暦	新見荘			矢野荘			柳原			備考
		総額	うち悪銭	悪銭混入率	総額	うち悪銭	悪銭混入率	総額	うち悪銭	悪銭混入率	
1504	永正1	5.900	0.250	4.2	1.230		0	0.340		0	異筆「七百七十三文新見悪銭」とあり
1505	2	3.300+		0	1.850		0	1.030		0	異筆『六百七文　悪銭不足分」とあり
1506	3	8.360	※	※	1.280+		0	0.550		0	※新見荘のうち2貫700文「撰銭」，2貫300文「ゑり銭」とあり．悪銭額は不明
1507	4	0.944		0	1.330	0.045	3.4	0.280		0	
1508	5	1.180		0	1.375		0	0.920		0	
1509	6	1.180	0.570	31.7	1.900	0.119	6.3	1.390		0	
1510	7	1.700	0.500	29.4	1.000	0.057	5.7	1.240		0	
1511	8	0.800		0	1.732		0	1.430		0	
1512	9				1.320	0.380	28.8	1.290	0.430	33.3	
1513	10	2.800	1.600	57.1	2.220	0.300	13.5	1.000	0.330	33	
1514	11	0.300		0	1.950	0.250	12.8	1.083	0.330	30.5	
1515	12	3.060	0.800	26.1	0.550	0.120	21.8	1.170		0	
1516	13				2.332	0.350	15	0.660		0	
1517	14				1.113	0.200	18	0.920	0.150	16.3	
1518	15				1.960	0.300	15.3	0.750	0.150	20	
1519	16				0.762	0.050	15.7	1.080	0.200	18.5	
1520	17				0.540	0.050	9.2	1.050	0.200	19	
1521	大永1				0.470	0.050	10.6	1.790	0.150	8.4	
1522	2				0.165		0	1.140		0	
1523	3							1.250	0.150	12	
1524	4							1.540	0.200	13	
1525	5	0.300		0	0.650	0.100	15.4	1.670	0.300	18	
1526	6							1.440	0.200	13.9	
1527	7				0.120		0	1.640	0.150	9.1	柳原560文は大永8年分
1528	享禄1							0.500	0.050	10	
1529	2							1.130	0.050	4.4	
1530	3							1.170		0	
1531	4							0.510		0	
1532	天文1							0.450		0	
1533	2							0.360		0	
1534	3							0.650		0	
1535	4							0.490		0	

註　(1)　銭貨額の単位は貫文，悪銭混入率は％である．
(2)　「＋」はそれ以上の額の納入が認められることを示す．
(3)　『教王護国寺文書』所収史料により作成した．
(4)　永正3年新見荘については，「撰銭」として表記された総額5貫文がすべて悪銭であったとすれば，混入率は59.8％となる．行論で示したように，永正3年は撰銭令の発布によって東寺側の対応に影響を与えた年に当たり，この点と混入率が高率になったことと関連するとみなすこともあるいは可能である．

たことも無視できない。「漆大切」という東寺の意向は、漆に対する魅力のみならず、銭納に対する忌避感が強まったことも大きく影響したものだったのである。また算用の手間も考慮すれば、既に一定量が現物で納入されていた漆は、現銭の代納対象として東寺も選択しやすかったと考えられる。漆は、原則的には依然「公事」として位置づけられてはいた。しかし反面、十五世紀末期頃からは年貢銭も含めて「公用」と称する事例もしばしば見られ、本年貢との区別は曖昧化していったと考えられる。このこともまた、銭納の代替手段とすることを容易にさせたのではないだろうか。以後、東寺の新見荘年貢算用は銭建てで記載されるものの、実際は漆で分配されるようになったのである。(97)

おわりに

当該期の荘園経営において、一般的には在地領主として権力を構築した代官の立場が相対的に強くなり、年貢納入は彼らの思惑次第という状況に至っていたと考えられてきた。新見荘もその例に漏れない時期があったことは確かであり、実際に銭納額は大幅に減少していた。しかし、ひとたび代官の支配が動揺を見せた時、多少物価が下落したとはいえ依然換金性の高い漆や蠟などの商品作物を納入することで代官職の維持を図ったのである。確かに兵粮などの用途として穀物類は代官のもとに蓄積された可能性は高いが、銭納が駆逐されたのは必ずしも代官による「銭貨獲得要求」(98)によるものとは限らず、むしろ、悪銭が混入する在地の流通銭貨を領主側が忌避したことが大きな要因であったのではないだろうか。その結果、新見荘では安定した貨幣流通システムに支えられた代銭納は放棄されていった。

かかる変化をもたらした契機は、一四六〇年代の戦乱状況によって流通路の治安悪化をはじめとする社会不安が高まったことであった。応仁・文明の乱によって「求心的流通構造」を支えた大消費地・京都が大混乱に陥る。これによって畿内経済と密接に連関していた新見荘内の市では需要が減退し、それによって物価の下落をもたらした。新見荘においては、こうした過程において特産品である漆が大きな意味を持った。漆は在地での収取に際して原則的に現物納であったことや、在地では多くの余剰生産がストックされていたことも作用して、物価下落による代銭納維持の負担増に代わる手段として、時には代官によって漆が代納手段として選択された。十六世紀に入って年貢銭に悪銭が混入するようになると、代銭納そのものが放棄され、漆納入を主体とする年貢納入形態に転換していった。

以上の変遷過程は、寛正期以後の路次物騒によって「求心的流通構造」を支える隔地間流通が動揺し、京都との経済的連関が途絶したわけではないものの、稀薄になったことと無縁ではないと考えられる。以上のような流通構造の変化を背景として悪銭が登場した可能性を考えるべきであろう。次章以降はかかる問題関心に基づいて検討を進めたい。

註

（1）脇田晴子『日本中世商業発達史の研究』（御茶の水書房、一九六九年）、佐々木銀弥『中世商品流通史の研究』（法政大学出版局、一九七二年）参照。

（2）鈴木敦子「中世後期における地域経済圏の構造」（同『日本中世社会の流通構造』校倉書房、二〇〇〇年、初出一九八〇年）。

（3）綿貫友子『中世東国の太平洋海運』（東京大学出版会、一九九八年）など。

（4）序章参照。

（5）割符の研究は、桜井英治「割符に関する考察」（同『日本中世の経済構造』岩波書店、一九九六年、初出一九九五年）における「紙幣」としての機能を有するとの指摘を端緒として、以後活発に議論されている。例えば、宇佐見隆之「割符考—東寺領新見荘の事例から—」（同『日本中世の流通と商業』吉川弘文館、一九九九年）、辰田芳雄「年貢送進手段としての割符について—裏付の意味を中心に—」（『岡山朝日研究紀要』二七、二〇〇六年）、伊藤啓介「割符のしくみと為替・流通・金融」（『史林』八九—三、二〇〇六年）、早島大祐「割符と隔地間交通」（同『首都の経済と室町幕府』吉川弘文館、二〇〇六年）などがある。

(6) 佐々木銀弥「荘園における代銭納制の成立と展開」（同註(1)書所収、一九七二年、初出一九六二年）。

(7) 以下新見荘の概略については、杉山博「新見庄の伝領と支配」（同『庄園解体過程の研究』東京大学出版会、一九五九年、初出一九五六年）、永原慶二「荘園解体期における請負代官制」（網野善彦ほか編『講座日本荘園史』四、吉川弘文館、一九九九年）、竹本豊重「新見荘」（前掲『講座日本荘園史』九、一九九九年）、辰田芳雄『中世東寺領荘園の支配と在地』（校倉書房、二〇〇三年）、酒井紀美「戦乱の中の情報伝達」（有光友學編『日本の時代史12・戦国の地域国家』吉川弘文館、二〇〇三年）などを参照。

(8)「東寺百合文書」あ函三七号文書（『岡山県史』第二〇巻・家わけ史料所収「東寺百合文書」九九四号文書として収録）。以下、「東百」あ三七（『岡』九九四）の形で略記する。なお、同文書は応永十五年（一四〇八）八月十日付安富宝城新見荘領家方所務職請文案である。

(9)「東百」ヌ一一一―一（『岡』六一一）・文安元年（一四四四）三月付東寺雑掌申状案。

(10)「東百」サ七二（『岡』三四〇）・長禄二年（一四五八）四月十日付新見荘年貢銭未進注文案、および「東百」サ八三（『岡』三四四）・寛正二年（一四六一）八月付新見荘代官安富智安未進年貢注文案。両文書を比較するとそれぞれの年の未進額に違いが見られるが、総額は一致している。

(11)「東百」え二四（『岡』八九七）・寛正二年八月付東寺雑掌言上状案。

(12)「東百」え二三（『岡』八九六）・寛正二年八月二十二日到来新見荘名主百姓等申状并連署起請文。

(13) 註(11)史料。

(14) 杉山註(7)論文。

(15) 辰田芳雄「寛正四・五年の地頭政所屋新造過程と年貢減免」（同註(7)書所収、二〇〇三年、初出一九九九年）、同「祐清殺害事件新論」（『日本史研究』四九二、二〇〇三年）参照。

(16)「東百」け八（『岡』八一九）・最勝光院方評定引付長禄二年四月二十四日条。

(17) 例えば、宇佐見註(5)論文二四六頁参照。宇佐見氏は十五世紀後半に撰銭問題が発生したことに触れ、「銭の価値が揺らぎ始めていた」ことによって割符への信用性が増した、と述べている。

(18)「東百」え三一（『岡』九〇五）・(寛正三年、一四六二) 三月十二日付了蔵書状。

(19)「東百」ゆ三三（『岡』一一一〇）・(寛正四年、一四六三) 二月二十六日付新見荘田所金子衡氏書状。

(20) 桜井註(5)論文。
(21) 桜井英治「日本中世における貨幣と信用について」(『歴史学研究』七〇三、一九九七年)七二頁。
(22) 「東百」サ一四八(『岡』四〇二)・(寛正五年、一四六四)九月二十一日付新見荘三職連署注進状。
(23) 「すけ松」について鈴木敦子氏は、「明応年中の社務職所有者である松田備中守の系統の者と思われる」としている。同「十五世紀備中国新見市場をめぐる諸動向」(同註(2)書所収、二〇〇〇年、初出一九七八年)参照。
(24) 「東百」ツ一四一(『岡』一二八)・(寛正四年)二月二十二日付新見荘代官祐清注進状。
(25) 「東百」サ一〇六(『岡』三六四)・(寛正三年)十月十九日付新見荘高瀬・中奥百姓等申状、及び「東百」け一四(『岡』八二四)・最勝光院方評定引付寛正四年三月十七日条。
(26) ほかに貨幣価値の上昇という想像も可能であるが、貨幣価値の上昇(銭貴)と物価下落とは必ずしも相関関係にはないことが黒田明伸氏によって指摘されている。同『中華帝国の構造と世界経済』(名古屋大学出版会、一九九四年)一一六頁以下参照。
(27) 「東百」サ三三九(『岡』五六四)・(文明元年、一四六九)九月二十三日付新見荘三職連署注進状。
(28) 京都の人口減少による需要減退も一因として考えられるが、それについては後述する。なお本章初出時、寛正六年(一四六五)の事例として「国謀叛人衆動乱之最中候之間、若路次もふさ《(塞)》かり候ハん事」との文言のある「東百」ル二一一(『岡』八〇)・六月二十五日付新見荘地頭方預所沙弥明了注進状を取り上げたが、年代比定の誤りを指摘する辰田註(5)論文を得た。辰田氏の指摘の通りこの史料は南北朝期のものと推定されるため、訂正しこの史料の引用を撤回する。この史料は、戦乱が流通封鎖等を引き起こし、それによって割符の入手が困難となる情況が克明に記されており、かかる情況が時代を超えて発生しうる点に注目すべきものである。
(29) 杉山註(7)論文、辰田芳雄「明応の政変前夜の政治動向と新見荘―「代官妹尾重康」期について―」(『岡山朝日研究紀要』二八、二〇〇七年)参照。なお辰田氏の指摘に随い、妹尾重康を東寺から直接請け負った武家代官とする本章初出時の理解を改めた。これまで請負代官として理解されてきた妹尾重康の位置づけを、京兆家被官秋庭元重のもとで実務を担った存在とした指摘は重要である。ただし引用した史料名は『岡』に依っているため、さしあたりそのまま「新見荘代官」と記す。
(30) 「東百」え六七―四(『岡』九三五)・明応三年(一四九四)六月十八日付新見荘代官妹尾重康公用銭送進状。
(31) 百瀬今朝雄「室町時代における米価表―東寺関係の場合―」(『史学雑誌』六六―一、一九五七年)。

(32)「東百」い五六（『岡』六六四）・永正二年（一五〇五）十二月十三日付新見国経書状。

(33) なお、桜井英治氏は米の和市が「多」いという言葉は米高を意味し、そのため買い手が付かなかったために銭納が困難になったとして、筆者とは逆の理解をしている（同「中世における物価の特性と消費者行動」、『国立歴史民俗博物館研究報告』一一三、二〇〇四年）。桜井氏が参照した「東百」え一四八（『岡』九八一）・（応仁二年ヵ・一四六八）十二月十九日付新見荘三職連署注進状を次に掲げる。

なを〳〵、米のわしとう《和市》御年貢銭共、麦なんとの事ハ、別帋ニ申上候、当年ハわし多く候、去年ハわしすくなく候つる、まつ〳〵納候、年貢米共、当毛ニ納候へと、御百性等申候間、おつて未進ハ、米共、又まめ共、さた仕候とも、又代ニ申候とも、去年すくなきやうを申候ハヽ、もしさいそく《催促》の道も、やすく候ハんするかと存候て、まつ〳〵御百性申候やうニ、当毛ニ納候、此分御心へあるへく候、

（中略）

一、御年貢等御百性等ほんそう《奔走》申候分にて候、さ候間、当年為中《田舎》ふつそう《物騒》ニ候て、色々こゝもとふつそうに候つれ共、我らかいふん《涯分》さいそく共仕候、野之方ハたしなミ分にて候、わし多く候間、代方こそふさたニ候、乍去御百性等心つかいとも、ゆめほとも公方様へくわんたいの子細なく候間、御目出候、

（後略）

同じ史料中にこの年は大水による被害のあった点が記されていることから、桜井氏は不作による米価高騰と解釈している。しかし後に触れるように、荘園市場における物価動向は豊凶のみならず購買者たる買い付け商人の来荘が重要な要因を占めており、この史料において「物騒」との文言のある点を重視すれば、購買者の不参によって換貨を困難とする事態に至ったと考えられる。またそこでは米価下落が想定されるのであり、納入額の目減りが懸念される結果、「代方なと一向納かね」たり、「代方こそふさた」という事態に至ったと考えられる。以上のことから、和市が「多」いという文言は、桜井氏とは異なり、「市場に米が多い」（米余り）ことによる米価下落を意味すると考える。ただし桜井氏の見解も不成立とは断言しがたく、これらの史料のみでは決め手に欠けるのも事実であり、新出史料による再検討が必要である。

(34) 百瀬註(31)論文六九頁。同時に百瀬氏は、撰銭の先鋭化も影響したと推測している。

(35) 新城常三「室町後期の関所―兵庫及び淀川の交通量の低下―」（『年報中世史研究』一四、一九八九年）参照。

(36) ただし日本列島に遍く「路次物騒」が覆い、隔地間流通が衰微したと見做すことは慎重を要する。高橋公明氏は当該期に日本海の海上ルートを経て朝鮮へと至った使節について指摘した上で、「戦争はその周辺の人や物の動きを刺激し、交通を遮断する場合もあるが、時には異常に活性化することもある」とする（同「海域世界の交流と境界人」、大石直正・高良倉吉・高橋公明『日本の歴史14―周縁から見た中世日本』講談社、二〇〇一年、三二一頁）。局地的には多様な情況が見られたと考えられる。

(37)「東百」け一二（『岡』八二二）・最勝光院方評定引付寛正二年十二月二十七日条。

(38)「東百」け一三（『岡』八二三）。

(39) 註(37)史料、最勝光院方評定引付寛正二年十一月二十七日条。

(40)「東百」ク二一（『岡』二一〇）・元弘三年（一三三三）十月付新見荘西方所等以下色々徴符案。

(41) 網野善彦①『日本の歴史00―「日本」とは何か』（講談社、二〇〇〇年）、同②「栗と漆」（同『中世民衆の生業と技術』東京大学出版会、二〇〇一年、初出一九九七年）。

(42) 註(40)史料参照。

(43)「東百」ク四〇（『岡』二二一）・寛正二年十月付新見荘領家方年貢公事物等注文案。

(44)「東百」サ八九（『岡』三四九）・寛正二年十一月十五日付新見荘領家方年貢等注文によって、現銭のほかに米・大豆・夏麦・漆・紙・栗が在地で収取されていたことがわかる。

(45) 網野氏は、「紙と漆は現物のままで納められ」たとする。網野註(41)②論文一四二頁。

(46)「東百」ツ二二五（『岡』一三八）・（寛正四年）六月二十一日付新見荘代官祐清書状。

(47)「田中穣氏旧蔵典籍古文書」（国立歴史民俗博物館所蔵）所収、寛正七年（一四六六）三月十五日付東寺領備中国新見荘年貢算用状。

(48)「東百」ト一一五（『岡』四八）・（寛正三年）八月二十四日付新見荘代官祐清注進状に、「公事蠟之事、無先規由、色々詑言申候」とある。同年に祐清が代官となってから収取対象とされたようである。

(49) 桜井英治「中世の経済思想―非近代社会における商業と流通―」（同註(5)書所収、一九九六年、初出一九九三年）参照。

(50)「東百」サ九一（『岡』三五一）・寛正二年十二月十五日付新見荘年貢漆送進状。

(51)「東百」サ九〇（『岡』三五〇）・寛正二年十一月十五日付新見荘領家方年貢銭等送進状。

(52)「東百」ツ一四一(『岡』一二八)・(寛正四年)二月二十二日付新見荘代官祐清注進状。
(53)「東百」サ三五四(『岡』五七八)・(応仁二年、一四六八)十一月十二日付新見荘三職連署申状によれば、漆が「大風」による被害を受けたと記されている。
(54)網野註(41)①書三二二頁。
(55)松田権六『うるしの話』(岩波書店[文庫]、二〇〇一年、初出一九六四年)参照。
(56)「東百」さ二一(『岡』一〇〇六)・建治元年(一二七五)七月二十七日付新見荘西方漆名寄帳、及び網野註(41)②論文参照。
(57)「東百」サ二九〇(『岡』五三〇)・(明応五年、一四九六)五月六日付新見荘代官妹尾重康書状。
(58)「東百」サ二八一(『岡』五二七)・(明応五年)四月三日付大和守明重書状。代銭額換算で「壱桶参貫文ニて候」とある。
(59)赤松俊秀編『教王護国寺文書』(平楽寺書店)所収二五六六号文書・天文十四年(一五四五)十二月十日付備中国新見荘年貢代支配状。以下『教』二五六六の形で略記する。
(60)「東百」る六九(『岡』七三五)・最勝光院方評定引付大永四年(一五二四)二月四日条。
(61)「東百」サ二一五(『岡』四四五)・(明応五年)五月二十三日付筑前鎮宗・備後聡秀連署書状案。なお、見せ消ちによる訂正箇所があるが、訂正後の文章を引用した。
(62)「東百」サ二九三(『岡』五三一)・(明応五年)五月二十四日付新見荘代官妹尾重康書状。
(63)「東百」け五六(『岡』八五三)・最勝光院方評定引付明応七年(一四九八)四月二十三日条。
(64)「東百」け六五(『岡』八五八)・最勝光院方評定引付永正二年(一五〇五)五月二十一日条。
(65)「東百」け六三(『岡』八五六)・最勝光院方評定引付文亀三年(一五〇三)十二月二十日条。
(66)杉山註(7)論文。以下、杉山氏の見解はすべて同論文による。
(67)「東百」サ二四三―一(『岡』四九一)・永正四年(一五〇七)五月十三日付備中国守護細川之持奉行人連署奉書案、及び「東百」サ二四三―二(『岡』四九二)・(永正四年)五月二十日付竹井直定書状案。
(68)細川京兆家当主を指すと思われるが、ここでは恐らく細川政元であろう。ただし政元は同年六月に暗殺されている。
(69)「東百」サ二四三―四(『岡』四九四)・(永正四年)六月三日付新見国経書状案。
(70)「東百」け六七(『岡』八六〇)・最勝光院方評定引付永正四年六月十六日条。

(71)「東百」サ二四七（『岡』四九八）・（永正五年、一五〇八）七月二十一日付最勝光院方年預宗演書状案。
(72)「東百」サ二四八（『岡』四九九）・（永正五年）九月十四日付新見政直書状。
(73)「東百」サ二四九（『岡』五〇〇）・（永正五年）九月十四日付最勝光院方年預宗演書状案、及び「東百」サ二五一（『岡』五〇二）・永正五年十月二十九日付室町幕府奉行人連署奉書案。
(74)「東百」け六六（『岡』八五九）・最勝光院方評定引付永正三年（一五〇六）三月十五日条。
(75)『教』二二七一・永正五年（一五〇八）二月付五方算用状。
(76)「東百」フ一六七（『岡』二八四）・（永正十年、一五一三）三月五日付新見政直書状。
(77)「東寺古文書」・永正十四年（一五一七）閏十月二十四日付新見国経書状。この史料は杉山註(7)論文一八六〜八七頁を参照した。出典名も同氏による。
(78)「東百」る一〇四（『岡』七六九）・最勝光院方評定引付永禄三年（一五六〇）十一月一日条。「鳥目弐十疋」とある。
(79)「東百」ゆ六七（『岡』一一四〇）・永正十三年（一五一六）十月十九日付新見国経書状。
(80)「東百」け七二（『岡』八六四）・最勝光院方評定引付永正九年（一五一二）二月十日条に、六貫五〇〇文代として漆三九合が計上されている。
(81)『教』二三六一・永正十七年（一五二〇）八月十三日付備中国新見荘年貢代銭支配状。
(82)『教』二五一六・天文二年（一五三三）八月二十一日付備中国新見荘年貢代銭支配状。
(83)米相場については百瀬註(31)論文参照。なお、前節で見た妹尾重康期の事例では、漆指中一桶（二斗）＝二貫五〇〇文、すなわち一合当たり一二五文の計算になる。
最近、辰田芳雄氏より筆者の呈示した相場は京都での和市価格ではないとの批判を受けた。さしあたり筆者の従来の理解をそのまま記述したが、指摘に随い今後史料を再検討したい。辰田「年貢漆支配状について」（『岡山朝日研究紀要』二九、二〇〇八年）参照。
(84)「東百」レ二三八（『相生市史』所収「矢野荘史料」一一二〇号文書）・明応九年（一五〇〇）付矢野荘公用運送注文。
(85)佐藤進一・池内義資編『中世法制史料集』二、（岩波書店）所収、「室町幕府法・追加法」三二〇号。以下「追加法」三二〇の形で略記する。

(86)「追加法」三三四。

(87)「追加法」三三五。

(88)「追加法」参考史料二三七・二三八、及び「東百」い七四。

(89)前川祐一郎「戦国期京都における室町幕府法と訴訟―撰銭令と徳政令を中心に―」(勝俣鎮夫編『中世人の生活世界』山川出版社、一九九六年)五一頁。

(90)例えば、永正五年の将軍足利義尹東寺御成の際に作成された算用状のうち、九八〇文が「悪銭替人夫路銭」として計上されている(『教』二二七九参照)。

なお「悪銭売買」については、「悪銭で売買をする」意とする見解もあるが、天正期の「悪銭座」に対して「悪銭売買」の禁止を通達した史料の存在により、その意は成り立たず、通説通り「悪銭そのものを売買すること」と解釈すべきである。なお、小葉田淳『改訂増補日本貨幣流通史』(刀江書院、一九四三年、初出一九三〇年)、滝沢武雄『日本の貨幣の歴史』(吉川弘文館、一九九六年)八九頁参照。十六世紀初頭段階で実際にそのような業者が存在しており、同時期に撰銭令において禁止されることは、十分に整合性を有するものであろう。

(91)永正三年七月発布の撰銭令(「追加法」三四四)では、一〇〇文のうち悪銭扱いとされていた銭を三二枚混ぜるべきと規定されている。

(92)「追加法」参考史料二三七。

(93)『教』二五三二。

(94)註(87)史料。

(95)永正九年の撰銭令(「追加法」三八五〜九)の東寺宛通達には、「撰銭事、被改御法」(前掲「東百」い七四)とある。

(96)前川祐一郎氏は撰銭令発布の契機について、権力の標榜する「公」の性格を指摘した(前川註(89)論文四一頁)。その具体的内容については筆者と視点を異にするものの、権力者としての恣意性が排除された公的観念を立法意図に据えた点は符合すると考える。

(97)例えば、註(81)史料においても、分配額は銭建てで記される一方、必ずそれに対応する漆の量が注記されている。

(98)鈴木註(23)論文。

第三章　戦国期荘園の悪銭問題

――賀茂別雷神社領荘園の事例から――

はじめに

序章で述べたごとく、中近世移行期の貨幣流通史研究が積極的に進められているが、多くの研究はその対象とする時代が十六世紀後半に集中しているきらいがある。(1)もちろん十六世紀後半には数多くの特徴的事態が現象している事実は否定しがたく、かかる現状は故なしとしない。しかし撰銭が社会問題化した事実の指標として史料上に悪銭が頻出し、撰銭令が登場した時期は十五世紀後半である。そもそもこの時代の撰銭がなぜ社会問題化したのかについて検討するのであれば、その登場時期の実態を把握する必要があるであろう。ところが当該期に言及した論考は少なく、また実証的な議論も乏しいため、しばしば見解に混乱も見られる。(2)

もっとも、当該期を対象とした言及が皆無ではない。(3)序章でも触れたように、中島圭一氏は中世の貨幣流通システムは、権力が介在せずに現場が「自律的」に構築し維持されたものと捉え、応仁期以後の戦乱激化を機にそれが動揺した点に求めた。(4)同氏の述べるように、社会不安の蔓延を一般的な社会状況として把握する事は首肯できるであろう。ただしそうだとしても、その社会不安がどのような形で撰銭問題の登場に結実したのかについては、道筋が必ずしも明らかにはなっていない。そもそも社会不安は当該期特有の現象とは言い切れず、それが前提条件であるとしても、撰銭問題の主要原因と結論付けるには躊躇せざるをえない。

そこで時代背景として想定されるのが、銭貨の経年劣化の問題であるが、銭貨の質的差異が拡大化する事態もまた、前提条件に過ぎない。撰銭問題の根元的問題は、ある一枚の銭貨が、常に貨幣として通用するかどうか（相手が受領するかどうか）が明確ではなくなった事態に求めるべきである。(5)

この構造を解明するためには、具体的に銭貨の授受が行われた場でどのような事態が発生していたかを詳細に検討することが求められる。それに最もふさわしい事例は市などでの商品取引の現場であろう。しかし周知の通り具体的な商売に関する史料は乏少であり、事実それが貨幣流通史研究の進展を大きく阻害している。そこで、本章では視点を変え、荘園領主による収取の現場に注目したい。当然ながら収取と売買とでは事情が異なり、収取の実態を商品取引のそれへと無前提に敷衍させる事はできない。とはいえ、銭貨の授受そのものを重視する筆者の立場からすれば、貨幣流通の実態を見るために一定の意義はあるものと考える。

以上が本章の課題である。その分析対象として、賀茂別雷神社（以下、賀茂社）領荘園を取り上げる。当該荘園は十五世紀末から年貢銭に悪銭が含有するトラブルに見舞われているが、これまではほとんど注目されてこなかった。戦国期荘園の持つ時代背景に留意しながら、年貢銭への悪銭含有問題について検討を進めたい。

一　賀茂社領荘園の年貢銭納入情況

以下、三箇所の賀茂社領荘園を対象とする。領主を同じくするものの、それぞれ地域事情や経営実態も区々であるので、個々の荘園の経営実態に配慮しながら、年貢銭の納入情況を整理しておきたい。

1　能登国土田荘

土田荘（現石川県志賀町）は能登国羽咋郡に属し、能登半島南部の内陸部に所在する。古来賀茂社領荘園として伝領されていたが、戦国期以前の史料はほとんど残存しないため、経営実態の詳細は詳らかにしえない。

文明期に至ると転機を迎える。文明七年（一四七五）から翌八年にかけて賀茂社社司と氏人惣の間で争乱が発生し(6)、その結果、土田荘をはじめとする多くの荘園の経営実権が、社司から氏人惣に移ったものと考えられる(7)。この争乱によって社殿が焼失した影響もあったであろうが、これ以後に荘園経営史料が多く残存するのは、如上の経営主体の交替があったためであると思われる。

このようにして荘園経営の実権は氏人惣が担うようになったが、土田荘においては年貢収納を氏人自身が担うことなく、土倉野洲井に請け負わせた(8)。在地においては既に守護畠山氏の支配が貫徹しており、土田荘の支配も守護被官隠岐氏らが握っていた。しかしこのような事態に対し、賀茂社は違乱を訴えた形跡はない。実際に代官請負契約を交わしていたかどうかは不明である。だが直接書状の遣り取りをしていることからも、実質的には横領の追認であったとしても、戦国期段階では守護請の状態にあったと考えられる。在地支配の放棄を厭わず、年貢収納が円滑化することにのみ注力されたのであろう(9)。

ともあれ野洲井による収納請負は奏功しており、とりわけ、延徳～明応初年頃にかけて莫大な収納を挙げる成果を得ている（表6参照）。ところが、明応三年（一四九四）に賀茂社による借銭の抵当となっていた膝下領市原野新開を巡って野洲井との相論が出来する(10)。一旦は収束したようだが、明応六年（一四九七）に再燃し、賀茂社は野洲井との収納請負契約を解消した。須磨千頴氏によれば、京着した公用銭から賀茂社の同意を得ずに、同じく賀茂社が借銭を

表6　能登国土田荘年貢銭納入一覧

年	月　日	納入額	うち悪銭	備　　考	典拠
文明17	12月	204貫文			志3
文明18	6月18日	45貫500文		同年の納入7回分合計，ほかに割符3ヶ	志5
長享元	3月12日	9貫600文			写86
	5月 6日	30貫文			志7
	12月21日	2貫930文		加賀国金津荘と合計	志8
長享 2	4月11日	30貫文			志9
	5月19日	10貫文	1貫文	「悪銭　但五百十一文本銭ニ成候」	志9
	不　明	20貫文		野洲井助賢ヵ発給	志10
延徳 2	正月23日	85貫500文		野洲井助秀発給	志16
	4月30日	30貫文		去年未進分	志18
	4月30日	45貫500文			志19
	9月11日	105貫文			志25
	9月28日	76貫200文			志26
	10月21日	4貫380文			志27
	12月30日	118貫500文			志32
延徳 3	7月10日	95貫500文			志34
	11月28日	145貫文		野洲井宣助発給	志35
明応元	5月12日	131貫400文		〃	志36
明応 2	正月11日	6貫950文		〃	志40
	正月26日	60貫文		〃	志41
	7月	8貫940文		遠江守十郎大夫下向請取	志43
	8月12日	187貫文		野洲井宣助発給	志44
	10月25日	173貫文		保清発給	志45
明応 3	7月13日	255貫文		野洲井宣助発給	志48
明応 5	8月	66貫文		〃	志51
明応 6	3月	289貫文		〃	志53
	5月	15貫文			志58
	12月	192貫文		大黒屋請負	志71
	12月	8貫362文			志71
明応 7	正月30日	35貫文 10貫文	1貫482文	「悪銭則大黒屋使給」	志72
	5月 2日	150貫文	1貫380文 (51貫文内)		志73 ～76
	6月26日	130貫920文		前欠，仁和寺三郎左衛門尉（大黒屋）久安発給	写42
	8月21日	28貫800文	1貫100文		志78
明応 9	3月	15貫文	1貫100文		志81
文亀元	2月	27貫文	870文	後　欠	写90
文亀 2	4月	99貫文		後欠，野洲井発給ヵ	志82
文亀 3	正月28日	27貫500文		野洲井宣助発給	志83
	6月	106貫文		〃	志85
	11月	132貫文		〃	志86
永正元	4月 7日	89貫200文		〃	志87
	6月19日	33貫文		〃	志88
天文13	11月	10貫631文	1貫300文		写88

註　年貢銭算用状により作成した．重複を避けるため，請取状の事例は含めない．典拠のうち「志」は『志賀町史』資料編1所収「賀茂別雷神社文書」とその文書番号を，「写」は東京大学史料編纂所架蔵写真帳「賀茂別雷神社文書」とその巻数を示す．永禄期以後の事例は除外した．

していた小袖屋に野洲井が支弁したことが直接の要因だったとされる。そのトラブルに関わって次の史料がある。

〔史料1〕[11]（傍線筆者、以下同）

承候間渡申候、御心得肝要候、
一、悪銭於京都安（ママ）洲井方渡申由蒙仰候、言語道断次第候、於国者ゑらミ候て渡候間、堅被仰候て可有御請取候、
一、御公用之事、去年分残・当年分且々雖納置候、如申入候御押手不相副候之間、不渡申候、早々於其方さ様之時宜被相調加承候、遠路之儀候ニ如此遅々、千万無御心元存候、雖然従其方如此被仰定事候間、此方不届非子細候哉、旁目出、重而可申入候、恐惶謹言、
（明応六年ヵ・一四九七）
五月十日　（隠岐）統朝（花押）
賀茂社務殿
尊報

傍線部によれば、野洲井が賀茂社に悪銭を勘渡したという通報を受けた在地の隠岐統朝が、国においては撰銭をして野洲井へ渡したと主張している。須磨氏はこのトラブルも一因であったとして取り上げている。

ここで注目すべきは、在地での収納銭を撰銭し、野洲井に勘渡していたという点である。この隠岐統朝による抗議が事実であったかどうかはわからない。つまり、野洲井に実際に悪銭を渡した可能性も疑うべきであるが、賀茂社が在地に対して悪銭混入を抗議した事は事実としてよく、領主側は収納段階における撰銭を実際に要求していたものと考えられる。明応期以降は東寺領荘園においても代官に収納段階での撰銭を要求する動きがあった[12]。特定の領主に限らず年貢銭への悪銭混入に対して同様の対策を採ろうとしていた様子が窺えるのである。

野洲井改替以後は近江海津の商人大黒屋[13]、その後は虫麻吉久という人物が収納請負を行ったことが知られる。その

請文が次の史料である。

〔史料2〕[14]

（端裏）「源五方土田罷下請文」

請申土田庄御使之事

右彼御使者、五ヶ年之間請申処実正也、但借銭すミ候者請人立可申候、万一請人御き（気）にあい（合）申候ハす候者、前々之ことく引かえ可申候、若料足もなく、又請人もなく候ハヽ、五ヶ年と申合とも、其時めし（召）はなされ（放）可申候、次路銭給分事、五貫文ニてあるへく候、将又就路次等之儀者、誓文状進之置候上者、いさヽかせよさい（如在）不可有之者也、仍悪銭有間敷候、仍為後日請文之状如件、

虫麻源五

吉久（花押）

明応八年（一四九九）八月　日

傍線部の「悪銭有間敷候」という文言が付与されている点に注目できよう。〔史料1〕の後半部分において、おそらく改替された野洲井方が引き続き収納請負として下ってきたものの、「押手」の提示がなかったために年貢銭を勘渡しなかった、とある。この場合「押手」は正式な使者である事を示す証判を指したと思われるが、このように代官請負を巡るトラブルが在地にも混乱を催した様子を窺うことができる。

その結果、表6にあるように、野洲井改替を機に年貢銭への悪銭混入事例が見られるようになった。大黒屋の後を承けた虫麻吉久が傍線部のような文言を挿入したのは、そのような事態が背景にあったためと考えられる[15]。

この後、文亀二年（一五〇二）に賀茂社と野洲井は和解した。その結果虫麻吉久は改替されたものとみられ、再び野洲井が土田荘の収納請負を行うようになった。そのような情況になると、年貢銭への悪銭混入事例は見られなくな

る。収納請負の実力のみならず、野洲井は悪銭排除に関しても能力を有していた様子を窺知できる。しかし永正期に再び賀茂社と野洲井との関係が悪化し、結局収納請負は解除されたようである。以後は土田荘からの年貢納入を確認することができなくなるが、このような野洲井との関係悪化のみならず、能登における錯乱状況[16]や一向一揆激化による路次封鎖[17]によって、そもそも年貢の収納や運送自体がほぼ不可能な事態に至ったためであろう。

2　美作国倭文荘

倭文《しとり》荘（現岡山県津山市）は美作国久米郡に属する、山間部の荘園である。関連史料の残存状況は土田荘と同様で、伝領過程も同じく社務支配から氏人惣支配へと変化していた。須磨氏によれば、十五世紀後半には守護赤松氏被官の代官請が行われていたものの、その対捍によって容易に収納を果たせない状態に陥っていた[18]。実際に十六世紀以前においては、長享三年（一四八九）しか納入事例が確認できない（表7参照）。須磨氏も指摘するように、この背景に赤松氏と山名氏との戦乱や赤松氏被官同士の抗争があったことを挙げうる。それらが沈静化したのはようやく明応末年に至ってのことであり、年貢納入もそれ以後まで待たねばならなかったものと考えられる。しかも、永正十五年（一五一八）以後は守護赤松義村と被官浦上村宗との間で戦乱となり、大永元年（一五二一）には義村が暗殺されるに至るが、それ以後は納入がほぼ途絶した。賀茂社への倭文荘の年貢納入は、守護赤松氏による在地支配の安定の上に漸く果たされるものであったことが知られる。

このようにして短い期間ながら賀茂社は倭文荘からの年貢収納を果たした。ただし、当該期における荘園からの収入は、この倭文荘と次節で述べる竹原荘とにほぼ限られていたと思われ、実質的には競馬料等の用途を賄う借銭の質物となる場合が多かった[19]。おそらくは徐々に借銭も膨らんだと思われ、永正十四年（一五一七）に至ると、貸主の引田六郎左衛門尉に対し、「御用次第ニ美作之国倭文庄江人を被下候て、山下山城守（山本山城守久種カ）より直ニ御請取あるへく候、」[20]と述べている。現地へ下向していた氏人の山本久種から直接借銭返弁を受けるよう要求し、賀茂社は自らによる年貢銭の京都への運上を放棄していた様子が窺える。おそらくは収納額がすべて借銭返弁に宛てられる事態に至っていたと考

表7　美作国倭文荘年貢銭納入一覧

年	月　日	納入額	うち悪銭	備　　考	典拠
長享 3	5月	30貫文			写43
永正 2	4月13日	5貫文			写35
	4月	12貫文	3貫218文	後　欠	写39
	12月	31貫240文	7貫360文	後　欠	写43
永正 3	5月18日	20貫文			写34
	11月	20貫文			写40
	11月	20貫文			写42
	12月23日	25貫文			写42
永正 4	6月	40貫500文			写34
	12月 9日	80貫文			写43
永正 5	4月29日	50貫文		うち20貫文は去年到来	写34
	6月19日	20貫文			写34
		20貫800文			写40
	7月 5日	20貫文			写39
永正 6	8月28日	35貫文			写34
永正 7	4月	20貫文			写90
	10月 7日	60貫文			写90
永正 9	閏4月	50貫文		後　欠	写90
永正10	10月28日	55貫文			纂86
永正11	12月20日	100貫文			写34
永正12	4月24日	40貫文		去年未進分	写43
	9月20日	50貫文		うち40貫文は去年未進分	写34
永正14	4月30日	60貫文			写90
永正15	1月20日	60貫文			写90
	10月 6日	65貫文			写39
永正16	1月17日	60貫文			写90
大永 4	3月16日	60貫文			※
天文 6	5月	18貫文	1貫100文		写77
天文 7	7月26日	2貫852文	1貫文		写90
	12月 5日	3貫文			写96
天文 9	11月	200文			写87
天文20	4月	2貫文			写88

註　典拠のうち「纂」は『賀茂別雷神社文書』1（史料纂集）とその文書番号を，「写」は東京大学史料編纂所架蔵写真帳「賀茂別雷神社文書」とその巻数を示す．また「※」は須磨註(17)論文所収表に事例が記載されているものの，その所在を確認できなかった．永禄期以後の事例は除外した．

えられ、それによって運上の意欲を失ったのであろう。

さて表7によると、永正期においては永正二年（一五〇五）にのみ悪銭含有の事例を確認できる。年貢収納が復活した直後に悪銭混入が起こったと考えられる。その理由は後に触れたいが、なんらかの対処が施されたのか、以後永正期は悪銭が見られなくなる。

大永期以後に入ると再び戦乱状況に至るが、天文期になると尼子氏が美作へ侵攻し、それによって一旦は一応の平穏を見たようである。それに伴って、天文六年（一五三七）から同九年（一五四〇）にかけてわずかながら納入事例を確認できる。ところがこの時の納入銭には悪銭が混入していた。以上、倭文荘における悪銭含有は、永正二年と天文期にのみ見られる点を確認しておきたい。

3　備前国竹原荘

竹原荘（現岡山市）は備前国上道郡に属し、吉井川下流域にある荘園である。この荘園については専論が無いので、若干詳細に触れておきたい。

初見は寿永二年（一一八三）の後白河院庁下文である[21]。それによれば、備前国在庁官人等に対し賀茂社へ竹原荘等の年貢米運送を命じており、この頃には既に賀茂社領として見える。降って嘉吉元年（一四四一）九月には、それまで上原対馬守に預け置かれていたようであり、以後の賀茂社直務が許されている[22]。後者は嘉吉の乱の戦後処理に関わるものであると考えられるが、関連史料に乏しく、詳細な経営状況は戦国期までほとんど不明とせざるを得ない。

そこで、管見の限りの年貢納入状況を集成したものが表8である。一瞥してわかる通り、大半が永正期の事例である。先に見た倭文荘と同様、守護赤松氏の支配安定と密接に関連していることが想定されよう。永正期の動静は多少関連史料が残されているので、まずは支配状況について確認しておきたい。

まず最初の納入事例として、永正四年（一五〇七）三月に一一貫文（うち一貫文は扇代として天引）が見られる。(23) その送状と思われる史料が次のものである。

〔史料3〕(24)

如御意当音候、御吉兆注重畳申□明候、猶以不可有□期候、五明二本被下候、畏入候、為御祝意百疋音進入候、誠御祝儀計候、仍御社領竹原庄御公用去年分事者、爾岸被上候て如申候、同様被申候、少之分者先納候間、不及是非候、中内掃部助殿御上候時委細申候つる、定而可有御披露候、然者非疎略候由被仰下候間、当御公用に当千疋致社納候、御請取可被下候、旧冬申□(上)候、御補任宛所事御同心之由、山本殿年々為御礼以折帋申候、御補任浦上幸松かたへ被下候由折帋趣、則致案文候、委細野村三郎殿可被御申候、恐惶謹言、

(永正四年)三月九日　　久家（花押）

中内掃部助殿

表8　備前国竹原荘年貢銭納入一覧

年	月　日	納入額	うち悪銭	典拠
永正 4	3月16日	11貫文	326文(5貫700文内)	写42
	12月	17貫500文		写42
永正 5	4月29日	20貫文		写42
永正 7	10月24日	6貫文	923文	写38
永正10	9月26日	5貫278文	1貫400文	写35
永正11	1月21日	10貫文		写42
永正15	9月	5貫文		写90

註　典拠の「写」は東京大学史料編纂所架蔵写真帳「賀茂別雷神社文書」とその巻数を示す．年未詳のものは除外した．

この史料の後半部によれば、「御補任宛所」について旧冬に久家と賀茂社との間で同意があった事が記されており、その内容とは、代官の補任状を浦上幸松方へ下すというものであったことがわかる。

この交渉について関連するものと思われる史料が残されている。

〔史料4〕(25)

猶々申候、此分御同心ニて候ハヽ、御請取のあて所御屋形様御つほねへと御調候て御下可有候て、涯分調法仕候事□□□候、又我々方へ此分御調候て御下可有候、乍恐安文上申候《(ママ)》、惣中申分も此分御申可有候、頓之状祝着之至候、如幾久《(カ)》以書状不申通候間、愚意候へく候、仍而竹原庄之儀付而、加賀守方被下候、於此方涯分調法仕候、前々之儀者代官相定候つる、只今之儀者上之御あつかいニて候間、在庄路銭ふちん之儀者中々成間敷候由候、殊公用之儀者前々野村方三十貫文神納いたし候由御申間も、すちめニて三十貫文御渡可有候由候、御心得可被成候、

（中略）

六月廿二日《(永正三年)》　　　　　　　　隆《(市)》平（花押）

神主
森殿《(泰久)》　御返報

この頃、社務家の市隆平が在荘していたと思われ、そこで代官補任について交渉を重ねていたと考えられる。その結果代官が決まった事を神主森泰久に報告したものだが、端書によれば、公用の請文の宛所を「御屋形様御つほね」と書くように求めている。この人物は赤松政則の後室である洞松院尼であろう。洞松院尼は政則死去後に家督となった幼少の義村を補佐する形で、実質的に当主として振る舞った「女大名」とされる人物である。(26)すなわち、赤松氏当主に対して請文を発給するように定めたものと捉えられる。竹原荘は実質的に守護請の形を執りながら、実効支配はその被官が担当する体制にあったと考えられる。

では実際に支配を担当したのはどういう人物であったのか。次の史料を見よう。

〔史料5〕[27]

尚々彼代官之事、宇喜多三河守ニかたく□

彼方人代官之事、所持候様ニ御取沙汰かん用候も此由之分可申入候由候、

態人を下進候、仍先日者就竹原庄之儀寧之御状上せ給候、近比祝着之至候、就中彼庄之代官職事宇喜多三河守方《浦上かう松方》、然者へ去年上洛候時堅申合分候とてりの御あつかい共候へく候間、彼三河《かう松方》代官所持候様ニ御申の御さた肝要候、然者御契約分之事永給候、当年より五貫文候ハヽ、三ヶ年間彼庄公用之内ニて可進候、御存知候へく候、少分之在所候へく候間、此分ニて可致様ニ御屋形様江御申候て急度社納候へく候、一社中可為大慶候、巨細者加賀守可被申候間、不致壱二候、恐惶謹言、

（永正三年）六月吉日　　兵庫助　氏明

安芸守　□□

（隆平）市殿参御返報

この史料は使者加賀守の名から、〔史料4〕に先立って氏人中から市隆平に宛てた書状と考えられる。これは案文であったと思われるが、ここで代官の名がはじめ「宇喜多三河守」とあったところ、「浦上かう松」に書き換えられていることがわかる。おそらく実際には「浦上かう松」と書いて発給したのであろう。浦上かう松とは浦上村宗である事は確実である。ところが〔史料3〕にあるように、この頃は実際には久家という人物が実務に当たっていたようである。[28] その久家こそが「宇喜多三河守」であろう。宇喜多久家は軍記物等に三河守の官途で記されていることから、

相違ないと思われる。宇喜多氏は浦上氏の被官であることから、実際は浦上村宗が代官になったものの、その代理の形で宇喜多久家が代官を請け負ったと考えられる。ただし、その後浦上村宗が実際に代官となった形跡はなく、永正七年（一五一〇）には〔史料3〕で使者として記される野村三郎次郎職久が代官職に補任されている(29)。この野村氏は赤松氏の直属被官であると考えられる。〔史料4〕にあるように、当初から実際に年貢納入に携わっている実績が考慮された可能性もあるが、浦上氏から野村氏に代官職が移動した理由は詳らかにはしえない。

以上、少ない史料から永正期の竹原荘を巡る情勢について検証を加えた。その結果、代官職が実際に赤松氏被官に与えられるなど、赤松氏の動向が年貢納入に大きな影響を与えるものであったことがわかる。永正期に偏った年貢納入は、赤松氏の安定支配期とリンクするものであったと言えよう。よって倭文荘と同じく、大永期以後は年貢納入がほぼ途絶した。

最後に悪銭の混入状況を表8より見てみると、計三回見られるが、連続したものではなく、断続的であった様子が窺える。また、その検出時期も隣国美作国の倭文荘とは異なっていることがわかる。その意味は後述することとし、まずはその事実のみ確認しておきたい。

二　悪銭含有事例の特質

前節において整理した三荘園の具体的な納入事例を基に、年貢銭に含有する悪銭の特徴について検討を進めたい。

1　年貢銭における悪銭検出の特徴

悪銭の本質を探るにあたって、年貢銭に現れる悪銭の特徴について確認しておきたい。

前節で検討対象とした荘園からの年貢銭納入事例と、第二章で検討した東寺領備中国新見荘及び播磨国矢野荘における仏事田年貢銭納入事例を対象に、年毎に悪銭検出事例の有無を表9にまとめた。新見荘と矢野荘は倭文荘や竹原荘と地理的に近接するので、参考とする。

表9から、二つの特徴を読み取りたい。第一には、いずれの荘園においても検出事例が必ずしも連続せず断続的に

表9　悪銭混入事例一覧

西　暦	和　暦	土田荘	倭文荘	竹原荘	(参考)新見荘	(参考)矢野荘
1485	文明17	×				
1486	文明18	×				
1487	長享 1	×				
1488	2	○				
1489	延徳 1		×			
1490	2	×				
1491	3	×				
1492	明応 1	×				
1493	2	×				
1494	3	×				
1495	4					
1496	5	×				
1497	6	×				
1498	7	○				
1499	8					
1500	9	○				
1501	文亀 1	○				
1502	2	×				
1503	3	×				
1504	永正 1	×			○	×
1505	2		○		×	×
1506	3		×		○	×
1507	4		×	○	×	○
1508	5		×	×	×	×
1509	6		×		○	○
1510	7		×	○	○	○
1511	8				×	×
1512	9		×			○
1513	10		×	○	○	○
1514	11		×	×	×	○
1515	12		×		○	○
1516	13					○
1517	14		×			○
1518	15		×	×		○
1519	16		×			○
1520	17					○
1521	大永 1					○
1522	2					×
1523	3					
1524	4		×			
1525	5					○
以後の悪銭事例		天文13	天文6, 7			

註　○は混入事例の見られる年，×は見られない年である．
　東寺領新見荘・矢野荘の事例は，「仏事田年貢」としての年貢銭事例である．第二章参照．

見出せる点である。第二には、各荘園を比較すると、ある特定の年に一斉に悪銭が検出されることはなく、検出できる年とできない年にばらつきが見られる点である。以上二点の特徴が生まれる最大の要因は、既に検討した在地での撰銭によって、年貢銭には作為が加えられているからである。ただし撰銭が貫徹していれば、悪銭が年貢銭に混入することはないはずである。すなわち年貢銭への悪銭混入は、荘園領主にとっては異常事態であり、それを生じさせる背景があったものと考えられる。土田荘の場合は野洲井との相論によって、収納請負契約のトラブルが影響したものと指摘した。このように、在地における混乱が撰銭貫徹の阻害要因として働いたものと考えられる。さらには、そもそも悪銭がどんな銭貨だったのかについて、どれだけ領主と在地との間で情報が共有されていたのかも撰銭貫徹を左右したのではないだろうか。十五世紀は京都において撰銭令が未だ発布されておらず、少なくとも法的な撰銭基準は存在していなかった。共有する定義を持たないため、いわば荘園領主と在地との間で情報の齟齬が発生し、それが悪銭混入の原因にもなったと考えられる。(30)

以上の通り悪銭混入の傾向を分析した。とりわけ配慮すべきは、在地での収取後に荘園領主へ納入する段階で、撰銭が行われる事実である。そもそも収取段階においても厳しい撰銭が行われたと前提すれば、年貢銭を在地で撰銭して在京の領主に納入する行為は、当該地における流通銭とは異なる銭貨群を年貢銭として作り出す行為であったことを意味するものである。すなわちここで悪銭が混入することは、当該地における銭貨流通秩序の混乱を意味するものではなく、在京する領主にとっての撰銭の定義が貫徹したかどうかが問題となるのである。よって荘園領主の住まう京都と各地の荘園との、銭貨流通秩序の差異を問題にする必要があるだろう。

2　領主による悪銭処理手段

在地における収取段階での撰銭貫徹要求とは裏腹に、実際に悪銭が年貢銭に混入した際、領主はどのような処理を行ったのであろうか。大きく三つの手段を確認できるので、個別に見てゆきたい。

第一の手段は、領主が改めて撰銭を行って悪銭を排除し、そのまま廃棄するものである。この場合、算用状には悪銭の計上を行うものの、その処理については記載がない事例の多くが相当すると考えられる。悪銭の計上額がそのまま欠損として処理されることにより、領主側が損害を被ることになる。領主側としては最も避けたい手段であったと考えられ、この手段を執るほかなくなった場合には、代銭納そのものへの意欲を失うに至ることもあったと考えられよう。東寺領新見荘において他の悪銭処理手段が頓挫し、代銭納が放棄されて漆の現物納主体へと移行した事例を想起しうる。(31)

第二に本来領主側が執りうる手段として考えられるのは、欠損分の良銭での納入を改めて代官等に促す場合である。前章で東寺領新見荘や矢野荘のかかる事例について指摘した。ほかに早い事例として、明応元年（一四九二）の北野社領加賀国福田荘の年貢銭一八〇貫文請文中に、松梅院禅予が「此内悪銭在之者、追而可返者也、」と注記しているものがある。(32)これらの事例は悪銭が問題化する十五世紀末期に比較的多く見られることから、当初において領主側の採った悪銭対応手段であったことが考えられる。

そして第三の手段は、多少の損害を覚悟で、一定額の良銭に換貨する事例である。これは竹原荘の永正十年（一五一三）の納入事例に見られる。すなわち、五貫二七八文の納入のうち一貫四〇〇文が悪銭として計上されたものの、その悪銭を七〇〇文に「引うり」したというものである。(33)この算用では結局四貫五七八文納入として処理され、それぞれ上葺用途等への具体的使途も記載されていることから、「引うり」は計算上の処理ではなく、実体を伴う換貨行為であった。これは東寺領の事例でも「悪銭替」と表記されるものであるが、これらの事例は十六世紀に入ってから見られる傾向がある。すなわち在地との関係の稀薄化など様々な要因があると思われるが、第二の手段が執りづらくなった結果、次善として第三の手段を求めるに至る傾向を指摘できよう[34]。

以上、具体的に領主側の対応について見た。とりわけ注目されるのは第三の手段であろう。十六世紀後半に見られる打歩と同一視するべきではないだろうが、その慣習の萌芽とも言うべき現象が既に現れていた事は指摘できよう[35]。このような処理を見ると、ここで見られる悪銭は、実際に他の銭貨よりは価値の劣るものであったと広く認識されていた様子を確認できる。しかし前節でも触れたように、竹原荘での収取段階では悪銭ではなかったと考えられる以上、その認識を共有する範囲は有限性を持つものであった。その範囲とはいわゆる「地域経済圏」[36]と共通性を持つものと考えられるのではないだろうか。後に触れたい。

おわりに

以上、戦国期における賀茂社領荘園の年貢銭納入事例を検討し、その際に見られる悪銭への対応から、悪銭が年貢銭収取に与えた影響について確認した。すべての点についてここで改めて繰り返さないが、特に重要なものとして、悪銭による問題の発生する時期が地域を超えて一定しているわけではない、という点である。その背景には流通構造そのものの問題があると思われる点をここでは指摘しておきたい。具体的には終章で検討する。

ともかくも、従来はあまり注目されなかった年貢銭に混入した悪銭事例について、その特質と背景について明らかにした。関連史料はまだ多く遺されているとみられ、新たな具体的事実をより一層発掘することが求められるが、それについてはひとまず今後の課題としたい。

註

（1）高木久史「一六世紀後半における貨幣史的転換について―浦長瀬隆氏の所論を中心に―」（『ヒストリア』一九五、二〇〇五年）、同「日本中世銭貨史研究の現在―一六世紀を中心に―」（『歴史評論』六六七、二〇〇五年）における同氏の研究史批判も、その多くが十六世紀後半を対象としたものに割かれている。

（2）例えば大田由紀夫氏や黒田明伸氏は、十六世紀後半における福建からの私鋳銭大量流入が撰銭現象深刻化の原因と述べる（大田「一五・一六世紀東アジアにおける銭貨流通」、『鹿児島大学法文学部紀要・人文学科論集』四八、一九九九年、及び黒田『貨幣システムの世界史―〈非対称性〉をよむ―』岩波書店、二〇〇三年参照）。近年では十五世紀後半においても、中国から私鋳銭を含めて大量の銭貨が日本へ流入したという見解が出されているが、やや他律的に捉える傾向で共通している。筆者は日本における時代情況も勘案すべきとの視座に立っている。

（3）例えば十五世紀後半の中国における銭貨使用禁止に注目する足立啓二「中国から見た日本貨幣史の二・三の問題」（『新しい歴史学のために』二〇三、一九九一年）、堺から琉球を経由して大内氏領国に粗悪銭が流入したとする橋本雄「撰銭令と列島内外の銭貨流通―〝銭の道〟古琉球を位置づける試み―」（『出土銭貨』九、一九九八年）があるものの、日本の社会事情に配慮した言及はやはり少ない。

（4）中島圭一「日本の中世貨幣と国家」（歴史学研究会編『越境する貨幣』青木書店、一九九九年、初出一九九八年）、同「撰銭再考」（小野正敏・五味文彦・萩原三雄編『モノとココロの資料学』高志書院、二〇〇五年）など。

（5）岩井克人『貨幣論』（筑摩書房［文庫］、一九九八年、初出一九九三年）参照。

（6）この事件の詳細は、横井靖仁「戦国期賀茂社争乱に関する一考察」（『年報中世史研究』一九、一九九四年）参照。

（7）戦国期賀茂社領荘園の多くは氏人中において算用を行い、社務へは一定額の分一銭を支払うことになっていた。社務は一定の得分権を確保してはいたものの、経営の実権をほとんど失っていたものといえよう。ただし土田荘の場合は延徳四年（一四九二）に社務と氏人惣で折半する契約を結んでおり（『志賀町史』資料編一所収「座田文書」一）、それに従い社務に半額を勘渡していた。須磨千頴「中世における賀茂別雷神社氏人の惣について（1）」（『南山経済研究』六―二、一九九一年）参照。

（8）須磨千頴「土倉による荘園年貢収納の請負について」（同『荘園の在地構造と経営』吉川弘文館、二〇〇五年、初出一九七一年）。野洲井は同時に幕府の納銭収納を請け負う納銭方に属していた。諸役収納に関して特段の能力を有する土倉であったことが当時において認知されており、それが、賀茂社が収納請負を依頼した理由でもあろう。なお納銭方については田中淳子「室町幕府の「御料所」納銭方支配」（『史林』八四―五、二〇〇一年）参照。

（9）　なお、戦国期における土田荘の沿革に言及した最近の論考として、東四柳史明「加賀国金津荘と能登国土田荘」（大山喬平監修・石川登志雄・宇野日出生・地主智彦編『上賀茂のもり・やしろ・まつり』思文閣出版、二〇〇六年）がある。本章では言及しなかった事実についても触れられているが、論旨や事実認識について特に注意すべき相違点はないものと考える。

（10）　須磨註（8）論文参照。以下第一節における須磨氏の見解は同論文による。

（11）　『加能史料』戦国Ⅲ・三三九～四〇頁。

（12）　第二章参照。

（13）　『加能史料』戦国Ⅲ・三四一～四二頁にその請文がある。

（14）　『志賀町史』資料編一所収「賀茂別雷神社文書」八〇。以下、『志賀』八〇の形で略記する（なおこの史料は『加能史料』戦国Ⅴにも採録されている）。史料の内容から、虫麻吉久から賀茂社は借銭をしていたと見られ、この人物は野洲井のように土倉を営んでいたのであろう。

（15）　野洲井請負期に比べて大黒屋請負期に悪銭混入が増加することについて、筆者は大黒屋の悪銭情報に対する認識不足という側面を重視した。これに対し田中浩司氏は、むしろ大黒屋の悪銭排除率は当時において一般的な水準であり、借銭返弁の形で賀茂社から銭貨が環流する野洲井の事情を重視すべきと批判している（田中「貨幣流通からみた一六世紀の京都」、鈴木公雄編『貨幣の地域史―中世から近世へ』岩波書店、二〇〇七年）。今後再検討したい。

（16）　永正十一年（一五一四）七月に守護畠山義元は「就社領儀従賀茂被申候処、此方江被申談候之由候とて、差人下候、驚入まいらせ候、有限神用事、自最前申合候へは、聊無相違可有執沙汰之事、可然候、」と賀茂社に注申したが、納入を確認することはできない（「賀茂別雷神社文書」巻五四［東京大学史料編纂所架蔵写真帳］所収、以下「賀茂写真帳」五四の形で略記する）。一方同年十二月五日に義元は幕府奉行人飯尾貞運に対して「当国錯乱」と報告している（「飯尾文書」、『大日本史料』九―五・七七〇頁）。

（17）　『天文日記』天文五年（一五三六）五月二十七日条によると、関白二条尹房が加賀へ下向するため、一向一揆に越前の路次を明けさせるよう証如に依頼しており、証如は「路次等相あき候ハヽ、可為天下泰平基」と返答したという。朝倉氏との抗争激化も相まって、路次封鎖が常態化していた様子が窺える。

(18) 須磨千頴「賀茂別雷神社領美作国河内庄・倭文庄」（同註(8)書所収、二〇〇五年、初出一九七二年）。以下倭文荘に関する同氏の見解はすべて同論文による。

(19) 例えば次のような史料がある（「賀茂写真帳」九〇）。

「かも領の公用にて返弁状」

借用申料足之事

合□百文但此内百文ハ二月中ノ残りの代職中へ参

右料足者三月十日日供不足下行又竹原庄下銭借用也、然者六文宛加利平、竹原・倭文庄一番上之内をもって下方より直可被引召候、仍状如件、

永正七年三月十六日　（氏人署判略・花押抹消）

(20) 「賀茂写真帳」四三。この文書は氏人中連署借状であり、全文抹消されている。

(21) 『賀茂別雷神社文書』一（史料纂集）・六号文書。以後、『賀茂（纂）』六の形で略記する。

(22) 「鳥居大路文書」巻一（東京大学史料編纂所架蔵写真帳）所収。この文書は幕府奉行人連署奉書である。また、上原対馬守は赤松氏の代官として『蔭涼軒日録』にその名が見える人物である。

(23) 「賀茂写真帳」四二。

(24) 「賀茂写真帳」七六。

(25) 「賀茂写真帳」四二。

(26) 今谷明「赤松政則後室・洞松院尼細川氏の研究」（同『室町時代政治史論』塙書房、二〇〇〇年、初出一九九五年）。

(27) 「賀茂写真帳」四二。

(28) 『賀茂（纂）』一六五には、十一月二十四日付の久家による代官請文がある。おそらくこれも永正三年（一五〇六）のものであろう。年号を記さない証文的性格の低い代官請文は珍しく、代理的な請負であった可能性を匂わせる。

(29) 『賀茂（纂）』二五二。

(30) 詳細は終章で述べる。ただしここでは、表9により、各荘園における納入事例検出初年に悪銭が混入する傾向を見ておきたい。単なる偶然の可能性もあり事例のさらなる集積が必要であるが、悪銭の定義が共有されたか否かに起因する可能性を指摘できよう。

(31) 第二章参照。以下東寺の事例はいずれも同じである。
(32) 『北野社家日記』明応元年十二月七日条。
(33) 「賀茂写真帳」三五。
(34) なおこの「悪銭替」が撰銭令で禁ずる「悪銭売買」であることについては、第二章で述べた。
(35) 悪銭を一定額の良銭に交換する「悪銭替」の慣行自体は、十五世紀前半には既に見られる（「東寺百合文書」く函二・廿一口方評定引付応永十二年［一四〇五］四月二日条、小葉田淳『改訂増補日本貨幣流通史』刀江書院、一九四三年、初出一九三〇年参照）。悪銭の性格に差異があると思われるので、直接同一の慣行と見なす事には慎重たるべきだが、悪銭を良銭に交換するシステム自体は古くから見られるものであった。なお大内氏領国においても、「清銭」と「並銭」との換算が十五世紀末に存在したことが確認されている。これについては第四章で触れる。
(36) 鈴木敦子『日本中世社会の流通構造』（校倉書房、二〇〇〇年）参照。

第四章　地域的銭貨流通秩序の形成と大名権力

——九州を中心に——

はじめに

撰銭とそれに伴う悪銭流通の問題を考える上で必要なのは、なぜ銭貨に対する差別化の意識が働くようになったのか、そして実際にどのような過程によって差別化が進行したのか、という問題を考えるべき点であろう。それについて近年の研究では、中世社会が列島規模で自律的に構築してきた貨幣流通システムの動揺により、銭種に依らず一枚＝一文と定義する均質的な「コンセンサス」が崩壊し、個々の地域において独自の「コンセンサス」が醸成されていったとし、いわゆる「地域貨幣」の登場を見る視点が呈示されている(1)。この視点は、具体的には十六世紀後半の東国において永楽銭を基準通貨と設定する独特の銭貨流通秩序が構築されていた点への注目に代表される。

しかしこのような「コンセンサス」がいつ頃から、どのような形で形成され、どの程度の地域的纏まりを有していたのかについて、必ずしも厳密な検討を経ているわけではない。とりわけその地域分化は、従来のような東国・西国という大雑把な区分ではなく、より細分化されていた可能性も考えられ、その範囲はどのように設定されるものであったかを、具体的事例を広汎に検討しながら解明してゆく必要がある。

そこで本章では主に九州を対象とし、十六世紀における具体的な銭貨流通の諸事情を取り上げて分析することにより、如上の問題関心に迫ることとしたい。九州については既にその特殊性が指摘されており、日本ではほとんど流通しなかった大型銭の流通が見られること、(2)発掘された埋蔵銭からは洪武銭が比較的多く検出されること、(3)九州において独自の私鋳銭が存在していたこと、(4)大内氏領国下であった豊前・筑前において「清銭」「並銭」のような銭種記載が見られる点などが指摘されている。(5)ただし文献史料に基づいた検討は、大内氏領国以外においては低調であり、他地域の事例を取り上げることによってその問題を一定度克服することとしたい。

一方戦国期は大内氏のように地域権力としての大名権力が勃興し、独自に収取を行うようになった。かかる大名権力は、銭貨流通秩序の変化に対してどのような対応を採っていたのだろうか。そこで参考になるのは、当該期の大名権力のなかには、撰銭令を発布することによって、領国内における銭貨流通秩序を自ら統制せんとする動向が見られるようになったことであろう。

中でも、文明十七年（一四八五）に発布された大内氏の撰銭令は、周知の通り当該期における一連の撰銭令では最古のものである。しかも幕府にも先立つ事から、大内氏が対外交易に独自に携わる特殊性が重視されつつ検討されてきた。(6)しかし大内氏領国内での収取の問題からこの法令を見れば、再検討の余地がある。撰銭令と先に触れた「コンセンサス」がどのように関係しているかについても問題である。

以上の問題関心に基づき、検討を行いたい。

一　戦国期南九州の銭貨流通

本節では主に南九州における銭貨流通に関する史料を取り上げ、その特質について検討を行いたい。

1　「宇大鳥」について

大内氏に次いで早い事例とされる、明応二年（一四九三）四月に発布された肥後相良氏の撰銭令には、「宇大鳥」なる特殊な銭種が記載されている事実が知られる。次がその条文である。

〔史料1〕(7)

一、悪銭之時之買地之事、十貫宇大鳥四貫文にて可被請、黒銭十貫文之時者、可為五貫、

この法令は、「買地」とあるように土地売買に限定したものであることをまず踏まえておきたい。そしてこの法令の解釈は、大きく二通りに分かれている。すなわち、悪銭一〇貫文を「宇大鳥」四貫文に、「黒銭」一〇貫文を「宇大鳥」五貫文とするものと、一〇貫文の「宇大鳥」を精銭四貫文に、「黒銭」一〇貫文を精銭五貫文とするものである。つまり「宇大鳥」が精銭か悪銭かの判断が分かれているのである。(8)

「宇大鳥」の記載のある史料は、管見の限り一点の存在が確認される。中島圭一氏が既に触れているが、(9)改めて次に引用したい。

〔史料2〕(10)（傍線筆者、以下同）

社家之大工の所領むけ大門口一町の内東ニ付て二たん、大工藤次郎の手より、清水石塚八郎さへもんし地けん(質券)申候を、志として了厳寺(ママ)へ寄進申候、本物ハ宇大鳥九貫文・洪武二貫文・米一斗にて候、何時も本主としてうけ候する時者、おつか次郎さへもんれうこん寺まいりあひ候て、本物をうけとり申へく候、若彼所領ニ付候て、異儀違乱申候する時ハ、石塚の子孫ニをひて其沙汰可至(致)候、少分の志にて候へ共、かの所領の事かたく覚悟めされへく候、仍為証文寄進状、(如件脱カ)

（一五一六）
永正十三年八月廿六日

石塚八郎左衛門尉種延（花押）

この史料によれば、石塚種延なる人物が「社家」（大隅一宮の正八幡宮）の大工藤次郎の所領であった土地の質券を、大隅国曽於郡に所在する「了厳寺」（楞厳寺）に寄進した。この質券の本物が「宇大鳥」九貫文・洪武銭二貫文・米一斗であったという。相良氏の領国外であり、〔史料1〕の規定をそのまま当てはめることはできないものの、大隅国においても土地売買に「宇大鳥」なる銭貨が積極的に使用されていたことが判明する。この史料のみでは「宇大鳥」が精銭なのか悪銭なのかは明確ではないが、さしあたり土地二反の質物として、「宇大鳥」と精銭である洪武銭（後述）を合計して一一貫文の額になる点が目安となる。この点は次項で検討したいが、結論を先に述べれば、「宇大鳥」は悪銭ではなく、特定の銭種を指し示して珍重される、洪武銭のような精銭でもなかったのではないか。悪銭に対する「良銭」、すなわち特に忌避の対象とはならず円滑に流通していた通用銭一般を指すのではないかと考えられるのである。このように考えて〔史料1〕を読めば、一〇貫文の悪銭は通用銭換算で四貫文の価値があるものとし、黒銭は五貫文とすると解釈できようか。「鳥」の語句が「鳥目」や「鵞眼」など、広く見られる銭貨に対する異称にも通ずるものがあることも、そう類推させる要因である。すなわち〔史料2〕は、一一貫文の内、精銭である洪武銭を二貫文、残りの九貫文は粗悪銭を含まない、広く受領される通用銭で組成させせんとするものであったと考えられる。(11)

とはいえ「宇大鳥」の呼称そのものは、南九州の特定の地域に限定されるものであったことは確かであろう。一方、例えば相良氏領国というような、個別の大名領国内に完結するものではなく、領国という「圏」を超えた比較的広範囲に伝播していた事実をひとまず指摘しておきたい。少なくとも十五世紀末期には、南九州において独自の銭貨流通秩序が形成されていたのである。そしてそれが特定の大名領国を超えて展開していることからすれば、その秩序形成に対する大名権力の影響力はそれほど大きくは働いていなかったものと考えられる。敷衍すれば相良氏の撰銭令は、銭貨流通秩序の主体的な形成を目指すものではなく、既に自律的に形成された地域的流通秩序を踏まえた、トラブル回避のための交通整理的政策であったと評価しうる。この点は大内氏とは大きく異なるのであり、詳しくは後述したい。

2　精銭としての明銭流通

主に洪武通宝・永楽通宝・宣徳通宝などからなる明朝鋳造銭（明銭）は、西日本においては忌避されることが多く、悪銭の範疇に含めて考えられることが多い。例えば大内氏の撰銭令においても(12)、永楽銭・宣徳銭はその通用を規定したものの、洪武銭は悪銭に分類され、排除の対象となっていることがわかる。

一方南九州では、事情が異なる。先に述べたように考古学における成果によれば、埋蔵銭における洪武銭の含有比率が他地域に比べて高いことや、主に洪武銭などの模鋳銭が多くみられることから、明銭は忌避されるのではなく、むしろ積極的に好まれた銭貨であったとされている。史料においてもそれを示唆するようなものがある。

〔史料3〕(13)

「（異筆）国分宮内沢氏蔵」

又二貫文□

何時そへまちをうけ申候ハんするニ、此分をくハへてうけ申候、文亀三年（一五〇三）八月廿六日ニ参候、依用之候、本物

返しのしちけん（質券）ニ入置候水田之□

右水田ハ、そへまち田のうち二段《六貫文》、上おちミ田之内二たん、以上水田四段を代のようとう（用途）十一貫文ニ定而、

つちのと（己）のひつし（未）のとしの作より、とりのとし（酉）作三ヶ年をさして、香乗坊之方へしちけんニ入をき（置）申候事実也、さ候間、就此下地候て、いらん（違乱）わつらい（煩）の儀有へからす候、若いらんわつらひ候ハんする時ハ、任此状、御沙汰有へく候、酉年之さく過候ハヽ、何れも有よりにうけ申へく候、其時ハ両所一度にもうけ申へく候、たひ〳〵にもうけ□さ候ハヽ、そへまちハ去年戊午霜月代分之程、霜月中ニ返し申へく候、おちミたハ当年二月中ほと、二月中ニ返し申へく候、銭ハ十一貫之内ふるせに（古銭）二貫五百、其外□ゑひらく（永楽）・きうくハう（マヽ）の清銭・ちゝこらふの小銭まし（混）ハて、如其ニゑらひ候てうけ申へく候、仍為後日之状如件、

明応八年（一四九九）己未三月廿八日

つかい　土屋次郎左衛門尉

沢永観（花押）

〔史料4〕(14)

寄進状　本田兼親後（室脱カ）元丹清金大師（姉）

奉寄進　本寺楞厳寺田地弐段

本田因幡守之後屋（室）、戒名元丹清金大師営来際之儀、在坪東郷薦藁田弐段有申合子細、雖為本銭十一貫文、松永外記允江六貫五百文度（渡）申候実也、然者相添本文書二通寄進状ニ、富山又右衛門尉・村崗（岡）中左衛門尉持来、度（渡）与当住悦伝和尚・監寺永椿蔵主申候実也、於已後、彼在所本主被請候者、如本銭十一貫、永楽・洪武・古銭三十文差撰請取、別ニ田地相求、来際之孝養可為本望候、仍為後日証文如件、（中略）

天文十六年（一五四七）丁未四月念一日

富山又右衛門尉在判

村岡中左衛門尉在判

（追筆略）

〔史料3〕は、後筆にある大隅国国分宮内の沢氏所蔵との記述から、明応八年（一四九九）の大隅国曽於郡の質券であることがわかる。この質券では水田四反の本銭として古銭二貫五〇〇文のほか、永楽銭や「きうくハう（旧公方？）」の清銭・「ちゝこらふ」の小銭（未詳）を含めて一一貫文とするよう「ゑらひ候て」返弁すべき旨が記されている。〔史料4〕は、降って天文十六年（一五四七）年の、今際の際にある本田因幡守兼親後室による、大隅国楞厳寺への田地二反の寄進状である。ただし本銭一一貫文であるこの田地は、元は松永外記允から六貫五〇〇文で買得したものであった。そこで後日松永外記允が本銭一一貫文で買い戻しを申し出た際には、改めて別の田地を寄進する旨が注記されている。ここで注目すべきは、傍線部にある本銭一一貫文に関する記述である。それによると、永楽銭・洪武銭・「古銭」三〇文を「差し撰んで」受け取る旨が記載されている。おそらくこれらの銭貨を一〇〇文緡に三〇文含有すべきとする旨であると解釈される。寄進地二反は元々質物であったが、その返弁の際には、本銭一一貫文を永楽銭・洪武銭・古銭を「三〇文差し撰びて」請け取るべき旨が記されている。

このような注記をあえて施したことからすれば、おそらく日常取引で交わされる通用銭の銭種構成は、この注記とは異なっていたであろう。それゆえ「差し撰ぶ」、すなわち撰銭をすべき旨の文言が記載されたのである。これは先に見たように、南九州では一般的に明銭が精銭として認識されていた事実に符合しており、受領者たる本田方が精銭での買い戻しを要求する意図が顕れた表現であったと考えられる。このように、精銭とは受領者側の要求に応じて撰銭され、生成された銭貨群である点を確認しておかねばならない。

また、このような注記が土地取引に関わって表れる点にも注目できるのではないだろうか。日常取引において比較的高額取引となるであろう土地取引において、売主側に強い精銭志向が働いたことが考えられる。十六世紀後半に土地取引において交換媒体が頻繁に変化した事が浦長瀬隆氏によって指摘されている(15)。そのような変化の背景に、土地取引のような高額取引において精銭志向がより高まる可能性を見ておきたい。そこで〔史料2〕の「字大鳥」について言及すれば、土地取引において銭貨を受領する側がこの銭種であることを要求している事実によって、少なくとも悪銭であったとは見なしがたいのである。

単純に比較はできないであろうが、〔史料2〕で二反の本銭が「字大鳥」九貫文と洪武銭二貫文の合計一一貫文であり、「字大鳥」が通用銭を指すとすれば、約一八%が精銭である洪武銭で占められ、残りは通用銭を指定することにより、悪銭含有を拒否するものである。〔史料4〕においては同じく二反の本銭一一貫文のうち精銭三〇文緡であることから、約三〇%が精銭で占められ、残りは通用銭（ただし悪銭忌避規定はないので、悪銭も容認した可能性がある）ということになる。多少開きはあるものの、後者において一定量の悪銭含有の可能性があることを考えれば、全体に対する精銭比率と残りの通用銭との比率に近似性があると認めることは可能の範囲であろう。以上により、「字大鳥」が通用銭を指す用語であった可能性を提起しておきたい。

3　小　括

南九州において洪武銭をはじめとする明銭が精銭として選好され、埋蔵銭として積極的に蓄蔵された事実は考古学の成果において明らかにされていたが、史料面においても、大隅国においては既に十五世紀末期段階において精銭として認識されていた事実を明らかにした。またこのような同一の秩序を共有する「コンセンサス」は大名領国単位で設定されていたわけではなく、それを超えて一定度広汎に成立していたと考えられる。銭種を問わず一枚＝一文とする中世的銭貨流通秩序の変容に伴い、南九州においては大名権力によらず、流通現場においてこのような地域独自的な秩序が自律的に形成されたものと捉えられるのであり、それが十五世紀末期段階に各地域においてそれぞれ局地的に細分化されてゆく様子が看取されよう。

ただしその秩序は、必ずしもすべてが自律的に形成されたというわけでもなく、地域権力としての大名権力の勃興という時代情況に即して考えれば、その影響が働いた場合のあることも無視できない。この点について、次節では大内氏領国の事例に基づいて検討したい。

二　段銭収取と撰銭令――大内氏領国としての豊前国を対象に

本節では大内氏領国のうち、主に豊前国を対象に検討したい。近年では本多博之氏による実証的な研究成果を得ているが、大名権力による収取の問題を踏まえれば、なお再検討の余地があるものと考えられる。それについて、本節において具体的に検討を進めていきたい。

1　大内氏撰銭令にみる政策基調

次に大内氏による撰銭令を掲げる。

〔史料5〕(16)

Ⓐ

一、銭をえらふ事

段銭の事ハ、わうこ（往古）の例たる上ハ、えらふへき事、もちろんたりといへとも、地下仁ゆうめん（宥免）の儀として、百

文に、永楽・宣徳の間廿文あてくハヘて、可収納也、

Ⓑ

一、り《利》銭幷はい〳〵《売買》銭事

上下大小をいはす、ゑいらく《永楽》・せんとく《宣徳》においてハ、えらふへからす、さかひ銭とこうふ《洪武》銭なわ切の事也、・うち《打》ひらめ《平》、此三いろをはえらふへし、但、如此相定らるゝとて、永楽・せんとくはかりを用へからす、百文の内

二、ゑいらく・せんとくを卅文くハヘて、つかふへし、

（中略）

文明十七年《一四八五》四月十五日

伴田 大炊助在判 弘｜《興》

（七人略）

（問田弘綱）掃部頭

上記の如く、Ⓐは「段銭」、Ⓑは「り銭幷はい〳〵」と区別されており、段銭収取の場合と日常取引の場合の二種の銭貨規定を謳った内容からなっていることがわかる。すなわち段銭収取の対象となる銭貨と通用銭との間には明確に区別する意識が大内氏側に存在していた[17]。しかも段銭の撰銭は「もちろんたり」と、精銭納入原則を改めて確認し、貫徹させようとする意志が強く打ち出されたものであった[18]。この意識は荘園領主のそれと通底するものであるが、直接的に在地を支配する大名権力下では、在地に対する厳格な法規制として立ち現れたのである。

もちろん、Ⓐで「地下仁ゆうめん」とあるように、大内氏側も在地に対して一定の譲歩を見せている。つまり大名側の精銭志向が一方的に在地を覆うわけではなく、在地側には譲歩を引き出す一定度の権限が留保されていた[19]。とはいえこの法令が、領国内の貨幣流通を統御しようとする意志を表す法令であるのみならず、さらには流通銭より上位

である（あるいは大名側がそうであると見なす）精銭を段銭として収取しようとする、大名権力の恣意性が顕現した法令であった。

具体的に内容を見てみよう。Ⓐでは段銭の撰銭原則を謳いながら、宥免のために永楽銭・宣徳銭を一〇〇文中二〇文加える事を許したものである。一方、Ⓑでは洪武銭等の三種を悪銭として排除対象としつつ、永楽銭・宣徳銭の撰銭を禁じ、一〇〇文中三〇文を加えるよう命じたものである。このことから、従来はそれほど流通してはいなかった永楽銭・宣徳銭の流通銭に占める割合が急速に増加したことによる混乱があったと見られる。[20]

しかしこの撰銭令は、必ずしも厳格に遵守されなかった。延徳四年（一四九二）段階において「豊前国中悪銭事、近年被禁遏之処、動令犯用之、剰去年以来者、偏受用流布云々」（後掲〔史料11〕）という状態であった。このことはつまり、大内氏の撰銭令は、流通事情をつぶさに把握し、経済事情に配慮した法令であるという意識は薄かった事が示唆される。

〔史料6〕[21]

（端裏書）「就当郡御段銭御奉書案文」

就御段銭之儀清銭・悪銭受用之段、巨細言上候、此之儀郡内地下要用分可用三和利銭事も可任民人心候、於御段銭者、如前々以撰銭可令収納旨、対上毛《（豊前国）》・下毛両郡以前堅固被仰出候、於于今者、彼御奉書可下著候哉、以右趣、当郡之事堅可被究済之由、能々可申渡候、恐々謹言、

（異筆）「永正十三年《（一五一六）》」

八月十二日　　　　興重《（杉）》在判

佐田大膳亮殿

この史料は段銭収納の際に撰銭原則が貫徹されていなかった様子を窺わせるものであるが、そこで「於御段銭者、如前々以撰銭」とⒶの原則を改めて確認させている。しかしⒷの原則に基づくと思われる「地下要用分」という通用銭規定については、「民の人心に任すべく候」とある。永正十三年（一五一六）に至ると、結果的には大内氏権力による統制が貫徹せず、統制そのものを放棄したと思われる文言が見られるのである。ともかく自己の収入に直結する段銭の撰銭規定だけは墨守する意識を先行させたことが明瞭であろう。なお「三和利」については後述する。

結局、通用銭統制はおそらくほとんど機能しなかったと思われるが、その原因は、およそ三十年も過ぎた段階でも、撰銭規定の内容が全く変化していないというような、統制政策の基調に問題があったためであろう。大内氏権力による銭貨統制の硬直性については、次の史料によってさらに明瞭となる。

〔史料7〕(22)

一、銭をゑらふ米をうりかふ事、前御代法度右のことし、しかる処に、近年その御法にかゝわらす、銭をゑらひとる条、国のすいひ(衰微)土民けつほく(闕乏)、日にそへて言語道断なり、此故にかさね〱制止をくハうといへとも、猶以自由にえらふ事、前々に超過云々、諸人のうれへ只此事也、所詮、前御代さためらるゝ処の三色なわ切・大とう・うちひらめの外、えらふへからす、仍三文、札のおもてにかけおくもの也、若此旨をそむくやからあらハ、就注進之、一段可加成敗之、（中略）

永正十五年(一五一八)十月十四日

遠江守(相良武任)　紀伊守(神代貞総)　大炊助(飯田興秀)
宮内少輔　平　兵庫助(杉興重)
弾正忠(内藤興盛)　伯耆守(杉重輔)　兵庫頭(陶弘詮)
兵部少輔(野田興方)　散位　掃部頭(問田興之)

尾張守（陶興房）

ここでは明確に「前御代法度」として〔史料5〕の撰銭令を持ち出し、遵守を命じている。幕府撰銭令とは異なり、大内氏は〔史料5〕の撰銭令を発布した後は、一切改訂することなく同様の法規制を敷く意向を貫いていたのである。つまり、大内氏の撰銭令は流通実態に即した経済政策としての法ではなく、段銭収取を主目的にした法令であるという位置づけが与えられていたのではないだろうか。そのため今日からみれば経済事情に対する柔軟性を欠く様相が強く、また実際に当該期においても流通現場の実態と乖離が進んだものと考えられる。

2　大内氏撰銭令と「清銭」・「並銭」

戦国期大内氏領国下の豊前国・筑前国において、「清銭」・「並銭」という二種類の銭貨注記が存在した事実が、本多博之氏によって明らかにされている。(23) 同氏によれば、従来の良質銭貨であり年貢収納の際の基準額であった「清料」（「清銭」）は、低質銭たる「並銭」が流通し取引の主流を占めるようになった後には収納額表記において残存するものの、実際は「和利」によって打歩が設定された「並銭」で勘渡され、基準銭として概念化されていったという。すなわち大内氏領国における精銭概念は、前節でみた南九州の情況とは対蹠的に、大名権力によって導出されたものであったことが予想される。本多氏は「清料」が天文期には基準額的性格をもって成立していたと指摘するが、具体的にいつ頃「清料」なる分類法が登場したのかについて、今少し厳密に検討する必要があると思われる。

〔史料8〕(24)

（端裏）「就反銭ひた（樋田）両人請状」

請負申御段銭事

合肆貫四百廿八文定清銭

右両人拘申御領分、川島四段御段（銭脱）之事、去自文明十一（一四七九）年至于当年延徳三分銭之辻、並銭以拾参貫文来七月以前ニ、悉皆ニ納可申候、万一無沙汰申候者、当毛下地共、押而可被召放候、仍為後日請状如斯、

延徳参（一四九一）卯月十三日　　樋田大蔵丞

吉氏（花押）

同名

八郎（略押）

〔史料9〕[25]

請負申御領四段御反銭□、年々依無力無沙汰申候処、御入部候て預御催促候、尤之儀ニて候、御分銭之辻、過分ニ御散用難及合期候へ共、来七月中ニ並銭十六貫文にて□可申候、相残分之事ハ、是非ニ可請御扶持候、此段御披露可目出度候、仍請状如件、

延徳三（一四九一）四月廿二日　　樋田大蔵丞吉氏（花押）

同名八郎（花押）

永弘（殿カ）□御内

堅田六郎殿

この二つの史料は、樋田吉氏・八郎の両人が請け負っている宇佐宮領の水田に段銭が賦課されたものの、未進になっている事を番長永弘氏側から追求され、年限を決めて納入を約束する請状である。管見の限りこの史料が「清銭」・「並銭」記載の初見である。〔史料8〕によれば、四貫四二八文の「清銭」が一三貫文の「並銭」に換算されて

おり、本多氏の指摘したごとく、ほぼ三倍（三和利）の換算比率であったことが知られる。同氏によれば、少なくとも天文期までは三〜五倍の換算比率で推移したという。

そしてここで見る「清銭」・「並銭」が、それぞれ大内氏撰銭令のⒶとⒷに対応させるものであったことが考えられよう。「清銭」について言えば、次の史料が参考となる。

〔史料10〕(26)

為御公銭従佐田大膳亮殿被預ヶ分配当帳之事

合壱貫五百文者清目足　但永楽廿さし

二百文　自見　太郎右衛門

二百文　自見　次郎右衛門

（中略）

右、配符如件

永正八年（一五一一）（ママ）庚午正月十一日

番長（永弘）重幸（花押）

この史料は佐田大膳亮への「御公銭」配当一貫五〇〇文の明細を記したものであるが、ここでこの額が「清銭」によって記されており、「但永楽廿さし」との注記がされている。この注記は大内氏撰銭令のⒶの規定に対応するものであることは明らかであろう。この「御公銭」は、宇佐宮の正税ではなく、大内氏による段銭収取に連なるものであったと考えられ、収取において大内氏撰銭令の規定を宇佐宮も取り入れ、利用していたことがわかる。そしてあえてこのような注記がされたのは、Ⓐの規定において一緡に二〇枚の永楽銭・宣徳銭を含めることは、元々「宥免」のための特例措置であり、本来の「清銭」とは異なるものであったという意識が影響したものであると考えられる。

一方「並銭」については、「百文仁荒銭参拾文指の並銭也」と記された史料がある。[27]そもそも、「並銭」は貸借・売買等の日常取引に使用される銭貨であったことは明白であり、そうであれば、大内氏撰銭令のⒷの規定とも対応していたと考えるべきである。この文言は、まさにそれを裏付けるものであろう。Ⓑの規定においては一〇〇文の内に永楽銭・宣徳銭を三〇文加えて使用すべき旨が記されており、ここで言う一〇〇文に「荒銭」三〇文の記述と即応する。本多博之氏はこの史料を引用しつつ、「荒銭」は永楽銭を指すものではなく、永楽銭は一定の条件下において精銭に位置づけられていたと述べるが、それは誤りであろう。永楽銭は明らかに「荒銭」と呼ばれる銭貨に含まれていたのである。「荒銭」という文言はほかに管見に及ばないが、字義から勘案すれば、ネガティブな印象を与える銭貨であったことは想定できよう。すなわち、選好されるのではなく忌避の対象となりがちな銭貨であったと考えられ、永楽銭・宣徳銭はまさにその範疇にあった。このことから、洪武銭が排除対象になったことを含め、大内氏領国においては明銭が他の銭種に比べて評価の低い銭貨であったことが明らかである。

この動向は前節でみた南九州とは著しく相違していることがわかるが、なぜ差異が生じたのであろうか。次の史料に基づき、考えたい。

〔史料11〕[28]

一、豊前国中悪銭事、近年被禁遏之処、動令犯用之、剰去年以来者、偏受用流布云々、以外之子細也、併不背御成敗而已、企貴賤之無足歟、所詮、於市中売買之場、用之仁者、見合搦捕其身、於悪銭者押取、可令注進之、若又御禁制之趣、有不存知之由申候族者、其所為給主幷地下役人結構、可被改易其地其職之由、堅固御定法畢、仍此趣速可被相触之由、所被仰出也、仍執達如件、

延徳四年三月　日（一四九二）

左兵衛尉

左衛門尉

宇佐郡代

一通　佐田弾正忠殿

（以下宛所略）

文明十七年に大内氏が撰銭令を発布した後、〔史料8〕〔史料9〕でそれに対応すると考えられる「清銭」「並銭」が登場する延徳三年まで約六年の開きがある。その翌延徳四年（一四九二）には、〔史料11〕のような奉書が豊前国の各郡代に発給された。それによれば、豊前国においては悪銭使用を禁止したのにそれが貫徹されておらず、あまつさえ去年（延徳三年）からは堂々と流通しているという。それに対し、市中や売買の場での監視を徹底させ、厳罰を下すよう通達している。しかも撰銭令規定を知らないための悪銭使用であった場合には、その地の給主や地下役人による通知の徹底の不備を咎めるという。これらの通達が発給される背景を勘案すれば、豊前国においては大内氏撰銭令が貫徹しておらず、規定によって排除されるべき悪銭がしばしば使用されており、さらにはその内容の通達も徹底されていなかったことがわかる。

そして重要な点は、むしろ大内氏撰銭令の規定は、市場による銭貨使用に対する自律的秩序を否定し、権力による規制を徹底させようとする意図によるものであったことが、ここに明らかになったことであろう。すなわち大内氏領

国においては、大内氏によって銭貨規定が上意下達形式で強制されることで秩序を創出するものであり、対する市場における自律的対応を否定することによって、他地域とは異なる独自の銭貨流通秩序が生まれることとなったのである。それゆえ大内氏領国においては領国内で独自の銭貨流通秩序が形成されることとなり、領国外取引に際しては新たに撰銭を加える必要が生じたであろう。それに備えて大内氏は、比較的安定的に流通し続けていた宋銭などの渡唐銭への執着を強め、逆に不安定であった明銭に対しては露骨に忌避する意向を示した。大内氏撰銭令は、そのような権力側の強い恣意性によって編み出され、市場に強制されたのである。

3　小　括

「清銭」と「並銭」の分類規定は大内氏の撰銭令によってはじめて規定され、創出されたものであった。その精銭規定は元々実態にはそぐわないものであり、そのため「並銭」との換算比率が案出された。それに基づいた段銭収取がまず開始され、十六世紀に入るとその他様々な役負担において精銭を基準額とする情況が広まっていった。そのような経緯にあったため、撰銭令によって規定された銭貨分類は、大内氏領国という範囲内において完結した「コンセンサス」であったと思われる。

ところで「清銭」と「並銭」との換算比率は主に「三和利」であったことについて考えれば、いかに明銭が忌避される傾向にあったにせよ、あまりに価値の相違が大きいように思われる。この点については、「清銭」はそもそも収取の場において登場する額であることから、権力側による強制的な比率設定であったことが考えられる。「清銭」納入を原則としながら、実態としては「並銭」での勘渡が常態化し、結果的に「清銭」が基準額としてのみ残存することとなるという本多氏の指摘がある。それに従えば、権力側がそのような動向の中で賦課額を水増しさせるために便乗して、そのような換算比率を設定したのではないかと考えられる。実際の流通現場では撰銭令の規定が有名無実化してゆく過程であることも考えれば、そもそも「三和利」は流通実態とは何の関連も持たないものであり、あくまで権力による収取体制の中で生み出されたものであったといえよう。

おわりに

大内氏領国と南九州における明銭に対する認識の違いは、列島全体の一律な銭貨流通秩序が崩れたことと表裏一体である。そのような動向は十五世紀末期に顕在化することとなり、それぞれの地域で独自に銭貨流通秩序が醸成されていたことがわかる。しかしそれはそれぞれの地域においてあくまでも自律的であろうとする動向にある一方で、地域権力として勃興する大名権力の強力な収取体制構築に伴って強制的に銭貨統制を図る動向も招来しており、その軋轢も小さくはなかったのである。

大内氏撰銭令が、「公」的性格を自負したことによる、積極的な貨幣流通統制の先駆的形態であるという従来の評価には抗わない。しかし発布の背景にあるのは精銭による段銭収取の貫徹を確認するものであり、収取原則の維持を優先する立場から流通実態への配慮は欠如していたのである。その結果、その後の度重なる通告にあるように、流通現場では必ずしも法令が遵守されていなかったことがわかる。すなわち大内氏領国下においても、現場における自律的な貨幣流通秩序が優勢であったといえよう。

しかしなぜ大内氏による精銭の定義そのものが固定化していたのだろうか。これについて本多博之氏は、「地域間決済」に必要な精銭を準備する必要があったためとする。ここでの「地域間」とは領国外との取引を想定したものであるが、自己の法規制外にある地域との取引・決済規定を優先したため、領国内の経済事情が顧慮されなかったことが考えられる。なおこのような事態の背景に、貨幣流通秩序が「地域」ごとに分化する傾向の存在を考えるべきであろう。それについては終章で触れたい。

註

(1) 池享「東アジア社会の変動と統一政権の確立」(『歴史評論』五三九、一九九五年)、同「一九九七年度歴史学研究会大会中世史部会報告批判」(『歴史学研究』七〇五、一九九七年)、中島圭一「中世貨幣の普遍性と地域性」(網野善彦・石井進・鈴木稔編『中世日本列島の地域性』名著出版、一九九七年)、同「日本の中世貨幣と国家」(歴史学研究会編『越境する貨幣』青木書店、一九九九年、初出一九九八年)など。

(2) 小畑弘己「出土銭貨にみる中世九州・沖縄の銭貨流通」(『熊本大学文学部論叢』五七、一九九七年)。

(3) 櫻木晋一「九州地域における中・近世の銭貨流通—出土備蓄銭・六道銭からの考察—」(『九州文化史研究所紀要』三六、一九九一年)。

(4) 特に洪武銭などを模鋳した加治木銭については著名である。鈴木公雄『出土銭貨の研究』(東京大学出版会、一九九九年)、古田修久「中世から近世初期の九州・沖縄の銭貨—古銭学的観点からの分類—」(『出土銭貨』二三、二〇〇五年、初出二〇〇二年)などを参照。

(5) 本多博之「戦国期社会における銭貨と基準額—筑前・豊前両国を中心に—」(『九州史学』一二六、二〇〇〇年)。

(6) 小葉田淳『改訂増補日本貨幣流通史』(刀江書院、一九四三年、初出一九三〇年)など。

(7) 「相良氏法度」五条(佐藤進一・池内義資・百瀬今朝雄編『中世法制史料集』三、岩波書店所収)。

(8) 後者の説が通説化しており、例えば、小葉田註(6)書、前掲『中世法制史料集』三、補註(百瀬今朝雄氏執筆)、『中世政治社会思想』上(岩波書店)所収、「相良氏法度」校註(勝俣鎮夫氏執筆)、滝沢武雄『日本の貨幣の歴史』(吉川弘文館、一九九六年)などがある。一方、中島「中世貨幣の普遍性と地域性」(註(1)前掲)において、前者の解釈の可能性を指摘している。なお、「黒銭」は『日葡辞書』に立項されており、明らかに悪銭と見なされていることから、「黒銭」が悪銭の範疇に規定されていた点は事実であろう。

(9) 中島「中世貨幣の普遍性と地域性」(註(1)前掲)。
(10) 『鹿児島県史料』旧記雑録前編二・一八七八号。
(11) 以上の解釈が正しければ、〔史料1〕の「悪銭」と「黒銭」は別個に存在したと見る必要がある。明確にはしえないが、現時点では以下のように推測する。相良氏領国における城郭の発掘調査によれば、発掘された銭貨のうち無文銭の比率が半分近くを占め、相当量の無文銭が流通していた可能性が高い。これらの粗悪銭が「悪銭」とされた可能性がある。「悪銭」よりは比較的価値を高く設定された「黒銭」は、字義からそのまま類推すれば、鉄銭の可能性もあるが、戦火や経年等によって劣化した渡来銭を指す可能性も指摘しておきたい。なお発掘調査については、永井孝宏「熊本における中世山城の出土銭貨」(『出土銭貨』二四、二〇〇六年)参照。
(12) 「大内氏掟書」六一・六二条(『中世法制史料集』三所収、以下同じ)。なお大内氏の撰銭令については次節で詳述する。「大内氏掟書」の性格については、拙稿「戦国期大内氏の意志伝達システム」(『日本歴史』七一三、二〇〇七年)参照。
(13) 『鹿児島県史料』旧記雑録前編二・一七六三号。
(14) 「調所氏家譜」三一(『鹿児島県史料』旧記雑録拾遺・家わけ六所収)。
(15) 浦長瀬隆『中近世日本貨幣流通史―取引手段の変化と要因―』(勁草書房、二〇〇一年)。
(16) 註(12)に同じ。
(17) 藤木久志「撰銭令と在地の動向」(同『戦国社会史論―日本中世国家の解体―』(東京大学出版会、一九七四年、初出一九六九年)、橋本雄「撰銭令と列島内外の銭貨流通―〝銭の道〟古琉球を位置づける試み―」(『出土銭貨』九、一九九八年)。
(18) 本多註(5)論文参照。
(19) 藤木註(17)論文参照。
(20) 永楽銭・宣徳銭の急激な普及によるだぶつきがこの二種に限ってインフレーションのような現象を呼び起こし、それによって他銭種との相対的な価値の低下を流通現場で意識させる事態に至ったのかもしれない。
(21) 「永弘文書」(『宇佐神宮史』一一所収)。
(22) 「大内氏掟書」一六七条。
(23) 本多註(5)論文。以下同氏の見解はすべて同論文による。

(24)「永弘文書」一二一二(『大分県史料』四所収)。
(25)「永弘文書」一二一三(『大分県史料』四所収)。
(26)「永弘文書」一四八一(『大分県史料』五所収)。
(27)「永弘文書」一七七八(『大分県史料』五所収)。
(28)「大内氏掟書」一四四条。

第五章　悪銭問題と金・銀の「貨幣化」

はじめに

十六世紀の日本において、金・銀が貨幣として流通するようになったことは、既によく知られた事実である。日本史上、古代においてわずかながら銀貨が流通した歴史を持つが、本格的に貨幣として定着を見せたのは、やはりこの十六世紀であった。近世日本においては金・銀・銭が同時に貨幣として流通する「三貨制度」が確立したが、その前提となる時代として位置づけられよう。

金・銀は、古くからそれそのものが高価値を有する物品としての地位を得ており、収取対象となったり、特に中世においては権力者層相互における贈答品として珍重されていた(1)。そこには財の移動が見られることになるが、このような利用のあり方が、金・銀が貨幣に転換する(「貨幣化」と称する)基礎となったものと考えられる。ただし、贈与は受領者への一方向の財の移動を示すものであるが、貨幣は対価に別の財を「交換」する行為、すなわち双方向の財の移動を媒介する存在である。したがって、贈答品として珍重されている段階と、貨幣として利用される段階は異なるものであり、その変化の時期と要因を探る必要があるだろう。

そこで、先行研究をまずは繙いてみよう。小葉田淳氏(2)は、如上の贈与対象からの貨幣化に注目し、十六世紀半ばに至ると権力者間で極めて頻繁に金・銀が贈答品として利用されていることを明らかにした。その上で、当該期には日本各地で金・銀鉱が大規模に開発された時代状況を踏まえ、一五九〇年代の豊臣政権期に貨幣として流通が始まったとした。金・銀は銭貨のように統一性をもって鋳造されたものではなく、秤量によって価値が計られる点が貨幣化の阻害要因となっていたとみなす。それゆえ、豊臣政権による判金鋳造をその画期としたのである。

長らくはこの小葉田説が定説であった。浦長瀬隆氏は、売券における金・銀建て表記が一五八〇年代以前はほとんど見られない点を指摘し、「一五九〇年代貨幣化説」を補強している。[3] 盛本昌広氏も支持する立場にあり、一五九〇年代における貨幣化は、豊臣政権による金・銀の市場への大規模投下にあったと指摘している。[4]

しかし、近年の研究では、一五九〇年代には少額取引にまで用途が拡大した時期であり、貨幣化そのものはそれより以前から見られたとされている。[5] その時期については、京都においては一五六〇年代であったとする中島圭一氏の指摘がある。[6] この指摘は、貿易品に限ったものとはいえ、金・銀を貨幣として使用する商取引について規定した撰銭令が永禄十二年（一五六九）に織田信長によって発布されていた事実に基づいたものであり、傾聴に値しよう。[7] その背景には、十六世紀前半には金・銀が贈与の形で各地から大量に京都に流入する傾向にあったことによるという田中浩司氏の指摘がある。[8] 十六世紀半ばにおける、石見大森銀山を代表とする大規模な鉱山開発のみをインパクトとはしない視点が、主流となりつつあるといえよう。なお、金・銀の京都などでの蓄積は、南米ポトシ銀山の開発による世界的な銀流通の拡大に伴い、日本産銀の海外流出が減少していったことにあったという指摘もされている。[9]

このように、日本における経済事情のみならず、広く世界規模の経済動向に据えられた議論へと進化している。実際に信長発布の撰銭令にある、貿易品取引において金・銀の貨幣としての使用を限定的に認める規定は、そもそも金・銀を貨幣として使用するあり方が対外交易を通じてもたらされたようにも見える。しかし、当該期日本においては、貨幣流通において異なる問題も生じていた。それが「悪銭問題」である。事実日本においては、十六世紀後半に金・銀のみならず米も貨幣として利用されるようになっており、日本における貨幣流通の変化は、金・銀の世界的動向にのみ左右されるものでもなかったであろう。とりわけ十五世紀以降における社会不安の蔓延と、それに伴う「悪銭問題」との関わりについては従来あまり注目されていない。金・銀がこれまで銭貨が担ってきた立場に取って代わるとみなすとすれば、なぜ銭貨がその立場を譲る必要があったのか。人々はなぜそのような選択を行うに至ったのか。この問題関心に基づき、本章では金・銀の貨幣化の契機について検討を行う。

具体的には、贈答事例と収取事例をそれぞれ取り上げることとする。前者については、十六世紀の公家の日記を博捜して事例を蒐集した中島氏の手法に倣い[(10)]、本願寺宗主である証如が遺した「天文日記」[(11)]における該当記事を検討する。後者については、権力による金・銀収取が十六世紀後半に見られるようになった点が近年注目されている[(12)]。ただし石見大森銀山の影響を見る毛利氏領国を対象とするものが中心となっており、広く動向を分析する必要があるものと考える。そこで本章では大友氏領国の事例を取り上げ、比較対象として呈示することとしたい。

一 「天文日記」に見る金・銀送進事例——貨幣化の前提

「天文日記」には、畿内における真宗拠点寺院のみならず、加賀国を中心とした遠隔地からの勧進・懇志・年貢等の送進記事が多く記載されている。特に遠隔地からの送進事例に注目し、分析を行いたい[(13)]。

1 為替による年貢等送進

「天文日記」を通覧すると、加賀国から本願寺への送進において、為替が多く利用されている点が注目される。例えば同国江沼郡からの勧進四二〇貫文のうち、一〇〇貫文が「かわし」だったという記述があるのが[14]、同史料における初見である。また、「以光応寺（蓮淳）、上野（下間頼慶）申候、坂本四屋左近次郎ニかわし候物のうち百貫借度候、則加州買地の物取のほせ候て可令返弁之由候間、何とも此方に鳥目なく候て、米なと未取候へ共、中事候間、乍迷惑可借よし申出候」という記事がある[15]。この記事の背景については不明な点もあるが、この時点において、為替取組は主に近江坂本の商人を通じて行われていたことがわかる[16]。天文六年（一五三七）正月十七日には加賀国河北郡三番組から勧進三〇貫文が送進されており、この際「かわしハ例の榎木与三にて候」と書かれている。彼もまた近江の商人であろう。彼らが北陸の流通を担う中心的存在であり、また為替による送金システムを支える人々であった[17]。加賀国から本願寺への勧進等送進においても、彼らのような商人が介在していた様子を窺うことができる。

ただし、為替による送金システムの維持は、隔地間流通の安定を前提とすることは言うまでもない。特に十五世紀半ば以降においては、各地で戦乱等による流通路不安を示す「路次物騒」が頻出し、隔地間流通を中心的に担う畿内商人の往来が大いに阻害されるに至っていた[18]。十六世紀においては北陸での一向一揆蜂起によって流通が阻害されており[19]、現地では必ずしも容易に為替取組を行うことはできない事態となっていた。それを如実に物語る記述が、次の史料である。

〔史料1〕[20]

然代物不能間可替之由、申付之処、先々以替銭上之処、早速無運上、然今者替銭之主無之間、於国青銭上由候間、不及是非留之也、

時代はやや降って天文十六年（一五四七）十一月の、加賀国四講からの懇志と思われる六五貫文送進に関するものである。証如は「替銭」（為替）での送進を要求していたにもかかわらず、「替銭主」が現地にいなかったため、代物

（現銭）で送進した。証如は「青銭」（現銭）での送進を嫌っていたが、仕方が無く受領した、とある。「天文日記」中では必ずしも頻繁にこのような事態を見出すことはできないが、当該期の隔地間流通の実情を示す事例として注目されよう。十六世紀に入ると、隔地間における財の移動において活用された為替取組が、流通路不安によって容易にはなしえない時代状況が蔓延していたと見られる。一方で隔地間流通が復興しつつある京都[21]を中心とした畿内経済において依然として重要な位置を占めるものでもあり、送金システムもまた安定的に維持される必要があった。ここに、為替に代わる存在が希求される素地があったとみなしえよう。それが金・銀であったことが予想されるが、それについては後に述べたい。

2　送進銭貨の撰銭

為替を使用した送進事例について注目してきたが、「天文日記」中においても、現銭による送進事例が依然として多数を占めている。中世において為替による送金手段の発達がめざましいものであったが、現銭による送進もかなりの割合で選択されていたといえよう。

ところが〔史料1〕にあるように、証如は現銭での送進を忌避する意向がみられる。その理由はなぜなのだろうか。従来、現銭による送進はかさばるためにコストがかかることや、盗賊に狙われやすいなどの、輸送上の安全性に問題があるとの指摘がなされてきた。しかし一方で割符に関する研究によると、その取組の手数料と現銭輸送との間で、コストの上では大きな差異が生じないとの指摘もなされている[22]。安全性の確保についても疑問視されており、現銭輸送と為替送進において、コストとリスクの両面において大きな差異はなかったと捉えるべきものと考えられる。

そうであるならば、為替による送進が困難な場合には、現銭による輸送が選択されるのは当然であったといえよう。

また、中世における銭貨流通が日本列島全体において均質性を有してきたことを前提とすれば、領主側が現銭を受領することを忌避することは理解に苦しむ反応である。

そこで背景として勘案すべきは、銭貨流通秩序の問題である。「六日講之物卅貫、山科寺内ニ居候つる橋本新次郎上之、主一両日中ニ可罷帰之由候間、即撰之候」という記述がある。(23)加賀国六日講から送進された三〇貫文を山科の橋本新次郎なる人物が本願寺に持参したところ、彼が一両日中に山科に帰るとのことで、すぐに撰銭を行ったというものである。ほかにも同じ六日講から送進された「万疋」を「可令撰之由申付」たという記事も確認できる。(24)「天文日記」からはそれほど頻繁に見出すことはできないが、加賀国から送進された銭貨は受領段階で撰銭がなされていたことがわかる。多額の銭貨の場合、その手間は非常に大きなものであり、為替を欲する背景にはその手間を惜しむ意識の働いていたことが考えられる。

ただし、銭貨忌避の理由はそれだけではないと考えられる。そもそも撰銭を行うのはなぜか、という問題である。当然ながら受領した銭貨をチェックし、使用に耐えない粗悪銭の排除を行うという撰銭慣行自体は、中世を通じて存在した。むしろ中世を通じて見られるものであったからこそ、十六世紀に入って領主側が露骨に銭貨受領を忌避する意向を見せるのは、ほかの時代的特質があったものと見るべきであろう。この点については、銭貨流通秩序の地域間格差の存在を指摘してきたが、(25)「天文日記」中にも「国之料足」という文言のある点が注目される。(26)この文言は自らの居住地域とは異なる「国」という意識を含意するものと捉えられることから、地域間での銭貨流通秩序の差異の存在を示唆するものであろう。このような事態が十六世紀には広がっていたため、隔地間の年貢等送進においては、「国」の現銭ではなく、畿内近郊商人が振り出した為替の使用を希求し、畿内近郊での現銭の受領を望んだものと考えられよう。

3　金送進の登場

先に触れたように、流通路不安が蔓延していた時代状況によって、円滑な為替送進に支障を来たしていた。一方現銭においてもその地域間格差が広がっており、受領した後の撰銭が欠かせなくなる手間が増大していた。為替と現銭との間に、その送進コストにはそれほどの差異はなかったことは既に触れたが、とはいえやはり、多額の現銭を運搬する手間は大きなものであったのは確かである。

送進された金を本願寺はどのように処理したのであろうか。次の史料を見てみよう。

〔史料2〕(27)

当年之飯米足間敷之由申ほとに、取候へと申候、然者代物者造作候間、金廿枚渡之、堺はほとやすく候間、堺にてとり、金の使ハ周防也、(下間頼順)

この記事は、飯米確保の必要が生じた際のものである。その調達を行う際、代物(銭貨)は「造作」(面倒)なので、金二〇枚(二〇〇両)を使者下間頼順に渡したという。「天文日記」においては、これが本願寺による金使用事例の初見である。「堺はほとやすく候間、堺にてとり、」の一節は理解が難しいが、堺では飯米が安いので、堺で購入したという意味であろうか。直接金と米を交換する段階にはなく、一旦金を売却して銭貨に替えてから米を購入したか、直接交換するにしても、銭貨に対する金価格が算定され、それと同額の米が支払われるという形態を採ったものと考えられる。しかしながら、単なる贈答品としてではなく、商取引において金をその用途に充てる意識が登場した事実は重要である。このような動向が十六世紀前半の本願寺において既に見られた点を指摘しておきたい。もちろんこれは、十六世紀に入って金の流通規模が拡大し、その贈答事例も増加したことが背景にあった。

表10 「天文日記」所載　金送進事例一覧表

年月日（天文・月・日）	名　目	送進元	送進物（★金・○銭）	備　　考
5・2・22	年　貢	加　州	★金12枚	掃部分金6枚・三林分金1枚・坪坂分5枚 「枚」は10両を示す（以下同じ）
5・2・29	懇　志	加州能美郡（小松西道取次）	○10貫800文，★金3分3朱	金代2貫815文
5・3・19	懇　志	加州河北郡	★金（29貫文分），○8貫500文	ほか綿20把，あさを（麻苧）代綿7把
5・4・20	勧　進	加州小松浄西	★金20両[目強]	国にて代宛58貫の分．「目強」は不詳
5・7・13	勧　進	加州河北郡五番一与	★29両2朱	
5・8・12	勧　進	加州河北郡五番組	★金31両2分朱半（ママ），○970文	
5・9・25	勧　進	加州能美郡	★金10両，○30貫文	未進分
5・11・1	勧　進	加州十人衆	★金京目2両1分2朱	「此外卅貫ハ上野愚ニ不問替ニして，坂本徳蔵ニ相渡候へと，国へ申付取候て，いまニ不上候，此儀以兼盛上野ニ申させ候へハ，後日ニ色々のの（衍）へ□（可）申候，」
6・5・16	勧　進	信州門下中	★金9両3分2朱	商人は野村にいたるたか与次郎，「相残分ハ物共売ほとき候て，あけ候ハんよし候，（中略）京着百貫可来之由候，」
6・5・17	年貢ヵ	加州十人衆組	★金10両	闕所分，「田舎目十両代廿九貫メトテ候，京目八両三分二朱也，」
8・8・14	懇　志	（飛騨）内島兵庫	★（1000疋[金ニテ]）	上野入道死去の志
11・10・24	懇志ヵ	（加賀）四講	★金2枚	天文10年分，60貫文の分，「今時分金代廿六貫之間，不足之由申出訖，然処只今上は八貫文上之，合六拾貫之分也，」
12・11・27	懇志ヵ	（加賀）六日講	○30貫文，★黄金（額不明，70貫文分ヵ）	合計100貫文（万疋），「以黄金与鳥目来間，有使者也，取乱之間不糺両目之軽重，先請取之，仍鳥目ハ卅貫来，金之上ハ以銭可上之由候，」
16・4・18	斎	駿河国三郎兵衛後家	★1枚（8両3分）	布施．（「斎（とき）」は門徒による本願寺宗主の昼食饗応およびその用途）
18・12・17	懇志ヵ	（加賀）四講	★4両（代5貫500文），○44貫500文	天文16年板津与扱分，「国之料足」，小松浄西取扱，「就替銭事万不弁之為躰候間，為四与取調候，」

本願寺への金送進元に注目してみると（表10参照）、比較的遠隔地からの送進事例に多く見られる傾向がある。畿内に多い拠点寺院等からは金送進事例がほとんど見られない一方、加賀をはじめ、飛騨・信濃・駿河から金が送進された事例が見られる。

このうち飛驒国については奉公衆の一族で、門徒化したと思われる内島（内ヶ島）氏からの送進事例に集中する。[28]内島氏の支配した飛驒から美濃白川郷にかけては金産出が行われていたとされており、そのような地域事情を背景として、金をストックしていたためであると考えられる。

駿河国も同様に、十五世紀末期から十六世紀前半にかけて安倍金山が開発され金産出が活発化したことが指摘されており、永正五年（一五〇八）以降、今川氏も盛んに京都へ金を送進している事実が明らかにされている。[29]ただし国人領主クラスであった内島氏の事例とは異なり、駿河国から本願寺への送進事例は、「三郎兵衛後家」からの斎料である。[30]この人物がどの階層に属する人物であるかを明確にはしえないが、名前から勘案するに、それほどの上層ではなかったであろう。つまり、十六世紀前半段階で、駿河国においては、金の入手・利用がごく限られた上層に占められたわけではなく、比較的下層にまで広がっていた可能性を指摘できよう。

信濃国にも金山が存在したことは知られており、[31]一定量の流通が背景にあったと考えられるが、関係を詳らかにはしえない。また最も事例の多い加賀国については、近世において金山開発が進んでいたが、中世段階については明確にしえない。加賀国からは、天文五年二月に早くも「年貢」として「下間掃部分」金六枚・「三林分」金一枚・「坪坂分」金五枚の計一二枚が上納されている。[32]加賀においても金のストックが比較的進んでいたことが考えられるが、一方で賀茂別雷神社領河北郡金津荘からの年貢送進記事には一切金に関する記載は登場せず、その温度差がなぜ生じたのかについてなどは、不明とせざるをえない。既に加賀においても金山開発が進んでいた可能性、もしくは、流通ル

表11　加賀国六日講からの送進事例一覧表

年月日(天文・月・日)	名目	送進物(★金・○銭)	備考
7・11・26	懇志	○110貫300文	うち報恩講志100疋，灯明銭30疋
8・11・23	懇志ヵ	○70貫文	「堺朱屋致(為ヵ)替候とて上之間，各(ママ)取乱之間主ニ先封をつけさせ候，重而可撰之由，申出也，」
9・11・26	懇志ヵ	○100貫文(万疋)	「可令撰之由申付了［廿七日撰立之，所納置也，］」
10・12・1	懇志ヵ	○100貫文(万疋)	
12・11・27	懇志ヵ	○30貫文，★黄金(額不明，70貫文分ヵ)	合計100貫文(万疋)，「以黄金与鳥目来間，有使者也，取乱之間不紀両目之軽重，先請取之，仍鳥目ハ卅貫来，金之上ハ以銭可上之由候，」
16・12・15	懇志ヵ	○30貫文	天文15年郡扱分，「相残七十貫文者菅生了願扱也，」
23・5・25	懇志ヵ	○120貫文	天文16〜21年分，「但此外米銭国ニ相残テ有」「江沼郡中取集来」，ほか郡中より20貫文来

ートを通じて飛騨国など、また日本海を伝って陸奥国などから流入した可能性なども考えられるが、詳細な検討は今後の課題としたい(33)。

しかし金には両目に地域差が依然として存在することから(34)、贈答とは異なり納入額が設定されている収取の要素が強い送進については、受領する本願寺の側もそれほど積極的ではなかった様子が窺える。

〔史料3(35)〕

以黄金与鳥目来間、有使者也、取乱之間不紀両目之軽重、先請取之、仍鳥目ハ卅貫来、金之上ハ以銭可上之由候、

加賀国六日講（表11参照）から現銭三〇貫文と七〇貫文分と思われる金の送進についての記事である。取り乱れているとのことで、「両目之軽重」を糺さずにまずは受領した、と記されている。この納入の性格については記載がないものの、六日講からは定期的に定額の納入を行っている点から、喜捨よりも諸役の性格が強いものであったと考えられる。そのため額に拘っており、「両目之軽重」が注意されるのであろう。

また以後の金の上納は、現銭をもって行うとの旨が記されている。文面から六日講の側の意向であると考えられよう。実際に六日講か

表12　加賀国四講からの送進事例一覧表

年月日（天文・月・日）	名　目	送進物（★金・○銭）	備　考
5・3・11	来　物	○35貫文	毎年70貫文，「十年者色ヲ不付候間」．「来物」の性格は不明
6・12・9	懇志ヵ	○60貫文	
7・11・26	懇　志	○65貫文	うち報恩講志5貫文
8・11・23	懇志ヵ	○65貫文	「四講よりの物六十貫文又五貫文菊屋宗左衛門請取也，只今申て候，是も主ニ封をさせ候，」
10・5・8	懇志ヵ	○60貫文	天文8年分
11・10・24	懇志ヵ	★金2枚	天文10年分，60貫文の分，「今時分金代廿六貫之間，不足之由申出訖，然処只今上は八貫文上之，合六拾貫之分也，」
13・3・20	懇志ヵ	○65貫500文	天文12年分，「銭主菊屋宗左衛門」
16・11・25	懇　志	○65貫文	天文15年分60貫文・報恩講志5貫文，「然代物不能間可替之由，申付之処，先々以替銭上之処，早速無運上，然今者替銭之主無之間，於国青銭上由候間，不及是非留之也，」
18・12・17	懇志ヵ	★4両（代5貫500文），○44貫500文	天文16年板津与扱分，「国之料足」，小松浄西取扱，「就替銭事万不弁之為躰候間，為四与取調候，」
20・4・1	懇志ヵ	○50貫文	天文18年板津与分，「米ニハ十五文も廿文も可撰之由候．」
21・1・25	懇志ヵ	○60貫文	天文19年分，「米代ニハ廿文計可撰出申由候，」
22・1・31	懇志ヵ	○60貫文	天文20年分，「此銭自国上候間，一段□（懇）也，つきたをし（ママ）など云類也，」
23・2・3	懇志ヵ	○60貫文	天文21年分，「国之代物也」

らの金の納入はこの一例のみであり、ほかはすべて現銭で納入されており、金での納入そのものが例外的措置であった。

証如もまた、六日講の意向をそのまま受け入れたことになる。なぜならば、加賀国四講（表12参照）からの金・銭貨送進について、「就替銭事万不弁之為躰候」とあるなど(36)、やはり金・銭貨よりも為替での送進を上位に置く発想が強く表に出ているからであろう。〔史料1〕で見せた意識も勘案すれば、年貢の要素が強い納入事例においては為替での納入を最上とし、現銭が次善であり、金をそれほど珍重していたわけではなかった。両目の差異のみならず、金が依然として貨幣ではなく商品でもあり、最終的には売却の過程を経る必要が伴ったことも、金に対する消極的な意識に作用したものと考えられる。

4　小　括

「天文日記」を素材に、十六世紀前半における金に対する証如の意識について検討を加えた。十六世紀前半は、贈答品としての金利用が急速に普及していったが、依然として貨幣としての使用は行われていない段階であった。本願寺においても徐々に贈答対象としての金の利用が増加し、並行して勧進・懇志などの喜捨的用途のほかに、収取的性格を伴う送進についても、金が利用される事例がみられるようになった。本願寺側はとりわけ隔地間での送進においては為替での送進を求める意向が顕著であったが、流通路不安によって為替による送金システムが支障を来すようになり(37)、その代用として現銭とともに金による送進事例が増加したのである。このような金の利用のされ方が定着してゆくことが、直接の財の交換手段（貨幣化）を促したものと考えられる。

ただし十六世紀前半段階にあっては、地域間で度量衡が不均衡であり、送り手から受け手への一方的な価値移動手段である贈答においては既に広く利用されていたものの、双方向の価値移動手段である貨幣への転化は、容易にはなしえなかった。また一方的な価値移動の場においても、その額が厳密に設定された収取の場においては、従来設定された納入額（銭貨または米建てが主）との換算が厳格に行われるため、度量衡の不均衡は領主側（受け手）にとっては忌避要因となったようである。

しかし十六世紀に入ると、銭貨における地域間格差も拡大するなど、とりわけ隔地間での価値移動手段における銭貨の持つ優位性が徐々に低下したことが、金（銀）の貨幣化をもたらす前提となったものと考えられる。ただしその貨幣化過程について、上記の見解を敷衍すれば、収取の場において金（銀）が登場する時期をさらに厳密化する必要があるだろう。商品流通の事情もまた別に存在するため、その変化の時期をもってただちに金（銀）の貨幣化とみなすることはなお慎重たるべきではあるが、貨幣化過程の状況を探る上では有効な視点ではないかと考える。次節で検討したい。

二 金・銀収取の普及と貨幣化――大友氏領国を事例に

1 大名権力の金・銀収取について

十六世紀半ば以降になると、各地の大名権力が金・銀収取を行う徴候が見られるようになる。とりわけ石見大森銀山を従えた毛利氏の動向は顕著であり、これまでもしばしば注目されてきた(38)。しかしややもすれば、この毛利氏の事例は銀山掌握による特殊事例として位置づけられることが多い。その理由としては、十六世紀のとりわけ東国における大名権力がその収取体系として採用した貫高制を到達点とし、そこから織豊政権の採用した石高制への収取構造の転換が大勢として把握される研究動向にあったためであると考えられる。いわば「中世的収取の最終形態である貫高制から、近世的収取体系である石高制」という枠組みが定説化し、そのほかの多様な収取構造がすべて例外化されてきたのであろう(39)。

では、銀による収取を行った毛利氏の事例は果たして特殊であったのだろうかといえば、否であろう。例えば東国においても金による収取が行われた事実が既に指摘されている(40)。また西日本においても、毛利氏だけが銀の収取を行っていたわけではない。

しかし、その分析は特に西日本において遅れている。毛利氏だけではなく、広く各地の大名権力を事例に、実態把握を蓄積してゆくべきであろう。そこで本節では、大友氏を事例に、銀収取の開始時期とその背景について検討を行う。

2　大友氏領国における銭貨流通

大友氏の領国経営について三重野誠氏によると、大友氏は領内の在地領主を役人とする地域支配機構である政所を媒介として、段銭収取に力を入れた。また戦国期の領国拡大に伴い、新たに支配下に収めた地域においては、段銭収取のために検使を派遣した。この検使は大友氏家督の命令を直接受けて活動するなど、大友氏の地域支配において重要な役割を果たしていたという(41)。第四章でみた大内氏と同じく、段銭収取を領国経営の重要事項として位置づけ、その収取に精力を費やしたと捉えられる。ただしその対象となる銭貨に対する規定は、どうであったのだろうか。豊後国一宮である賀来社（由原・柞原社とも）のものとして、次のような史料がある。

〔史料4(42)〕

就大神宝会京都御誂物之事、前々儘於清銭者不及申候、悪銭事者、従　公方御買物等も、三わりニ下行候、社家御かい物可為同前候、此趣本役所堅固可有催促候、若難渋之儀候者、前々儘清銭を可有下行存候、不可有緩之儀候也、恐々謹言、

三月六日　（市河）親清（花押）

（朽網）繁貞（花押）

（本庄）繁栄（花押）

賀来社宮師御房

（折返裏書略）

この史料は年欠であるが、連署する三名は十五世紀末の大友政親期に加判衆として登場し、中でも市河親清は延徳三年（一四九一）に社家奉行として名が見え担当奉行と考えられることや[43]、本庄繁栄は明応六年（一四九七）には出家しており[44]、それ以前であることは確実であることから、一四八〇年代前後の史料であると考えられる。関連史料に乏しく内容について不明な点は多いが、賀来社の祭礼である「大神宝会」に際する京都での調達費用について述べたものであると考えられる。それによれば、前々のまま「清銭」で調達すべきであるが、「悪銭」の場合は「公方よりの御買物等」も「三わり」であるので、賀来社の調達費用もそれに準じるものとし、難渋の場合は前々のまま「清銭」を費用として工面するとの旨であると解釈される。

すなわち一四八〇年代頃に豊後国においても「清銭」と「悪銭」との分化が発生していたことが考えられ、大内氏領国とは差異が無かったとも捉えられる。ここでの「公方」は大友氏を指すと考えられるが、「三わり」は大内氏領国において見られる「清銭」と「並銭」との換算比と同一のものである[45]。当該期の大友氏は大内氏と小康状態にあったことを勘案すれば[46]、この換算方法は大内氏に倣ったものと考えられる。しかし再び両者の関係が悪化し断絶状態になると、大内氏による銭貨規定を大友氏は放棄し、表立って銭貨統制政策を打ち出す動向を見せることはなかったのである。よって十六世紀に入ると、大内氏と大友氏との間で銭貨に対する姿勢は異なってゆくものと考えられる。十六世紀半ば頃の大内氏領国と大友氏領国との差異を示すものとして、次の史料がある。

〔史料5〕大内氏領国（豊前国宇佐郡[47]）

且納反銭事

合弐百文 清銭目足者

右、為向野郷番長大夫殿反銭先未進内、弁納如件、

佐田兵部丞
俊誠（花押）

津野隈上総介
長池（花押）

（三名略）

〔史料6〕大友氏領国（豊後国玖珠郡）(48)

（一五四七）
天文十六年十二月廿四日
且納御段銭五拾文通之事
都合弐町六段此内三段河成弐町三段分銭壱貫百五十文定
右請取申所如件、
（一五四七）
天文拾六年十二月弐日

比較的時期と地域の近接するこれらの史料を比較してみると、大内氏領国である〔史料5〕においては段銭二〇〇文につき「清銭目足」の記載があるものの、〔史料6〕の段銭五〇文については、その種の記載はみられないことがわかる。十六世紀前半の豊後国における銭貨使用を示す史料にも、大内氏領国に見られるような「清銭」「並銭」の表記はない。大内氏との比較をすれば、当該期の大友氏領国においては基準額のようなものは存在せず、通用銭がそのまま収取や取引に使用されていた。大友氏が撰銭令を発布した形跡が無いのも、大内氏のような強い精銭獲得志向を持たず、通用銭での収取が維持されていたからであると考えられる。

この差異に注目し、大内氏から大友氏へ支配者が変化した豊前国宇佐郡の情況を見ることとしたい。同地域は弘治

三年（一五五七）に大内氏が滅亡すると代わって大友氏が進出するが、宇佐宮大宮司の到津公澄が大友氏の社奉行である奈多鑑基と対立するに至り、永禄四年（一五六一）には宇佐宮が奈多鑑基・田原親賢らの攻撃を受け、社殿は焼失、到津公澄も殺害された。対立の原因は宇佐宮が大友氏に賦課された軍役などの負担に抵抗する姿勢を見せたことが遠因であったと考えられる。これを契機として、事実上大友氏の支配下に入る(49)。その後、宇佐郡における銭貨流通はどのような事態になったかを、次の史料で検討したい。

〔史料7(50)〕（傍線筆者、以下同）

「（端裏書）□約束留案文」

□らかを畠地壱反廿五代之事

右之畠地ハ、用々《ママ》あるにより、うしのとしより来るいぬのとしまて十か年、代五百文、此之内三百文ハ籾、弐百文ハ料足ゑり銭、与二郎ニけいやく候、年きすき候ハヽ、五百文之内四百五十文かへし、五十文くたし候へく候、十年すき候ハヽ、年々さん《算》ゆう《用》候て、くたし候へく候、斎《済》物ハ此方よりなく候へく候、ちや《茶》ハ此方よりつミ候へく候、為後日けいやく状如件、

永禄七《一五六四》十二月廿三日　通種《永弘》（花押）

この史料によると、宇佐宮番長大夫の永弘通種が畠地の作職を十ヶ年間の年限で与二郎なる人物に譲渡したようであるが、傍線部を見ると、その代価五〇〇文のうち三〇〇文分は籾で、二〇〇文分は「料足ゑり銭」で勘渡すべしという。まず、銭貨の代用として籾を支払っている点が注目される。売買での使用ではない点に注意は必要だが、これが米の貨幣使用の先駆的形態とすれば、永禄十一年（一五六八）頃とされる、売券における西日本での米建ての価格表記への変化(51)に先んじるものであったといえよう。そして、二〇〇文を「ゑり銭」するという表記は、管見の限りこ

れ以前の大友氏領国においては見られないもので、元は大内氏領国であったことが影響していると考えられる。

大内氏領国期には、「清銭」及び「並銭」の区分が見られ、それは大内氏の収取における政策規定が影響しているものと捉えられることは既に述べたが、大内氏が滅亡し、大友氏の支配下となった後はこの区分が消滅した。しかし、実態そのものは存続したものと考えられ、〔史料7〕での遣り取りにおいては、「ゑり銭」を行って精銭を創出するよう記載されたのであろう。このほか管見の限りにおいて、段銭納入を含めて、永禄四年以後の豊前国において実際に銭貨の授受が行われた史料からは「清銭」及び「並銭」の記載が消滅する。大内氏領国下で明確に規定された撰銭令の効力が大内氏滅亡によって失われ、基準額として残存していた「清銭」もまた実体を失った。それにより通用銭があえて「並銭」として表記される必要も存在しなくなった。一方大内氏によって明確化されていた通用銭の規定も弛緩したため、〔史料7〕に見られるように、相手に対する撰銭要請という個々の取引従事者による銭種に対する恣意的な志向が惹起されるようになったのである。このような情況は銭貨流通の混乱をもたらしたことが想像に難くない。このような事態が、銭貨に代わる新たな支払手段、すなわち銀の貨幣化を準備するものであったと評価されよう。

3　大友氏領国における銀の貨幣化

銀が貨幣として定着するには、それを支える広汎な銀流通が存在したと考えねばならない。そこで踏まえるべきは、大友氏による対外交易であろう。鹿毛敏夫氏によれば、十五世紀以降の大友氏は琉球との交易を積極的に行い、とりわけ十六世紀になると島津氏との連繋のもとで、正式な明への朝貢貿易は失敗したものの、直接福建へ船を向かわせて密貿易を行っていたという。そこでは国内で産出する硫黄を移出し、材木や陶磁器類とともに、銀も持ち込んでいた様子が窺える。(52)実態が窺えるのは十六世紀後半を主とするが、それより遡ってこのような交易が積極的に行われていたと考えることは可能であろう。

そしてもう一つの特殊性は、十六世紀後半における大友義鎮とイエズス会宣教師との関係である。これは先に見たように琉球を中心とした南蛮交易への関与も背景にあるものと考えられるが、義鎮は彼らへの資金援助を銀で行っていた形跡がある。

例えばイルマン・ドワルテ・ダ・シルバの書翰によると、天文二十三年（一五五四）の山口において、「(王家の執事ファイスメ"Faisume"の義兄弟アンブロショの）夫人は四日間貧民に食物を給し、住院にもまた家具を造るため寄附をなし、三、四千文"caxas"、すなはち十八乃至二十パルダン〔一パルダンは三〇〇レイスに当る〕の値ある絹の衣服を納めたり」という。(53)"caxas"は銭貨の意であることから「文」とする翻訳は正しいと考えられ、この場合三〜四〇〇〇文（三〜四貫文）という銭貨での寄付の様子が記されている。一方イルマン・ルイス・ダルメイダの書翰によれば、弘治三年（一五五七）十月に大内氏滅亡によって豊後の大友氏を頼った際、「王（大友義鎮・以下同）は我等に大に好意を表し、また種々恩恵を与へたれば、我等は精神上のことならびに現世のことにつき彼のため主デウスに祈る要あり。全部杉材を用ひたる当会堂は、王が我等に与へしものなるが、もとその邸にして、もし新に造らば二千クルサドにても足らざるべし」と述べ、(54)さらに同年十一月にコスモ・デ・トルレスが「インド総督の使節来りし頃、王は当国の最良なる杉材をもって造りたる数軒の家と、毎年五十クルサドの収入を我等に与へたり」と述べている。(55)

これらが正しいとすれば、大友義鎮は宣教師に良質の杉（先に見た南蛮交易で得た屋久杉であろうか）で造られた教会（元は義鎮の邸宅という）と家を与えたことがわかるが、新たに造るならば「二〇〇〇クルサド」でも足りないということ、また、義鎮は毎年「五〇クルサド」の資金援助を約束したことになる。

問題はこの「クルサド"cruzado"」である。十七世紀初頭成立の『日本大文典』によれば、一クルサドが一〇匁であるとされる。[56]場合によっては金を指すこともあると考えられるが、大友義鎮によって行われた資金援助は、銀であったことは確実であろう。この事実をもって豊後国内で広汎に銀が流通していたと見ることは早計であるが、少なくとも大友氏のもとには、財貨として分け与えることのできるほど大量の銀が備蓄されていたものと考えられよう。そうであれば、逆に大友氏による消費は銀の売却によって賄われることが予想され、それによって領内へ徐々に銀が浸透していったと考えられる。

以上の経緯を鑑みることにより、十六世紀後半に大友氏領国において急速に銀が普及していったと考えられ、先に見た銭貨流通の混乱と相まって、段銭を銀で直接収取するようになってゆく。小葉田淳氏によれば、永禄十三年（一五七〇）二月に豊後国における最初の事例として、青柳掃部助景盛が「屋敷銭」として銀五匁を請け取る事例が最初という。[57]天正二年（一五七四）閏十一月の事例として、次の史料がある。

〔史料8〕[58]

天正弐(一五七四)壬十一月御反銭遣方之事、　一反別六十五文宛之事

番長大夫(永弘)通種取次米之事入目

銀子十七文目五分、遣方祥(拝カ)進之候て、此分候、

一、斎藤方へ白米五舛・黒□(米)壱舛・大豆壱舛・木三把・わら壱荷・ヌカ一表(ママ)・銀二文目五分

一、珠阿弥へ子細同、

一、奈多之大炊方・宝岸寺(カ)・糸永麟虎・立石(宗徳)、彼四人中へ子細同、是ハ宮貫・小山田殿・小田殿・万徳坊・此方

五人シテ申合出候、

一、又本奉行へハ祝殿・小田・小山田・此方四(人脱カ)にて斎藤殿六□へ遣候、為後々年書付候、始被申渡候分ハ、取次

一人より米三斗・白黒米六舛・大豆六舛・木九荷・わら九荷・ぬか三表・銀子七文目五分、可取之由候、

この史料は宇佐宮番長大夫である永弘通種が、「反銭遣方」の計上に際する大友氏被官への「取次米」を書き上げたものであるが、段銭が反別六五文と記載されているものの、実際の「遣方」は銀一七匁五分であることがわかる。そのほか「取次米」の用途も穀物類に混じって銀が記されており、銭貨ではなく銀で勘渡する情況が明確に表れているといえよう。このことは次の史料にも明瞭である。

〔史料9〕(59)

実得時元大石寺名分御反銭調渡申田数幷銀子辻事

合六町六反弐拾代分銀子三拾三文目弐分、此内五文目者、某給分遂馳走分にて候、前代以来無御座之儀、迷惑之段、能々御取合奉頼候、

右外、経田・仏生田・神田・大岳免幷ほり田・畠田等、従前代無天役之地所々仁在之分、壱町余、不・河成同前也、

天正三(一五七五)

正月十六日

成恒越中守

鎮直(花押)

林新介殿

ここでは明確に段銭が銀建てで表記され、給分にも銀が充てられていることから、実際に銀を収取したと考えられる。

〔史料10[60]〕
（端裏）「案文」

居宅下作職坂下弐段地之事、来戊寅之歳ヨリ来丁亥之歳迄十ヶ年、下作職当町二郎右衛門へ預ヶ遣候、仍銀子百目為祝儀請取也、右十ヶ年過戊子之歳ヨリ者、居宅可作者也、然者百目之事至二郎右衛門可返進事、

一、右地来納銀子廿四文目之事、年々九月御神事前、至此方堅馳走専一候、秤者御許正覚寺衆来納被請取候する秤にて可馳走事、

一、拾ヶ年〆ニ若銀子百目返進不成候者、返遣候する迄、来納堅固ニ至此方、馳走仕可相拘候、何時にても候へ、百目返進之時、彼地可請取事、

一、秤之事、両方相封ヲ成置事付テンヒン秤也、

一、円鏡壱懸并ニ節料三色・八朔三色宛馳走之事、

右田地之事、百目之為本物返兼納候、万一天下一同御徳政、其外何たる新儀御法度等候共、彼年月中苑角之儀有間敷候、仍為後日状如件、

天正五年（一五七七）丁丑十二月十二日　　（佐田）兵庫允居宅（花押）

町
二郎右衛門とのへ

この史料によれば、下作職を抵当に銀一〇〇目を請け取っており、返済も銀で行う旨が記されるなど、銀の貨幣的使用が既に定着していたことが明らかである。

以上の事実により、大友氏領国においては、対外交易などによる銀の蓄積が進んだことなどにより一五七〇年代に

急速に銀の「貨幣化」が進行し、実際の収取においても、従来その対象であった銭貨を駆逐し、銀に取って代わることとなったのである。

なお、西日本で同時期に広まったとされる米の貨幣的使用[61]について、次の史料を見よう。

〔史料11〕[62]

御反銭不納仁之事

一所壱反分六十五文白米壱舛

一所同前去永禄八（一五六五）秋不納、同二季分参文目、白米弐舛

一済物事、毎年弐文目宛事、去永禄七分壱文目納、未進壱文目、自其至天正参（一五七五）年十ヶ年分廿弐文目、御反銭加て之分

以上　采女允

（後略）

ここでは段銭六五文の代わりとして白米一升が注記されており、永禄八年（一五六五）の不納分として銀三匁・白米二升が記載されている。このように銭建ての段銭を銀と米で収取していることがわかるが、米の「貨幣化」も、このような収取対象としての「復権」が影響している可能性を指摘できよう。ともあれ当初にあっては米もまた銭貨の代用という形式で収取対象として拡大したことが考えられ、それが米建てでの収取体系たる石高制の成立に一定度の影響を与えたのではないだろうか。ただしこの問題についての追究は今後の課題としたい。

4　小括

大友氏領国を対象として、十六世紀後半において銀が収取対象として銭貨に取って代わることにより、貨幣化が進行した点を指摘した。銀の貨幣化は、銀そのもののストックの増大をその前提とする必要がある。従来、毛利氏領国における石見大森銀山の開発の持つインパクトが重視され、ややもすれば特殊事例として認識されがちであったが、大規模銀山を持たない大友氏領国において毛利氏と大きな時期的差異もなく同様の事態が進行したのは、対外交易の積極的参加による銀の流入によるものであったと考えられる。

ただし、十六世紀後半という時期にこのような転換が発生した理由として無視できないのは、銭貨流通の混乱にあることも指摘できよう。豊前においては、大内氏の滅亡によって強固であった撰銭規定が消滅し、それに基づいていた諸役収取に混乱を来したものと考えられる。この混乱を止揚する手段として、銭貨の代替媒体が希求された結果、銀や米が貨幣として立ち現れた。浦長瀬隆氏は売券の検討から、一五七〇年代を米使用へ転換した重要な画期と評価したが、(63)土地売買のみならず、諸役収取がどの媒体によって行われていたかをより綿密に分析する必要があるものと考えられる。

おわりに

中世における銭貨流通秩序の形成は、荘園制収取を背景とする隔地間の財の移動が拡大したことと不可分であったが、それゆえにこそ、隔地間における財の移動手段（送金手段）は銭貨をその代表としつつも、簡便化が追求されるなどの背景によって、為替の発達も促すこととなった[64]。しかし、十五世紀後半以降における隔地間流通の停滞に伴い、送金手段にも変化が訪れることとなった。各地において隔地間を移動する商人によって担われた為替の入手に困難を来すようになり、その代用手段が求められることにより、既に贈答品としての地位を得ていた金や銀がクローズアップされたのである。一方、そもそも利便性に難がある上、銭貨流通秩序の変容によって地域を越えて一律的なものではなく「地域性」が認められるようになったことで、隔地間を移動する際のトラブルが懸念されたため、為替から銭貨利用への「逆コース」は起こらなかった。

さらには、このような銭貨流通の実態に反映されて、十六世紀後半には大名権力の収取対象も銭貨から金・銀へ転換する事態が表れるようになった。その時期はおおよそ一五七〇年前後と考えられ、京都における銀の貨幣使用が普及したとされる時期[65]と大きな時間差の無いことがわかる。毛利氏領国においては既に指摘がされていたが、大友氏領国においても同様の事態を確認することができたことにより、金・銀の貨幣化という現象は、大規模な鉱山開発にのみその原因を求めるのではなく、貨幣流通構造の枠組みの中で検討されるべき事象であると捉えられるのである。東国をはじめとして、さらなる事例の蓄積を今後の課題としたい。

註

（1）序章でも触れたように、中世における贈答慣行の経済的意義については近年研究が進んでいる。代表的なものに、桜井英治「折紙銭と十五世紀の贈与経済」（勝俣鎮夫編『中世人の生活世界』山川出版社、一九九六年）、盛本昌広『日本中世の贈与と負担』（校倉書房、一九九七年）などがある。

（2）小葉田淳『改訂増補日本貨幣流通史』（刀江書院、一九四三年、初出一九三〇年）。

（3）浦長瀬隆『中近世日本貨幣流通史—取引手段の変化と要因—』（勁草書房、二〇〇一年）。

（4）盛本昌広「豊臣期における金銀遣いの浸透過程」（『国立歴史民俗博物館研究報告』八三、二〇〇〇年）。

（5）浦長瀬註（3）書、盛本註（4）論文においても示唆されている。なお、田中浩司「一六世紀後期の京都大徳寺の帳簿史料からみた金・銀・米・銭の流通と機能」（『国立歴史民俗博物館研究報告』一一三、二〇〇四年）は、この年代のズレを、金・銀の品位・秤量に統一性が欠けていたためであったとしており、小葉田説と視点を同じくしている。

（6）中島圭一「京都における「銀貨」の成立」（『国立歴史民俗博物館研究報告』一一三、二〇〇四年）。なお、拙稿「撰銭現象の再検討―収取の現場を中心に―」（『人民の歴史学』一六六、二〇〇五年）において、中島氏による銀貨成立期を「十六世紀前半」とする誤解があった。ここで訂正する。

（7）佐藤進一・百瀬今朝雄編『中世法制史料集』五（岩波書店）所収、「武家家法Ⅲ　法規・法令」六八七号。この撰銭令は、京都上京に発布したものである。

（8）田中浩司「十六世紀前期の京都真珠庵の帳簿史料からみた金の流通と機能」（峰岸純夫編『日本中世史の再発見』吉川弘文館、二〇〇三年）。

（9）黒田明伸『貨幣システムの世界史―〈非対称性〉をよむ―』（岩波書店、二〇〇三年）、中島註（6）論文。

（10）中島註（6）論文。

（11）本章において使用する「天文日記」（「証如上人日記」）は、『石山本願寺日記』上（清文堂出版）所収史料を底本とするが、東京大学史料編纂所架蔵謄写本と校合し、一部字句を改めた箇所がある。なお、第一節における同史料からの引用については、史料名を省略する。

（12）本多博之「中近世移行期安芸厳島における銀の浸透と米の機能」（『日本史研究』五〇四、二〇〇四年）。

（13）このほか京都の武家・公家・寺社との贈答も頻繁に行われている。なお、勧進・懇志はそれぞれ「勧」・「志」と記載された事例を指すものとした。年貢のような役負担との差異については、井上鋭夫氏が「本願寺に志納・勧進物・番役銭・年貢等が貨幣・為替で送られていることは、庄園領主への年貢銭納と同様」と述べている（井上『一向一揆の研究』吉川弘文館、一九六八年、二二〇頁）。厳密な検証を必ずしも経てはいないが、本章においては送進されたモノに注目することを主眼とするものであり、さしあたりこの見解に従い個々の性格については問わないものとする。なお、本願寺と諸権力との贈答とその意味について分析した論考としては、石田晴男「『天文日記』の音信・贈答・儀礼からみた社会秩序」（『歴史学研究』六二七、一九九一年）、同「戦国期の本願寺の社会的位置―『天文日記』の音信・贈答からみた―」（浄土真宗教学研究所・本願寺史料研究所編『講座蓮如』三、平凡社、一九九七年）がある。

(14) 天文五年（一五三六）八月二十三・二十四日条。なお本章でいう「為替」とは、史料面や手形類の研究において「替銭」と呼ばれるものであり、「紙幣」的性格が議論となっている割符とは異なり、一回性の送金手段として利用されたものを指す。替銭の分析については、本章と同じく「天文日記」を検討対象とした、澁谷一成「一五・一六世紀の北陸における手形類の動向と機能」（『洛北史学』五、二〇〇三年）参照。

(15) 天文五年（一五三六）十月十二日条。

(16) 後には堺商人による事例が多く見られるようになる。都市としての堺の発達と軌を一にするものとも考えられるが、堺商人には本願寺門徒が多いことも影響したであろう。鍛代敏雄『中世後期の寺社と経済』（思文閣出版、一九九九年）参照。

(17) このような隔地間流通を担う商人が為替取組を担っていた点に関する研究は多くあるが、さしあたり豊田武『豊田武著作集二―中世日本の商業』（吉川弘文館、一九八二年、初出一九五二年）、桜井英治「中世・近世の商人」（桜井・中西聡編『新体系日本史一二・流通経済史』山川出版社、二〇〇二年）などを参照。

(18) 第二章参照。

(19) 第三章参照。

(20) 天文十六年（一五四七）十一月二十五日条。

(21) 十六世紀の京都は十五世紀以前ほどの経済的求心性（「首都」の機能）を回復したとは言えず、むしろ大坂・堺・坂本などの近郊の流通拠点都市の発達がもたらされていたと見られている。ただし、畿内へと向かう隔地間流通が依然として日本経済において重要な地位を持ち続けたことは踏まえるべきであろう。なお以上の点について、早島大祐「中世後期の展開と首都」、井原今朝男「中世後期における債務と経済構造―求心的流通構造の空洞化―」、桜井英治「早島報告コメント」（以上『日本史研究』四八七、二〇〇三年、早島論文は同『首都の経済と室町幕府』吉川弘文館、二〇〇六年に所収）、市村高男「中世西日本における流通と海運」（橋本久和・市村編『中世西日本の流通と交通―行き交うヒトとモノ―』高志書院、二〇〇四年）、鍛代敏雄「戦国期の地域社会と寺社勢力」（同『戦国期の石清水と本願寺―都市と交通の視座』法蔵館、二〇〇八年、初出二〇〇六年）参照。

(22) 桜井英治「割符に関する考察」（同『日本中世の経済構造』岩波書店、一九九六年、初出一九九五年）。なお、第二章参照。割符について付言すると、桜井氏は割符は通常の為替とは異なり、事実上紙幣の地位を得て流通していたとみなしている。この理論に対しては近年、辰田芳雄「年貢送進手段としての割符について─裏付の意味を中心に─」(『岡山朝日研究紀要』二七、二〇〇六年)において、紙幣としての理解は成り立たないとの反論がある。筆者は辰田氏の理解を支持し、割符は紙幣とはならなかったと見ており、本書では為替の一形態と見る立場をとる。

(23) 天文八年(一五三九)十一月二十四日条。
(24) 天文九年(一五四〇)十一月二十六日条。
(25) 第三章参照。
(26) 天文十八年(一五四九)十二月十七日条。
(27) 天文五年(一五三六)三月四日条。
(28) 内島(内ヶ島)氏や以下の金産出の事実については、『白川村誌』(岐阜県白川村、一九六八年)、金龍静「越中一向一揆考」(同『一向一揆論』吉川弘文館、二〇〇四年)などを参照。なお金龍氏は内島氏について門徒とみなすことは慎重であり、「与力的一族」との評価をしている。一方石田晴男氏は、明確に門徒として位置づけている(同「戦国期の本願寺の社会的位置」、註(13)前掲)。また、金龍氏によって北陸の流通路が封鎖状態にあったなか、奥美濃から飛騨を通り越中へ抜けるルートが重視された点が指摘されている。本願寺と内島氏との密接な関係も、その影響があったであろう。
(29) 『静岡県史』通史編二・中世(静岡県、一九九七年)六六九〜七二頁参照(小和田哲男氏執筆)。
(30) 天文十六年(一五四七)四月十八日条。
(31) 天文六年(一五三七)五月十六日条に、「信州門下中」から金九両三分二朱が勧進として本願寺に送進されている。
(32) 天文五年(一五三六)二月二十二日条。なお、「三林」「坪坂」も下間氏と同じ坊官であると見られる。
(33) 金津荘については拙稿「加賀国金津荘の荘家一揆と一向一揆」(『ヒストリア』二〇七、二〇〇七年)参照。
(34) 「天文日記」中においても、天文六年(一五三七)五月十七日条の「加州十人衆組」からの金送進に関して、「田舎目十両代廿九貫メトテ候、京目八両三分二朱也」とあり、「京目」と「田舎目」との差異が存在していた形跡が窺える。なお、小葉田註(2)書も参照。
(35) 天文十二年(一五四三)十一月二十七日条。
(36) 天文十八年(一五四九)十二月十七日条。

（37）澁谷註（14）論文参照。

（38）小葉田註（2）書、本多註（12）論文をはじめとして、毛利氏に関する研究では多く取り上げられている。最も新しいものに、長谷川博史「戦国期西国の大名権力と東アジア」（『日本史研究』五一九、二〇〇五年）がある。

（39）もちろん現在での研究史的到達水準とは言い難いものの、なお定説としての地位を保持していると見ることは許されよう。

（40）中島圭一「西と東の永楽銭」（石井進編『中世の村と流通』吉川弘文館、一九九二年）、永原慶二「伊勢商人と永楽銭基準通貨圏」（同『戦国期の政治経済構造』岩波書店、一九九七年、初出一九九三年）、同「中世貨幣史における金の問題」（『戦国史研究』三五、一九九八年）などを参照。ただし東国における金収取の開始と貫高制との関係については、あくまで貫高制の枠組の中での精銭納の代用と見るか、銭納そのものが放棄され金（または米）収取への構造転換と見るかの問題もあるだろう。東国における金収取の実態追究を含め、今後の課題としたい。

（41）三重野誠『大名領国支配の構造』（校倉書房、二〇〇三年）。

（42）「宮師文書（東京大学史料編纂所影写本坤巻）」一四（『大分県史料』九所収）。

（43）「柞原八幡宮文書」一三七（『大分県史料』九所収）。

（44）田北学編『増補訂正編年大友史料』（私家版）一五巻三九八号文書に「沙弥」とある。人物比定については三重野註（41）書参照。

（45）第四章参照。

（46）大友政親は大内氏と姻戚関係にあるなど、応仁・文明の乱が一段落した後において比較的関係は良好であった。しかし、明応期に入ると大友氏の内訌が発端となって関係は悪化した。以上の概略は外山幹夫『大名領国形成過程の研究―豊後大友氏の場合』（雄山閣出版、一九八三年）、三重野註（41）書などを参照。

（47）「永弘文書」一二三六（『大分県史料』六所収）。

（48）「野上文書」一六（『大分県史料』一三所収）。

（49）以上の経緯については、『宇佐神宮史』一三所収関連史料を参照。

（50）「永弘文書」一四〇一（『大分県史料』六所収）。

（51）浦長瀬隆『中近世日本貨幣流通史―取引手段の変化と要因―』（勁草書房、二〇〇一年）。

（52）鹿毛敏夫「一五・一六世紀大友氏の対外交渉」（同『戦国大名の外交と都市・流通―豊後大友氏と東アジア世界―』（思文閣出版、

二〇〇六年、初出二〇〇三年）。
(53)『イエズス会士日本通信』上（雄松堂書店）所収一三号文書。
(54)前掲『イエズス会士日本通信』上所収一九号文書。
(55)前掲『イエズス会士日本通信』上所収二〇号文書。
(56)ジョアン・ロドリゲス『日本大文典』（土井忠生訳註、三省堂、一九五五年）。
(57)小葉田註(2)書四五五頁にその根拠となる史料の引用があるものの、その所在を確認できなかったので、さしあたり参考として言及するに留める。
(58)「永弘文書」二四八一（『大分県史料』六所収）。
(59)「成恒文書」九巻二（『大分県史料』八所収）。
(60)「佐田リキ文書」一（『大分県史料』八所収）。この史料を用いて秤に注目した鹿毛敏夫氏によると、十六世紀後半に「計屋」商人が登場することを指摘し、銀の貨幣化との関連にも言及しており興味深い。鹿毛「分銅と計屋―中世末期九州の衡量制―」（同註(52)書、二〇〇六年、初出二〇〇四年）参照。
(61)浦長瀬註(51)書。
(62)「永弘文書」二四八八（『大分県史料』六所収）。
(63)浦長瀬註(51)書。
(64)桜井英治「日本中世における貨幣と信用について」（『歴史学研究』七〇三、一九九七年）参照。
(65)中島註(6)論文参照。

第六章　十六世紀後半関東の「永楽」と永楽銭

はじめに

十六世紀後半の関東において、永楽銭が特別な地位を付与されたことはつとに知られている。すなわち、永楽銭が他の銭種よりも上位の価値を有する銭貨（超精銭化と呼ばれる）として設定され、永楽銭による表記額を基準とし、それに基づき数倍の他の銭貨が勘渡されるようになっていた。このような銭貨流通秩序は、「永楽銭基準通貨圏」とも呼ばれる(1)。概ね当該期日本にあっては永楽銭はむしろ忌避されがちな傾向にあるなかで、その特異性が注目されたのである。

そのような秩序の形成過程については、中島圭一氏の所論が注目される。同氏によれば、一五六〇年代に後北条氏領国外の地域において初めて永楽銭偏重の徴候が現れたとし、当該地域において権力によらず自律的に秩序が醸成されたとする(2)。このような秩序形成の在り方は、同氏におけるその後の中世日本における銭貨流通秩序論の基礎的理解となっている(3)。

その後永原慶二氏は、太平洋海運の活発さが明らかになった研究動向(4)を受けて、かかる海運を担った伊勢商人が永楽銭を積極的に関東へ持ち込み、その流布によって「永楽銭基準通貨圏」が形成されたと主張した(5)。その形成においては後北条氏の政策を重視しており、中島説との関係が問題となる。ただし、永原氏は中島氏の所論に言及しつつも、自説を対置することに主眼が置かれており、両説の異同について深く検討はされていない。しかも、永原氏は鈴木公雄氏の出土埋蔵銭の分類に従い、関東での永楽銭への高評価が「十六世紀初葉から展開しつつあった」とも述べているが、これについては史料的根拠に乏しいと判断せざるを得ず、疑問も残る。(6)

一方、最近では峰岸純夫氏が、中島説の根拠の一つである「結城氏新法度」(7)の解釈を再検討し、批判を加えている。(8)詳しくは後述するが、峰岸説にも疑問とすべき点がある。

以上、近年における関東の永楽銭流通については、主に中島・永原・峰岸三氏によって個々の見解が呈示されてきたが、それぞれに問題点が残されている。本章ではその整理を行いながら課題を明確にするとともに、管見に入った関連史料の集積と整理を行うことによって自説を対置し、今後のさらなる活発な議論の喚起を試みたい。

とりわけ注意したいのは、「永楽銭基準通貨圏」が関東一円に共有されていたとイメージされがちな点である。戦国期の銭貨流通秩序は列島全体一律の秩序から秩序の地域分化が進行したと考えられてきつつある(9)一方、関東の地域内においては、その検討が現時点で進んでいるとは言い難い。この点を問題視し、「永楽銭基準通貨圏」の空間的広がりについて、その範囲を正確に把握する観点から検討を進めることとする。

一　「永楽」表記を含む史料とその性格

1　永楽銭精銭化の起源をめぐって——北関東起源説の検討

既に述べたように、戦国期の関東において永楽銭が特別な価値を与えられるようになったと見られる点（本書ではこれを精銭化と呼ぶ）については、古くから認識されていた。従来は後北条氏の銭貨流通政策によって創出されたものと捉えられ、その背景に、太平洋海運による伊勢商人の深い関与も想定されている。(10)

これに対し、後北条氏による政策規定の影響を見る動向を批判的に検討したのが中島圭一氏であった。同氏は先に触れた「結城氏新法度」のみならず、上杉氏の影響下にあった時期の上野国新田領において、後北条氏領国に先駆けて永楽銭精銭化の徴候が窺える点を指摘し、後北条氏の政策による影響を否定した。(11)

その根拠となった史料は、次のものである。

〔史料1〕(12)（傍線筆者、以下同）

一、如前々御寺中諸役免許申儀、不可有如在事、

一、御寺領事も、如前々永楽銭弐拾貫文所進置候、猶以御祈念之儀、被抽精誠御執行所仰候、仍如件、

永禄八年（一五六五）　北条安芸守

九月朔日　高広

善勝寺

永禄八年（一五六五）に越後上杉（長尾）氏麾下で厩橋城主北条《きたじょう》高広が上野国勢多郡内の善勝寺に宛てた安堵状で、傍線部にある通り、寺領として「永楽銭」二〇貫文の地を寄進・安堵したものである。後北条氏が史料上明確に永楽銭を特別視したと見られる史料が永禄十二年（一五六九）のものであり（後掲表14―2）、〔史料1〕はそれに先行する史料である点が注目される。また中島氏は下野国北部の那須郡を領していた那須氏の発給文書にも「永楽銭」による表記額で表された所領の安堵状が永禄年間に見られるとし（後述）、これらの指摘により、後北条氏領国に先駆けて北関東において永楽銭精銭化が自律的に形成されたと結論づけた。その背景は、内陸部であるため、海運がメインで

あった当時にあっては京都との流通上の接点が稀薄であったため、京都における銭貨流通秩序の影響が比較的小さかった点に求めた。

以上の中島説に対して、近年峰岸純夫氏の批判が提出された(13)。主な論点は次の通りである。ⓐ「結城氏新法度」において、永楽銭のみの使用が模索されたとする理解は誤りであるとする点、ⓑ『長楽寺永禄日記』(14)によれば、永禄八年（一五六五）に新田において撰銭相論が起きており、それは直前に後北条氏が銭貨政策を変更していたことによる混乱のためであり、後北条氏領国外であっても後北条氏の銭貨政策が浸透していたとする点、である。ⓑについては後述することとし、まずはⓐの点について触れてみよう。次の史料が、問題となる「結城氏新法度」の条文である。

〔史料2〕(15)

一、銭ゑ《撰》り候てよく存候哉、万事是者不自由にて候、永楽かた《方》一銭をつかふへきよし、ふ《触》れを可廻候、又ゑりたち之事不可然由、各被思召者、悪銭之侘言被申間敷候、此義同心可被申上候、かきつけ《書付》へく候、各ニ尋候へは、永楽一かたハなるましく候、悪銭のかたをゑりてつかふへからす候よし被申候、やく人あくせん《悪銭》ゑり候て、せいさつ《制札》判ニうちつけへし、

論点となるのは、「永楽かた一銭」「永楽一かた」の理解である。中島氏は概ね通説の通り、「永楽銭のみの使用」と解釈した。対して峰岸氏は、「一銭」とは永楽銭もほかの銭貨と同様に一枚＝一文として使用する意であると指摘し、むしろ永楽銭を悪銭として排除することを禁ずる法令であるとしたのである。

峰岸氏の理解は、後半部分の解釈については蓋然性が高い。なぜならば、一般的に撰銭令は悪銭排除を禁止し使用を強制した銭種について、強制的な価値の押し上げをはかるものである（それゆえ「撰銭禁令」と呼ばれる場合もある）。一方、その対象となった銭貨のみでの支払を禁ずることも多いからである。「永楽一かたハなるましく候」とい

う家臣の意見は、それに対応したものであり、永楽銭のみでの支払を禁止するものであったと理解することができる。また、中島氏のように「永楽銭のみの使用」と解釈した場合、あえて悪銭の実例を制札で掲げる必要性が理解できなくなり、それゆえ結城氏による永楽銭精銭化は家臣の反対に遭って頓挫した、という解釈がなされることとなった。

論点は、「一銭」の解釈の相違にある。中島氏は銭種が一種類であると捉えた一方、峰岸氏は銭貨が一文であると理解している。そこで『日葡辞書』[16]を見ると、「銭および金属貨幣一般の数え方」と記述されるのみで、いずれかには決しがたい。また、十七世紀初頭に記されたと伝わる「北条五代記」[17]中の「関東永楽銭すたる事」によれば、天文十九年（一五五〇）に北条氏康が「銭しな〳〵有といへ共、永楽にますはあらじ。自今以後関東にて永楽一銭をつかふべし」と永楽銭のみの使用を命じたとし[18]、その後「天下一統」となると、「東西南北にて此二銭（ビタと永楽銭・筆者注）をつかふ。され共、永楽一銭の代りに、びた四銭・五銭つかふ」ようになったという。前者の北条氏康の発言にある「一銭」は中島説の理解に符合する[19]。そして、後者はビタとの換算比率を示すことから、銭貨の枚数を意味することは明確で、峰岸説に即応するものである。

よって、おそらく当時においても「一銭」は銭種に対しても銭貨の枚数に対しても使用される計数単位であったことがわかり、「結城氏新法度」の解釈については、この文言の解釈からでは両説のいずれかに決しがたいのが現状といえよう。すなわち、関東における永楽銭精銭化については、広く関連史料の集積を行うことにより、さらなる実態追究を重ねた上で検討を進める必要があるものと考える。史料的制約は大きく断片的ではあるが、管見の限り集積した戦国期関東の銭貨流通関連史料を以下に取り上げてみたい。

内容	「永楽」文言	出典	備考
「那須之内興野・大澤両村」を宛行	×	平沼伊兵衛氏所蔵文書1(栃3)	
合戦恩賞として大木須村を宛行	×	平沼伊兵衛氏所蔵文書2(栃3)	
「森田之内浄光寺」を寄進	×	天性寺文書1(栃1)	
宇都宮との合戦恩賞として横枕村を宛行	×	益子文書4(栃1)	※要検討
蘆名・白川との合戦恩賞として「永楽」800疋の地を宛行	○	興野文書4(栃4)	朱印状．年号部分は切取の上「天正十三年」記載の紙を貼付 年代推定は『栃木県史』による
合戦恩賞として「永楽」500疋の地を宛行	○	興野文書2(栃4)	
佐竹との合戦恩賞として「永楽」700疋の地を宛行	○	平沼伊兵衛氏所蔵文書3(栃3)	
「角田之内」5貫の所を安堵	×	天性寺文書7(栃1)	
佐竹義昭との合戦恩賞として「永楽」500疋の地を宛行	○	澤瀬貫一氏所蔵文書2(栃1)	※要検討
合戦恩賞として500疋の地を宛行	×	瀧田文書12(栃1)	
宇都宮国綱との合戦恩賞として熊田村において「永楽」500疋の地を宛行	○	平沼伊兵衛氏所蔵文書5(栃3)	
宇都宮国綱との合戦恩賞として下神長村の内「永楽」300疋の地を宛行	○	澤瀬貫一氏所蔵文書3(栃1)	※要検討
那須相続の勤労につき「永楽」40貫の地を宛行	○	興野文書6(栃4)	
佐藤作右衛門を「永楽」10貫の地を宛行い召し仕わすべき旨	○	興野文書9(栃4)	
「永楽」50貫の地の合力要請	○	澤瀬貫一氏所蔵文書4(栃1)	※要検討

2　那須氏所領宛行の「永楽」について

既に触れた通り、下野国那須郡を本拠とする国衆那須氏の関連史料から、後北条氏に先駆けた永楽銭精銭化の徴候を見ることについては、中島氏の指摘がある。その史料は那須氏による家臣への宛行状に中心的に見られることがわかる。そこで、同氏による宛行状を表13に整理した。

宛所である興野氏・瀧田氏は那須氏親類の系譜を持つ家臣、池沢氏も那須氏の譜代家臣である[20]。代表的な史料を次に掲げよう。

表13　那須氏発給宛行・安堵状一覧

	年　月　日	文書名(差出)	宛　所
1	文明 4年(1472) 4月28日	那須資持宛行状	興野備中
2	大永 2年(1522) 3月23日	那須資房宛行状	興野式部
3	天文15年(1546) 8月23日	那須高資寄進状写	天性寺
4	天文18年(1549) 9月28日	那須高資宛行状写	興野尾張(隆徳ヵ)
5	永禄 3年(1560)ヵ6月28日	那須資胤宛行状	興野尾張守(隆徳)
6	永禄 7年(1564) 5月10日	那須資胤宛行状	興野弥左衛門尉
7	永禄 8年(1565) 11月11日	那須資胤宛行状	興野御館
8	永禄 8年(1565) 12月27日	那須資胤安堵状写	天性寺
9	永禄10年(1567) 2月17日	那須資胤宛行状	池沢左近(忠茂)
10	永禄10年(1567) 5月10日	那須資胤宛行状	瀧田式部少輔(資友)
11	天正13年(1585) 3月26日	那須資晴宛行状	興野弥左衛門尉
12	天正13年(1585) 3月28日	那須資晴宛行状	池沢左近(忠茂)
13	慶長 6年(1601) 8月24日	那須資晴宛行状写	興野左京介
14	年　未　詳 10月 4日	那須資晴書状	興野尾張(隆徳ヵ)
(参考)	年　未　詳 7月 5日	佐竹義重書状	池沢左近(忠茂)

註　出典の括弧は『栃木県史』史料編・中世およびその巻数を示す．
各史料の文書番号は同書による．

〔史料3〕（表13―6）

近年就弓箭各失筋目候処、此度別而忠信感入候、仍上（那須氏）之庄本意之上、後代為亀鏡、永楽五百疋之地可令充行者也、弥子孫可被申伝候、仍如件、

永禄七年（一五六四）
五月十日
（那須）資胤（花押）

興野弥左衛門尉殿

このようにして表れる那須氏の所領宛行はほぼ合戦恩賞で占められ、それゆえ内容面でもやや大袈裟な文面との印象を抱かせる史料もあり、信憑性については綿密に検討する必要もあり得る。ここでは信憑性を問わないにしても、この史料にある「永楽」が永楽銭をそのまま意味するものとするには、やはり慎重に考える必要があるように思われる。表13―8における天性寺への寺領寄進や、表13―10における瀧田式部少輔への宛行においては「永楽」の文言が見られず、

必ずしも統一性が見られないためである。

ここで仮に那須領において永楽銭精銭化が見られるとすれば、後述するように、後北条氏領国のごとく他の銭貨との換算比率が厳密に設定されるはずである。とりわけ知行高を示す所領宛行においては、この区別は自己の得分に大いに関わるものであり、「永楽」表記の有無は単なる記載漏れのレベルで片付く問題ではないはずであろう。その点において、「永楽」表記に統一性が窺えない点は、永楽銭精銭化の達成を見ることに疑問を抱かせる重大な問題と言える。

そして何よりも不審な点は、那須氏の関連文書は比較的多く残されているにもかかわらず、実際に永楽銭のみで勘渡したことのわかる史料が、管見の限り一点も見出せない点である。

ここで、〔史料1〕の北条高広の安堵状を見ると、所領単位の表記として「永楽」表記が使用されている点に、共通性を見出すことができよう。こちらも管見の限り、永禄期の上野国において「永楽」表記が認められるのはこの史料が唯一であり、『長楽寺永禄日記』を含めて永楽銭が精銭として勘渡されていた形跡をほかの史料において窺うことはできない。これら「永楽」表記の史料がすべて偽文書であると断ずるわけではない。ただし、「永楽」表記に統一性が見られないことには問題があり、ただちに永楽銭精銭化の達成指標と見ることには慎重になるべきであろうと考える。

このような文言の登場そのものは、永楽銭に対する特別視の徴候と見ることに異論はない。あるいは可能性としては、その文言が永楽銭そのものを必ずしも指し示すものではないこともあり得る。その区別は困難ではあるが、例えば「青銅」「鳥目」のような、銭貨一般に対する異称として流布していた可能性も考える必要がある。

3　「永楽」と永楽銭

そこで、具体的に「永楽」の文言のある史料について、その内容に基づき分類してみたい（表14参照）。

(1)　実際の永楽銭支払事例

後北条氏領国の事例を中心に、実際に永楽銭で支払ったと思われる史料を確認できる。一例として後北条氏領国の初見史料である事例を次に掲げる。

〔史料4〕（表14―2）

箱根竹百束、三日之内切調、大屋可渡申、一束三銭つゝ、此代物三百文永楽銭被遣者也、仍如件、

巳
七月二日（永禄十二年・一五六九）（「武栄」朱印・北条氏康）
幸田与三奉

桑原郷
小代官
百姓中

この史料は、竹一〇〇束の代金として後北条氏が三〇〇文を永楽銭で支払うよう記したものである。この事例を含め、後北条氏およびその影響下にある国衆・被官による収取・支払事例（表14―13・15・16・18～20・23～25・27・28・31）が中心である。(21)

概　　要	出　典
「永楽銭弐拾貫文所」寄進	群2297
箱根竹100束(1束3銭ずつ)の代物300文を永楽銭で支払う旨	後1274
検地書出.「永楽」46貫353文. 定納額の半額	後1915
段銭増分配符. 員数相当次第の黄金・永楽・絹布の類, 麻・漆等をもって納めるべき旨	後2261
同　上	後2262
同　上	後2263
同　上	後2264
同　上	後2265
同　上	後2266
同　上	後2267
同　上	後2277
同　上	後2279
伊勢房祈念のため「永楽」1貫文進納	後2410
年貢配符. 永楽銭9貫812文幷200文当納. 当毛の半額	後2602
この年給分16貫文「永楽」, 岩付にて請取べき旨	後2605
この年給分16貫文「永楽銭」, 岩付にて請取べき旨	後2747
普請人足賃「永楽」60文, 松田より請取べき旨	後3215
600文「永楽銭」を兵粮代として渡すべき旨. 文中に「此分永楽相調」とあり	後3274
「永楽銭1貫36文, 此内800文麦卅俵□」厩橋へ納入すべき旨	後3322
小田原大普請につき「永楽」百余貫等, その上「永楽」76貫文入目につき	後3334
知行下置.「永楽銭」6貫360文. 知行額の半額	後3346
永楽銭20貫209文. 定納15貫文	後3359
氏政上洛出銭1貫848文納入すべき旨.「永楽」・黄金・麻の三様の内, 成次第に調	後3517
「永楽」15貫文を納入すべき旨	後3518
給分「永楽」8貫文請取べき旨	後3576
年貢永楽銭21貫600文渡すべき旨	後3584
給分請取べき旨. 米銭にて. 銭2貫700文分を「永楽」900文にて	後3594
給分請取べき旨. 米1貫300文分. 銭2貫700文分は「永楽」900文にて	後3596
扶持請取べき旨.「永楽」をもって一人10文づつ	後3600
神事次第雑記. 支出にかかわる銭を「永楽」で記載. 嘉永5年(1852)写ヵ	千史香取・旧源太祝家文書補遺
高野山西門院への寄進ヵ. 黄金不足の場合は代物「永楽」を渡すべき旨	後3432
「永楽」20疋の記述	千歴・西門院文書41
米・「永楽」・黄金にて納入	後4588
屋敷を下す礼として「永楽」3貫500文指上	千歴・香取文書諸家雑集23
百姓に礼銭させるべき旨. 一人「永銭」10文充	千史諸家255

表14 「永楽」文言記載史料一覧

		年 月 日	文 書 名	国	郡	関係地名
	1	永禄 8年(1565) 9月 1日	北条高広寄進状写	上 野	勢 多	善勝寺
後北条領国	2	(永禄12年[1569])7月2日	北条氏康朱印状	伊 豆	田 方	桑原郷
	3	天正 5年(1577) 5月26日	北条家朱印状	武 蔵	入 間	苻川郷
	4	天正 9年(1581) 8月17日	北条家朱印状	相 模	中	波多野・今泉
	5	天正 9年(1581) 8月17日	北条家朱印状	相 模	東	田名郷
	6	天正 9年(1581) 8月17日	北条家朱印状	相 模	東	粟 船
	7	天正 9年(1581) 8月17日	北条家朱印状	武 蔵	久良岐	永 田
	8	天正 9年(1581) 8月17日	北条家朱印状写	武 蔵	橘 樹	駒 林
	9	天正 9年(1581) 8月17日	北条家朱印状写	武 蔵	都 筑	鴨志田寺家
	10	天正 9年(1581) 8月17日	北条家朱印状	武 蔵	多 摩	広 袴
	11	天正 9年(1581)10月10日	北条家朱印状写	相 模	西	斑 目
	12	天正 9年(1581)10月17日	北条家朱印状写	相 模	西	神 山
	13	天正10年(1582) 9月 9日	大胡高繁判物	上 野	勢 多	三夜沢
	14	天正11年(1583)12月19日	安藤清広判物	上 野	那 波	玉村五郷
	15	天正11年(1583)12月21日	北条氏房朱印状写	(上野)	(群馬)	
	16	天正12年(1584)12月 8日	北条氏房朱印状写	(上野)	(群馬)	
	17	天正15年(1587)11月 8日	北条家朱印状	伊 豆	田 方	桑 原
	18	天正16年(1588)正月17日	北条氏忠朱印状	(下野)		
	19	天正16年(1588)閏5月7日	北条家朱印状写	上 野	群 馬	集 地
	20	天正16年(1588) 6月 7日	北条氏邦朱印状写	武 蔵	(秩父)	
	21	天正16年(1588) 7月12日	北条氏邦朱印状写	武 蔵	児 玉	金屋郷
	22	天正16年(1588) 8月15日	北条氏邦検地書出	武 蔵	榛 沢	荒川郷
	23	天正17年(1589)10月14日	北条氏忠朱印状	(下野)		
	24	天正17年(1589)10月15日	北条氏忠朱印状	(下野)		
	25	天正17年(1589)12月16日	北条氏忠朱印状写	(下野)		
	26	天正17年(1589)12月24日	北条家朱印状	上 野	那 波	北玉村
	27	天正17年(1589)12月28日	北条家朱印状写	(相模)		
	28	天正17年(1589)12月29日	北条家朱印状	(相模)		
	29	(天正18年[1590])正月2日	北条氏忠朱印状写	(下野)		
房 総	30	天正16年(1588) 2月吉日	香取社神事雑記	下 総	香 取	
	31	天正17年(1589) 3月14日	武田豊信証文	(上総)	(埴生)	(長南?)
	32	天正18年(1590) 8月 5日	里斎書状			
	33	文禄元年(1592) 9月27日	八日市場領年貢勘定証文	下 総	匝 瑳	八日市場
	34	天正20年(1592)10月29日	香取社大宮司大中臣盛房証文写	下 総	香 取	
	35	慶長 2年(1597)11月20日	里見義康黒印状	安 房	長 狭	内 浦

概要	出典
「中納言様(豊臣秀頼)」への礼銭につき「永楽銭に改められ候」.「「永楽」10貫文に270文づつの算用」の文言	千史香取・旧大禰宜家文書293
畠・屋敷高は「永」表記	千史諸家356
畑方の年貢高は「永楽」表記	千史諸家263
「永楽」100疋到来につき	千歴・中山法華経寺文書II 89
「永楽」20貫の処を永代安堵	茨中世II・石島文書6
永楽銭とビタの金比価設定．宇都宮国綱宛	栃中世2・小田郡庄右衛門氏所蔵文書151

取文書，諸家：諸家文書)

その際、永楽銭と他の銭貨との換算比率が明確に設定されていることがわかる。例えば表14—27・28のように、従来の三分の一の額の永楽銭を被官の給分として支払っている(22)。時代分布では〔史料4〕のみ特に古いが、ほかの事例はすべて一五八〇年代以降であることがわかる。

後北条氏領国外では、明確に永楽銭のみでの勘渡を示す事例はほとんど見出せない。一点、後北条氏滅亡後の慶長三年（一五九八）と思われる下総国香取社の事例に、豊臣秀頼・徳川家康への礼銭支払に際して社内での永楽銭徴収を行おうとした形跡が窺える（表14—36）。この史料によれば精銭としての永楽銭と通用銭としての「ビタ」が対置されており、後の徳川氏（幕府）による銭貨政策と関連する形跡が見られる。しかし、史料的制約もあるとはいえ、後北条氏滅亡以前において、明確に永楽銭のみでの支払を示す史料はほかに見出せない。

(2)　基準高としての単位表記

後北条氏領国において、貫高に対応する形で永楽銭の表記額が併記される事例が見られることは、佐脇栄智氏の指摘がある(23)。既に知られている通り初見事例は天正五年（一五七七）の、武蔵国入間郡苻川郷の検地書出であり（表14—3）、これによれば九二貫七〇六文の定納額に対し

		年　月　日	文　書　名	国	郡	関係地名
房　総	36	(慶長3年ヵ[1598])11月24日	香取社大宮司大禰宜連署書状	下　総	香　取	
	37	慶長13年(1608)11月 9日	年貢割付	下　総	葛　飾	本　郷
	38	元和 3年(1617) 8月13日	年貢高指出案	上　総	夷　隅	臼井郷
	39	年　未　詳　7月23日	豊臣秀吉書状	下　総	葛　飾	(中山郷)
常　陸	40	文禄 3年(1594) 3月15日	真壁氏幹充行状写	常　陸	(筑波)	
下　野	41	天正18年(1590) 8月	豊臣秀吉朱印掟書写	下　野	(河内)	

註　出典は，以下の通り略記した．
群：『群馬県史』資料編・中世，後：『戦国遺文』後北条氏編，千史：『千葉県史料』(香取：香
千歴：『千葉県の歴史』資料編・中世，茨：『茨城県史料』，栃：『栃木県史』史料編
表13所載史料は除いた．
徳川家康関東転封後の「永」高記載割付はNo. 37, 38を除いて対象外とした．

て、「永楽」四六貫三五三文が併記され、実際には給分五貫文を引いた四一貫三五三文を岩付の御蔵奉行へ納入するよう命じている。この際支払われた「永楽」は、先学の指摘する通り永楽銭のみであったと考えるべきであろう。同様の事例が表14—14・21であり、本来の基準額の半額で永楽銭納入額を決定している。また、表14—22の武蔵国榛沢郡荒川郷の事例にあるように、「永楽銭」での表記額のみが記された史料もある。また表14—26は上野国那波郡北玉村の年貢「永楽銭」二一貫六〇〇文を、宇津木氏に同心給として支払うよう後北条氏被官と思われる大村対馬守に命じた史料である。ここも貫高との換算額は表記されず、直接「永楽銭」での額のみが記載されている。

残存史料のみから理解するならば、以上のような基準額の永楽銭への換算は一五七〇年代後半から見られるようになり、概ね後北条氏滅亡まで維持されたといえよう。このような方式は、近世における永高表記への連続性が既に指摘されている(24)。

他の領国においては検地書出事例をほとんど見出せないため比較検討は困難であるが、既に見た那須氏の所領宛行や、類似事例として常陸国真壁郡を領した真壁氏幹による、文禄三年(一五九四)の「永楽」二〇貫の地の安堵状(表14—40)が該当しよう。また、佐竹氏が同時期に下

野国を対象に発給した史料に、やはり類似事例が見られる（例えば表13の参考史料）。既に述べた通り信憑性を厳密に検討する必要があるものの、このような文書様式を持つ宛行状は、むしろ後北条氏領国の周縁に広がっている点が特徴として挙げられる。

以上のように、比較検討のためには史料的制約も大きいが、明確に換算比率を設定された形での永楽銭精銭化の徴候は、後北条氏領国で特徴的に見られる現象であったことが指摘できよう。それゆえ、従来考えられてきたように、永楽銭精銭化は後北条氏領国の収取制度と密接に関連する形で形成されたとする方が、蓋然性が高いようにも考えられる。この点については後にさらに検討したい。

(3)　後北条氏滅亡後の「永楽」表記

天正十八年（一五九〇）の後北条氏滅亡後は、旧来の領国外でも「永楽」表記のある史料がしばしば見られるようになる。従来、これらの用例はすべて永楽銭単一の銭貨を指すものと理解されてきた。その前提についても検討する必要もあるが、さしあたりその事例を紹介しておきたい。

〔史料5〕（表14―32）

為見廻示預、殊更永楽弐十疋被懸御意候、御懇之至候、於爰許別而御志畏入存候、爰元之様子、委細加藤太郎左
へ申入候間、不能巨細候、

（中略）

（天正十八年・一五九〇）
八月五日　　□□（里斎）（花押）

「（切封ウワ書）
（墨引）」

西門院　御報　　　　りさい」

この史料は、関東に滞在していたと思われる里斎という人物に、高野山西門院から「永楽弐十疋」が送られたことに対する謝意を述べたものである。畿内近国においては永楽銭が精銭化していた徴候は現時点で見出せないことから、高野山の側にあっては、永楽銭のみが精銭として定義されていたとは考えられない。ただし表14―31において、後北条氏と関係の深い上総国衆の武田豊信が黄金の代物として「永楽」を寄進すべき旨を西門院へ伝達しており、「永楽」が永楽銭を指すとすれば、関東における永楽銭精銭化を知り、あえて永楽銭単一で調達された可能性も考えられる。

〔史料6〕（表14―34）

一札之事

一、三之神子共源兵衛と申者ニ、宮下之屋敷所被下候、其之御礼、永楽三貫五百文指上申候、於子々孫々、宮下年寄幷（並）可仕者也、仍如件、

天正廿年（一五九二）壬辰十月廿九日　　大宮司（大中臣盛房）（花押影）

源兵衛

この史料は、香取社大宮司の大中臣盛房が、屋敷を下した（売却か）礼として、「永楽三貫五百文」を進上した旨を証明する文書であると考えられる。先に見た表14―36の事例を勘案すれば、一五九〇年代には香取社においても永楽銭精銭化が浸透していた形跡を推測することは可能である。(25)このほか慶長二年（一五九七）には、安房の里見義康が百姓らに「永楽」一〇文ずつを支払わせる命令を下した事例もある（表14―35）。

以上のことからすれば、房総地域においては、永楽銭精銭化が一定度浸透していた様子を窺いうる。ただし、一五九〇年代に入って初めて散見される点を踏まえておく必要がある。このような現象は後北条氏滅亡・徳川氏入封とい

う情勢と無関係ではないと考えられ、当該期における政治情勢に伴う流通上の変化と関連している可能性も指摘できよう。この点は、さらなる関連史料の詳細な分析により考察する必要があるが、今後の課題としたい。

4　小　括

従来の指摘の通り、後北条氏は一五七〇年代後半頃から永楽銭を単一の基準銭として収取・支出を企図した徴候が窺え、収取は貫高との換算比率を設定して行った。ただし注意したいのは、後北条氏領国であっても、永楽銭での換算額が記されていない史料も少なくない。すなわち史料上では、永楽銭での収取が領国内のすべてに浸透していたとは断定できないのである。このことは、近世において永高が畑地に主に設定されるという指摘を勘案すれば、収取対象の差異（具体的には黄金・代銭・米などの現物のいずれか）に起因する地域性が存在していた可能性も考えられよう(26)。その分析については今後の課題としたい。

また従来、永楽銭精銭化の北関東起源説の根拠の一つとして呈示された〔史料1〕は、同時期に主に那須氏において類似の史料が確認できるものの、実際に永楽銭が精銭として勘渡されたことを明確に示す史料が確認することのできない点にやや不安がある。これらの史料については、当該地域における宛行状のさらなる集積を含めた、綿密な検証が必要であるように思われる。

二　戦国期関東の銭貨統制と秩序

後北条氏の銭貨政策については過去において詳細な分析がされているが、その後の研究の進展を受けて再検討すべき点も見出されるので、これまでの検討を基に改めて触れてみたい。

1　後北条氏の銭貨政策と精銭志向

後北条氏が銭貨政策に本格的に乗り出した契機は、天文十九年（一五五〇）に行われた税制改革であることは既に知られている。[27]すなわち同年閏五月に、「懸銭」（公事の性格を持つ役銭）納入に際し、「御法度之四文之悪銭」の排除を相模国儀辺の代官・百姓中に命じた史料が注目される。[28]「御法度」そのものは未だ発見されていないが、この時期に最も近い天文十一年（一五四二）発布の幕府撰銭令においては、悪銭の対象は京銭・うちひらめ・われ銭の三種であったことから、[29]後北条氏の銭貨政策は幕府法の模倣ではなく、独自に制定されたものであったと考えられる。ただし、天文二十一年（一五五二）八月時点では「御法度」の内容が「三文悪銭」に変化しており、[30]その内容は、次の史料により大かけ・大ひゝき（われせん）・打ひらめであったことがわかる。

〔史料7[31]〕

（前欠）

自余之新銭ニ紛儀無之、宿中制札ニも打付之事、

一、古銭之儀、自昔如相定、大かけ・大ひゝき・打ひらめ、此□《三》銭可撰捨、其外如何様候共、古銭ならハ可召仕事、

（中略）

追而、右ニ往古銭之内、大かけ・われせん・打ひらめ、此三銭之外ニ候とて、地悪銭計をそろへ集召仕事、造意候、古銭之地悪銭ハ、百文之内ニ拾銭・廿銭ハ相交も不苦候、卅銭も有之者、可為曲事候、加様之類者、検

断相改、可遂披露者也、

（一五五八）永禄　元年戊午（虎朱印）五月十一日

恒岡殿

長尾百姓中

この史料が、後北条氏の銭貨政策が明瞭に現れる最古のものである。傍線部にある通り、ここでは廃棄対象となる悪銭のほかに、「新銭」（粗悪銭か）や「古銭」（渡唐銭）の「地悪銭」についての規定がなされている。この「地悪銭」はおそらく経年劣化した渡唐銭であると思われ、悪銭と良銭の中間的な位置を持った「中銭」としての位置づけを与えられる銭貨であった。(32)

〔史料8〕(33)

去年乙未（己）（永禄二年・一五五九）被定置代物法度幷於諸売買も如此可致取引、

壱貫文	此内	七百文 三百文	精銭、 地悪銭、但奉行前ニ本有、但中銭、同本有、
百　文	此内	六十七文 卅文	精銭 地悪銭
五十文	此内	卅四文 十五文	精銭 地悪銭
十　文	此内	七文 三文	精銭 地悪銭
三　文	此内	二文 一文	精銭 地悪銭

以上

右、去年未歳代物法度、諸年貢納方被定置候、宿中商売金銭撰勝儀、万民苦労、誠以曲事也、向後奉行人ニ定上、売手・買手立逢、代物を見計、如此可為致商売、猶本を被遣候、

（中略）

永禄三年（一五六〇）庚申六月二日（虎朱印）

横地監物小路奉行
久保孫兵衛
横地代
八木

〔史料8〕は〔史料7〕を受けて、傍線部にある通り永禄三年（一五六〇）に諸商売における銭貨規定を行った史料である。従来あまり注目されていないが、〔史料7〕の法令発布が「諸年貢納方」の規定であったことを表明している上で、「万民苦労」との認識に基づき改めて日常取引に対する銭貨規定を行ったのである。すなわち後北条氏の銭貨政策は、当初にあっては収取を対象とするもので完結していたのであり、諸商売に対しては放任する姿勢であった。ただし、当該期は様々な場面で後北条氏によって撫民政策が講じられた時期にも当たっており[34]、〔史料8〕はその一環として発布されたものであった。

銭貨取引をめぐる「万民苦労」の深刻さを窺える史料がある。永禄三年に伊豆国田方郡牧之郷に対して、「諸百姓御侘言」に対する「御赦免」として、年貢を米納・銭納の半々とすることを許しているのである[35]。後北条氏の税制は本来銭納であり、米納の容認は、領国内で納入に足る銭貨流通量が不足している可能性の高いことがわかる。

もっとも銭納分については、「可為精銭、如去年定、百文之内廿五銭者可為中銭」と条件を付けている。この規定

は〔史料7〕に準じたものであると考えられよう。一方〔史料8〕では、「中銭」は一〇〇文中三〇枚とするものであり、収取と諸商売において「中銭」の含有量に明確な差異を規定していることが明らかである。

後北条氏が民衆との緊張関係の中において様々な撫民政策を施していた半面、収取に関しては精銭獲得志向が一定度働いており、日常取引に使用される通用銭よりも精銭含有率を高めた銭貨での収取を堅持しようとしたのである。このような動向は大内氏にも見られるものであったが、当該期大名権力の銭貨政策において、一定度の共通性を見出しうる基調であったと指摘できよう。

なお、既に明らかなように、この時期において永楽銭単一での精銭化を志向した形跡は一切見られない。基本的には渡唐銭を銭種で区別することなく、経年劣化の度合いで精銭・中銭・悪銭の三段階を規定していたのである(36)。この点は、表14における「永楽」表記を含む史料がこの時期には一切登場しない点とも符合する事実である。

2　後北条氏による銭貨収取政策の頓挫

後北条氏においては撫民政策の必要性が強固に意識された領国経営が行われていたが、ある程度譲歩はしたものの、自らの精銭志向そのものは放棄されなかった。そのため、結果的には包括的な銭貨収取そのものが頓挫してしまう。

〔史料9〕(37)

従当納所精銭依被仰付御掟之事

一、棟別銭《弐拾四貫卅文》・懸銭両条ハ、可為撰銭三銭□(外カ)四十銭五□(十)銭之間有之、能々撰つらぬき、地下封を貫之ニ(ママ)、付、如日限棟別銭者《拾貫六百十文》、前々奉行可渡之、懸銭者小田原持来、長田源右衛門ニ可渡、代物皆済之日限、九月晦□□(日十)月晦日を切而被相定事、

料足可撰日限　　九月十五日　同晦日
　　　　　　　十月十五日　同晦日
此四日ニ被定畢、然者此四日、諸郷諸百姓小田原へ相集、料足之是非承届、若悪銭ならハ、則取替可申事、
一、撰銭諸百姓可致迷惑候歟、於反銭者、来《米》を以納可申、当年穀反銭ニ被相定者也、
八貫四百文

（中略）

子九月（永禄七年ヵ・一五六四）三日（虎朱印）
品川南北代官
百姓中

永禄七年（一五六四）、傍線部にあるごとく、撰銭規定そのものが百姓にとって「迷惑」であるとし、段銭は全面的に米の代納を容認する事態となった。以後永禄九年（一五六六）頃からは金の銭比価も規定され[38]、銭貨に代わる収取手段を模索する段階へと転換する。金・米が銭貨との代替手段としてこのように浮上することとなり、このことが金・米が貨幣として流通するための条件を整えるものであったと考えられる。さらに永禄十一年（一五六八）になると事態は一層進行し、「精銭手詰」によって棟別銭も金・米穀での代納が容認される[39]。

このような事態は、領国下において実際に銭貨不足に陥っていたためである可能性も高いが、むしろ問題なのは、撰銭の徹底という後北条氏の意向に対する領民の反撥があった可能性を考えうることである。既に見たように収取と

日常取引それぞれにおいて精銭規定が異なっていただけではなく、撰銭の判断基準が基本的に経年劣化の度合いにあったため、その判断はいきおい個々の取引現場において主観的にならざるを得ない。そうであれば、取引現場では撰銭をめぐってトラブルが頻発したと考えられる。

まして問題なのは、〔史料9〕にあるように、収取の場合は小田原において役人が撰銭を行っていた。この基準が市場である程度自律的に共有されていたであろう基準に比べると、より厳格であった可能性が高い。そのため特に精銭と中銭の判別基準に相違があったと考えられ、多くの納入銭が中銭の含有過多とされたものと推測される。かかる事態が「精銭手詰」の原因であり、百姓の「迷惑」を招来したのである。

以上の指摘が正しければ、後北条氏は経年劣化を判断指標にすることの失敗を悟ったはずである。その場合改善策として浮上するはずなのが、視覚的に明瞭な撰銭手段である。こうして、銭種による区別が採用される素地が生じたのではないだろうか。

なおここで、前節1で見た、峰岸氏による中島説批判ⓑについて触れておきたい。峰岸氏は〔史料9〕の「四十銭五□《十》銭」を一〇〇文の内中銭四〇〜五〇枚と理解し、後北条氏の精銭規定が永禄七年段階で変化したと主張したが、この文言は「撰銭三銭」と対応するものであり、悪銭として排除対象となった三種の銭貨を除けば、銭種が四〇〜五〇種あり、それらの銭貨をもって納入すべき旨を命じたものと理解すべきである。よってこの年に精銭規定が変化していたとは考えられず、翌永禄八年に上野国新田領で発生した撰銭相論は、後北条氏の銭貨規定との関係を見出すことはできない。峰岸氏の中島説批判ⓑは、当を得ないものである[40]。

話を戻そう。如上の経緯によって、後北条氏は収取における銭貨規定を刷新することとなった。ここで登場したのが、永楽銭単一の精銭化であった。既に見た通り後北条氏による永楽銭での単一収取・支出を示す初見史料は永禄十二年（一五六九）七月であり（表14―2）、その後一五七〇年代に入ると検地書出において貫高に対応した永楽銭納入額が記載されるようになることも（表14―3）、指摘した通りである。そして、降って天正九年（一五八一）になると、領国内に一斉に発給されたと考えられる段銭増分配符に、納入手段として「永楽」の文言が明記されている（表14―4〜12）。この「永楽」は、従来通り永楽銭を指すものと捉えるべきであろう。

後北条氏が永楽銭を選択した理由は、現時点で不明とせざるを得ない。永原慶二氏は伊勢商人による積極的な移入が前提にあったことを示唆する。[41]確かに潤沢な流通量が既に確保されていた可能性は高く、なんらかの因果関係を認めうる。ただし実際には、後北条氏による永楽銭精銭化決定後にこそ莫大な量の永楽銭が流入した可能性も高い。いずれにせよ、かかる経緯によって後北条氏が永楽銭を唯一の収取・支払手段として設定したことにより、永楽銭のみが精銭として固定されたと考えるべきであろう。すなわち後北条氏領国における永楽銭精銭化の浸透は、後北条氏の収取政策と密接に連関したものとするかつての所説がやはり実態に近いものとして捉えられる。永楽銭を特別視する志向の起源については中島説のごとく北関東にあった可能性を否定しないが、実際に精銭化として立ち現れたのは、やはり後北条氏による領国経営によって生み出された政策によるものであったと考えたい。[42]

3　関東諸大名権力の銭貨政策

関東においては、残念ながら後北条氏滅亡以前に他大名が具体的に銭貨政策に乗り出したと認められる新たな史料は発見されていない。そのため後北条氏との直接の比較検討は困難であるが、後北条氏滅亡後の一五九〇年代以降になると散見されるので、最後にそれらの史料を紹介することにしたい。なお、結城氏は既に触れた「結城氏新法度」以外に関連史料がなく、新たな知見を述べることができない。また、里見氏については既に触れたので、ほかの事例について検討する。

まずは常陸国を支配し、後北条氏に包摂されなかった佐竹氏である。

〔史料10〕(43)

一、代物之事、所々上銭厳蜜（ママ）ニ可相調事、

一、新銭・鬮銭・われ（割）銭、厳蜜相調へき事、

一、悪銭とり候者、取てのかたへ返しおくへき事、

付、京都へとも（供）衆幷人足の家迄むね（棟）役可取事、

以上

卯月廿四日　「同　前」（黒印影・佐竹義宣）

この史料は年欠であるが、一五九〇年代前半のものと考えられる。商人でもある被官深谷氏宛であり、諸売買規定としての撰銭令であったと考えられる。これによると、新銭・鬮銭・われ銭を悪銭として排除させる旨が記されており、当初の後北条氏領国とほぼ同様の悪銭規定であったが、永楽銭に対する意識は見られない。下野国に対しては「永楽」表記のある宛行状も散見されるが（表13参考）、本国である常陸国においては管見の限り一切見られない。佐竹氏領国では、慶長七年（一六〇二）に秋田へ転封になるまで、常陸国領国時代には永楽銭単一の精銭化が政策として採用されてはいなかったとすべきであろう。

同じ常陸国の鹿島社では、元和五年（一六一九）の史料ではあるが、精銭を意味する文言として「上銭」の表現が見られる史料がある。(44)「上銭」の文言は十六世紀半ばに畿内において見られた点が小葉田淳氏によって指摘されており、(45)十七世紀前半には関東でも使用されていたことがわかる。

次に下野国に領国を持つ宇都宮氏については、既に知られている通り、後北条氏滅亡直後の天正十八年（一五九〇）八月に、豊臣秀吉が宇都宮国綱に宛てた朱印状がある（表14―41）。それによれば、「永楽銭事、金子壱枚ニ弐拾貫宛、ひた銭ニ永楽一銭ニ三銭立たるへき事」との文言が見られる。宇都宮氏においても他に銭貨政策に関わる史料を見出せないので明確なことはわからないが、宇都宮氏は後北条氏の実質的な支配下にあったことから、銭貨政策については後北条氏の政策を受容していた可能性が考えられる。後北条氏においては、最終的には永楽銭が貫高の三倍の価値で勘渡されていた徴候が窺えることから（表14―27・28）、秀吉の朱印状の内容はこのことと関連している可能性が高いと推測される。あるいは、永楽銭と金・ビタとの換算比率を明確化することによって、むしろ永楽銭単一の精銭化を解消させる目的があったことも考えられよう。

ところで、関連して天正十七年（一五八九）のものと思われる三河国上宮寺末寺坊主連判状によると、灯明銭納入に際して本銭と同額のビタで納入することが決められ、一方「但永楽走舞申候ハヽ、如先代以永楽可進上申候」と誓約している(46)。ここでは秀吉朱印状と同様に、「永楽」と「ビタ」の二種の銭貨種別があったものと捉えられる。このような分類が三河国にも存在していた形跡のあることは興味深いが、かかる秩序がいつどのようにして発生し、どれくらいの範囲で共有された秩序であったかについての検討は、今後の課題としたい。

おわりに

以上、主に十六世紀後半の関東における銭貨流通秩序において、特に永楽銭のみが精銭化を遂げていたことについて、先行研究の整理に基づいて検討を行った。その結果、中島圭一氏が主張する永楽銭精銭化の北関東発祥説については、その可能性を否定しないものの、永楽銭が単一で精銭と位置づけられたのは後北条氏の収取・支出に関する政策決定に起因するものであり、その範囲も原則的に後北条氏領国に限定されていた可能性の高いことを指摘した。

ただし、永楽銭が単一で勘渡される場は、後北条氏領国にあっても、大名権力の収取・支出という限定的な範囲であったことが考えられる。実際に流通現場においては、雑多な銭貨が依然として流通していたと考えるべきであろう。このことにより、納入基準となる貫高は徐々に永楽銭での記載額に読み替えられていく一方、その数値こそが概念的な基準額となったことが考えられる。このような現象が、徳川氏入封後の永高の持つ概念的な性格に受け継がれていったのではないだろうか。ただしこの点は、一五九〇年代における徳川氏の領国経営や収取構造の問題も含めて検討する必要があり、今後の課題としたい。

もう一つ重要な点は、永楽銭精銭化は、必ずしも関東に一円的に広がっていたわけではないと考えられることである。断片的な史料の検討に留まっているものの、少なくとも佐竹氏領国においては永楽銭が特別視された形跡を窺うことはできない。あくまで参考として取り上げれば、鈴木公雄氏による埋蔵銭発掘事例の整理によると、十六世紀第四四半期における茨城県内での発掘事例では永楽銭の含有比率が約一五％であり、関東他県に比べて極端に低く、全国平均とほぼ同じである(47)。史料面での検討結果とある程度一致するものと言えるのではないだろうか。

埋蔵銭発掘事例については埋蔵目的などの性格検討が必須ではあるが、傾向としては後北条氏領国では永楽銭含有比率が比較的高く、それ以外では、関東にあってもそれほど高くはない様子が看取される。ともかくも、関東を一円的に捉えずに、それぞれの地域情勢をさらに細かく検討してゆく必要があるだろう。その際文献史料のみでは限界もあるので、発掘事例の分析も援用しながら、積極的に議論を進めてゆくことが望まれる。

註

（1）永原慶二「伊勢商人と永楽銭基準通貨圏」（同『戦国期の政治経済構造』岩波書店、一九九七年、初出一九九三年）。
（2）中島圭一「西と東の永楽銭」（石井進編『中世の村と流通』吉川弘文館、一九九二年）。
（3）代表的な論考として、中島圭一「日本の中世貨幣と国家」（歴史学研究会編『越境する貨幣』青木書店、一九九九年、初出一九九八年）がある。
（4）綿貫友子『中世東国の太平洋海運』（東京大学出版会、一九九八年）など。
（5）永原註（1）論文。
（6）永原註（1）論文二一八頁。永原説の根拠は鈴木公雄氏が分類した出土埋蔵銭事例に基づくものである（鈴木『出土銭貨の研究』東京大学出版会、一九九九年、九一頁参照）。鈴木氏による「六期」（十六世紀前半。永原氏は「十五世紀末〜十六世紀初期」とする）に関東で永楽銭の含有比率が急速に上昇していることは、永楽銭の関東への大量流入を示すものとして理解することは可能である。しかし、流入の背景に永楽銭の価値上昇を見ることは性急であり、別に検討を要する。後述するように、文献上では中島氏の述べるごとく少なくとも一五六〇年代まで後北条氏が永楽銭を特別視した形跡が認められず、永原説には論証すべき問題点を多く抱えていると考えざるを得ない。
（7）「結城氏新法度」八三条（佐藤進一・池内義資・百瀬今朝雄編『中世法制史料集』三、岩波書店）。
（8）峰岸純夫「戦国時代東国における銭貨の流通と贈答―『長楽寺永禄日記』にみる―」（『年報三田中世史研究』一〇、二〇〇三年）。
（9）先駆的なものとして、中島圭一「中世貨幣の普遍性と地域性」（網野善彦・石井進・鈴木稔編『中世日本列島の地域性』名著出版、一九九七年）参照。
（10）小葉田淳『改訂増補日本貨幣流通史』（刀江書院、一九四三年、初出一九三〇年）、峰岸純夫「戦国時代の撰銭争論―上野国新田領における―」（『月刊歴史』二、一九六八年）、佐脇栄智「後北条氏の貨幣政策について」（同『後北条氏の基礎研究』吉川弘文館、一九七六年）、永原註（1）論文、滝沢武雄『日本の貨幣の歴史』（吉川弘文館、一九九六年）。なお、藤木久志「撰銭令と在地の動向」（同『戦国社会史論―日本中世国家の解体―』東京大学出版会、一九七四年、初出一九六九年）は、関東で永楽銭が精銭化した背景について見解を保留している。
（11）中島註（2）論文。特に断らない限り、以後の中島氏の見解はすべて同論文による。

(12)「善勝寺文書」(『群馬県史』資料編・中世、二二九七号)。後掲表14・№1史料（以後、表14—1の形で略記する)。

(13)峰岸註(8)論文。特に断らない限り、以後の峰岸氏の見解はすべて同論文による。

(14)続群書類従完成会刊（史料纂集)。

(15)註(7)史料。

(16)土井忠生ほか編訳『邦訳日葡辞書』(岩波書店）参照。以下同じ。

(17)『北条史料集』(萩原龍夫校註、人物往来社、一九六六年）所収。

(18)なお北条氏康がこのように命じたとする記述は、先行研究の指摘するように事実ではない。詳しくは後述する。

(19)峰岸氏は中島説批判として、この箇所について永原註(1)論文の見解に賛意を示す形で、北条氏康が「永楽銭を基準銭として採用したと考えるのが妥当であろう」とするが、傍証が明確でないので首肯できない。峰岸註(8)論文二四八頁参照。

(20)荒川善夫「那須氏の権力構造」(同『戦国期東国の権力構造』岩田書院、二〇〇二年、初出二〇〇一年)。

(21)表14—29も後北条氏による扶持支払であることから永楽銭での支払を示す史料である可能性が高いと思われるが、史料上では「永楽」文言のみを根拠とはしない主旨により、該当事例として取り上げることは留保する。

(22)なお表14—28について佐脇栄智氏は「己巳」(永禄十二年・一五六九）と年次比定を行い、後北条氏の永楽銭は他の銭種に対して三倍→二倍→三倍の比率で推移したと述べたが（佐脇註(10)論文、二倍の事例は表14—3・14・21)、「己丑」(天正十七年・一五八九）が正しい。実際には当初は二倍で、天正十七年頃に三倍に変化したことになる。

(23)佐脇註(10)論文。

(24)永高については、佐藤孝之『近世前期の幕領支配と村落』(巌南堂書店、一九九三年)、和泉清司『徳川幕府成立過程の基礎的研究』(文献出版、一九九五年)、神立孝一『近世村落の経済構造』(吉川弘文館、二〇〇三年）などを参照。ただし、永高は永楽銭での基準額を前提とし、それに数倍する通用銭を納入するシステムであり、その点においては、むしろ関東移封前の徳川氏旧領国において、基準額の数倍の「ビタ」を納入させようとした方式とも深い関わりを持つ（「中村文書」所収「遠州宇布見郷年貢勘定書」、『静岡県史』資料編中世四・一七二二号)。なお、第七章第一節を参照。

(25)〔史料6〕に先駆けて表14—30の事例もあるが、この史料は嘉永五年（一八五二）写と見られ、いまは信憑性の検討をする余裕がないので、さしあたり考察対象外とする。

(26) 神立註(24)書参照。表14―4～12にあるように、天正九年(一五八一)には段銭収取において「員数相当次第」の納入品目が規定されたが、その品目の選択が地域別に固定化していた可能性がある。
(27) 佐脇註(10)論文、同「後北条氏の税制改革について」(同註(10)書所収、一九七六年、初出一九六二年)。年貢と軍役以外の諸役が懸銭・段銭・棟別銭の三種に整理された。
(28) 「富士浅間神社文書」(『戦国遺文』後北条氏編、東京堂出版、三七三号)。以下「『後』三七三」の形で略記する。
(29) 「室町幕府法・追加法」四八六条(佐藤進一・池内義資編『中世法制史料集』二、岩波書店)。
(30) 「陶山静彦氏所蔵文書」(『後』四一七)。
(31) 「井田八郎氏所蔵文書」(『後』五八〇)。
(32) 実際、後に「地悪銭」は「中銭」とも称されている。後掲〔史料8〕および佐脇註(10)論文参照。
(33) 「相州文書所収・淘綾郡庄左衛門所蔵文書」(『後』六三三)。
(34) 後北条氏における最大の撫民政策は徳政令発布であり、その時期は永禄三～四年に当たり、時期的に一致する。徳政については、則竹雄一「後北条領国下の徳政問題―永禄三年徳政令を中心に―」(同『戦国大名領国の権力構造』吉川弘文館、二〇〇五年、初出一九八九年)、藤木久志「永禄三年徳政の背景」(『戦国史研究』三一、一九九六年)、久保健一郎『戦国大名と公儀』(校倉書房、二〇〇一年)などを参照。
(35) 「三須文書」(『後』六二三)。
(36) ただし、中銭と悪銭の区分については、「地悪銭之内可為中銭」(「武州文書」、佐藤進一・百瀬今朝雄編『中世法制史料集』五、岩波書店所収・五〇九号)との文言もあることから、「精銭」と「地悪銭」の区別がまず存在し、「地悪銭」のうち使用に耐えうると判断されたものが中銭で、それ以外が悪銭とされていたことがわかる。
(37) 「新編武蔵国風土記稿・荏原郡」(『後』八六三)。
(38) 佐脇註(10)論文。
(39) 「陶山静彦氏所蔵江成文書」(『後』一〇九〇)。「精銭一様ハ手詰ニ付而、黄金・米穀相交可納之」とある。黒田基樹「戦国大名の撰銭対策とその背景」(同『中近世移行期の大名権力と村落』校倉書房、二〇〇三年)参照。
(40) なお、以上の理解を補強するものとして、別の史料により「精銭之品ハ、四五十色可有之」(「真鶴町役場所蔵文書」、前掲『中世法制史料集』五・五九五号）との文言を確認できる。

(41) 永原註(1)論文。

(42) ところで、先に見た「北条五代記」については、天文十九年（一五五〇）時点で永楽銭精銭化が行われていない点で誤りであることが明確であるものの、天文十九年頃に後北条氏が銭貨政策に初めて乗り出した可能性は高く、後に永楽銭精銭化に政策を変更した事実と混同して記憶されたために生じた誤解だったのではないだろうか。

(43) 「秋田藩家蔵文書（五三）」一六（『茨城県史料』中世Ⅴ）。

(44) 「鹿島神宮文書」二一三（『茨城県史料』中世Ⅰ）。

(45) 小葉田註(10)書。

(46) 「上宮寺文書」（『新編安城市史』資料編古代・中世、六九二号）。この史料の存在は稲吉昭彦氏・千枝大志氏の御教示を得た。なお「走舞」については、同書解説によると「流通しだ」すと訳しているが、『日葡辞書』によると「素早く用を勤める」とあり、人の行為を指す語句であることから、「用意する・手に入れる」の意味で理解しておきたい。

(47) 鈴木註(6)書。

〔補註〕本章初出論文と同時に発表された千枝大志「中近世移行期伊勢神宮周辺地域における永楽銭」（『出土銭貨』二六、二〇〇七年）によると、伊勢国においては一五六〇年前後頃から「永楽」の文言が多く見られるという。伊勢国ではほぼ同時期に永楽銭が精銭化するとの指摘もあり、単純に時系列で捉えれば、関東における永楽銭の精銭化が伊勢の秩序に影響を受けて成立したと考えることもできよう。また同時に通用銭を意味する「ビタ」が一五七〇年代に見られることから、精銭としての「永楽」と通用銭としての「ビタ」の二極分化が伊勢を基点として東海から関東へ広がっていったとも考えられる。以上のことから、その時期的理解は修正が必要とはいえ、関東における永楽銭精銭化の起源については、永原説の蓋然性が高まったことになるであろう。この点は今後の議論をまちたい。なお、千枝氏も指摘する通り、伊勢の史料における「永楽」の文言についても、すべて永楽銭そのものを指すかどうかは慎重に検討する必要がある。

補論　奥羽の「永楽」について――奥羽仕置を中心に

前章では十六世紀後半における関東の永楽銭の位置づけに注目して検討を行った。それでは東国のほかの地域ではどうであったのか。後北条氏滅亡後の陸奥・出羽両国を対象に、簡単に検討を行いたい。

1　奥羽仕置と「永楽」

天正十八年（一五九〇）七月に後北条氏を滅ぼした豊臣秀吉は、その直後に会津まで進出し、服属した奥羽の諸権力の本領を安堵し、伊達氏からは会津を没収、大崎・葛西氏を取りつぶしにした。その過程で没収諸地の城破・検地・刀狩が、秀吉麾下の奉行衆によって執り行われる。同年十月にかけて進められたこれら一連の処理は、「奥羽仕置」と呼ばれている。[1]

秀吉は後北条氏を滅ぼして宇都宮へ進出した頃、奥羽仕置に本格的に乗り出すこととなった。[2]本章で注目する会津の検地に関していえば、同年八月に羽柴秀次が黒川に下着して実施され、その終了をみた後、同年九月に蒲生氏郷に宛行われた。[3]この検地に際して、以下のような注目すべき条書が発給された。

奥州会津御検地条々

一、上田一段　　永楽銭二百文宛事

一、中田一段　　同　　百八十文事

一、下田一段　　同　　百五十文事

一、上畠一段　　同　　百文宛事
一、中畠一段　　同　　八十文事
一、下畠一段　　同　　五十文事
一、山畠ハ見あて次第、年貢相究事
一、漆木見計、年貢可相究事
一、川役相改、別ニ御代官可被仰付事
一、田畠共一段ニ付、五間・六拾間ニ可相定事
　以上
天正十八年八月九日　　秀吉公御朱印(4)

出羽国にもほぼ同内容の条書が発給されており(5)、奥羽仕置における検地の基準となるものであった。ここでは検地の基準高として、「永楽銭」が採用されていたことがわかる。

ではこの「永楽銭」は、どのような価値が与えられていたのか。第六章で宇都宮氏に対して発給した事例を見たが、天正十八年（一五九〇）八月十日には、会津を対象とした石田三成宛に七ヶ条からなる秀吉朱印状（「七ヶ条の条書」）が発給され、その中に、「永楽銭事、金子壱枚ニ弐拾貫文宛、ひた銭にハ永楽一銭ニ可為三銭立事」との条文が見られる(6)。これに従えば、奥羽仕置における検地は、「永楽銭」を基準高として採用していたが、それは金一枚＝永楽銭二〇貫文、永楽銭一文＝ビタ三文の換算基準に基づくものであった(7)。

そしてその基準は、下野宇都宮においても同様であった。小林清治氏によれば、ほぼ同様の条書が関東各地に発給された可能性が指摘されており(8)、この奥羽仕置の換算基準は、関東のそれと軌を一にするものであったことが考えら

れる。

さらには秀吉による禁制発給に対する礼銭である「御判銭」について、下記の規定も出された。

御制札御判銭掟

一、上之所者、永楽銭三貫弐百文宛可上之事、

一、中之所者、同弐貫弐百文宛可上之事、

一、下之所者、同壱貫弐百文宛可上之事、此外ニ取次銭以下不可出之、

一、御制札一ツニて村々数多在之所者、如右一在所宛上中下見計可上之事、

御判銭之儀者、永楽ニても金子にても如相場可上之、筆切弐百宛儀者、一円ニ永楽にて可上之事、

右之通堅可申付候、少も非分之儀有之者、可為曲事也、

天正十八年八月　日（豊臣秀吉）（朱印）

石田治部少輔（三成）とのへ(9)

この掟書は会津か宇都宮で発給された可能性が指摘されている(10)。禁制発給の礼銭は「永楽銭」を基準として記され、相場に従って金での納入も認めている。ここでの「相場」は、先に見た金一枚＝永楽銭二〇貫文とする固定相場のことであろう。また、「筆切」（右筆への礼銭か）は「永楽」で支払うよう命じている。ここでは永楽銭そのものの支払を求めるものであり、その背景には永楽銭が精銭として流通していた可能性も考えられる。ただし、奥羽仕置以前の会津においてはその兆候が確認できないことから、豊臣政権による永楽銭精銭化の強制と見ることも可能である。この点の追究は今後の課題としたいが、少なくとも天正十八年段階で、会津では永楽銭が精銭に位置づけられていたことはいえよう(11)。

さらに陸奥国岩瀬郡長沼を対象としたと推定される検地目録がある。(12)次に引用する。

岩瀬郡内
奥州御検地　安積郡内　目録
石川郡内

岩瀬郡之内
一、百廿弐貫五百文　永沼町方
此米　六百七拾壱石弐斗七升五合

同郡永沼内
一、百九拾壱貫弐百卅壱文　江花原村
此米　千五拾壱石七斗七升六合

(中略)

但永楽銭
惣以上合弐千参百廿九貫三百文
此米合壱万弐千八百拾六石三斗
田数千百八拾弐町五反九畝廿九歩
畠数四百参拾弐町弐反九畝廿六歩
田畠合千六百拾四町八反九畝廿五歩
天正拾八庚寅年八月吉日　青木紀伊守(一矩)

これによれば、長沼においても検地が「永楽銭」を基準高として設定されており、それが米高に換算されていたことがわかる。貫高から石高への換算は一貫文＝一石（「石貫制」）となることが多かったことからすれば、永楽銭と米との比率は一貫文＝五石五斗となり、かなり米に対して永楽銭の価値は高いことがわかる。また小林氏によると、斗代との比較によれば、例えば上田（反別永楽二〇〇文）では米一石一斗だったとされており[13]、一貫文＝五石五斗となる。中田・下田は一貫文＝五石であったとも指摘されており、換算比率がやや異なるものの、永楽銭が米に対してかなり高い価値に設定されていたといえよう。

そこで問題となるのが、果たして当地において永楽銭がこのような価値を持って流通していたかどうかである。この問題は奥羽仕置における検地基調にも関わる重大な問題であろう。

小林氏は出羽国仙北の事例について、貫高と石高との換算比率が検地基準と大きく乖離していることを問題視した上で、次のように推定している。すなわち当地では、永楽銭基準で貫高を設定した後、その基準高に五・九を乗じて「当郡銭」高を算出し、一貫文＝一石の換算によって石高を算定したと指摘している[14]。これに従えば、永楽銭一貫文＝「当郡銭」五貫九〇〇文となる。

この「当郡銭」について同氏は詳しく触れていないため、正確な実態として理解するにはなお課題もある。しかし重要なのは、ここでは永楽銭が明らかに数字上の基準高としてのみ設定されるものであり、実際の収取対象となりうるものではなかった可能性が高いことである。少なくとも出羽国仙北においては、元々永楽銭が高価値を与えられた精銭として受容されていたとは考えられず、奥羽仕置において計算上の基準として持ち込まれたものであった。

この事実を踏まえた時、奥羽仕置における永楽銭基準の貫高設定は、必ずしもそれ以前における基準高設定に準じたものではなく、豊臣政権によって強制的に持ち込まれたものであった可能性が高いであろう。辛うじて会津・長沼において、関東における永楽銭精銭化の影響を窺うことが可能であるが、奥羽において、永楽銭精銭化が一律に進行していたとは、必ずしも言えない。

以上の指摘が正しいとすれば、そもそも奥羽仕置における永楽銭基準による一律的な貫高設定は、後北条氏における検地に影響を受けた可能性が高い。第六章で触れた通り、後北条氏は当初永楽銭を通用銭の二倍の価値に置いていたが、天正十七年（一五八九）になって、通用銭に対して三倍に変更していた。この通用銭に対する三倍の基準額設定が、豊臣政権に受け継がれたのではないだろうか。既に見た宇都宮での条書はやはり、後北条氏における基準額設定を踏襲したものであり、それをさらに奥羽仕置に適用させたのである。ところが奥羽では必ずしも永楽銭が精銭化していなかったため、あくまで基準高として採用されつつも、実際の収取対象としては基本的に米（石高）に換算される必要があった。

しかし一方で、別の問題も浮上する。すなわち、貫高・石高が生産高か納入高かという問題である。小林氏は後者の立場であり、そのため先に見たように「当郡銭」による換算により、石高を押し下げて理解している。この問題については、奥羽仕置における永楽銭基準額が、それ以前の貫高とどのような関係にあるのか（同額なのか、そうでないのか）についての比較が必要となろう。

ここで注意したいのが、永楽銭一文＝ビタ三文の換算比率設定である。奥羽仕置においては、この換算基準を逆に利用し、従来の貫高を永楽銭基準額に読み替えた可能性がある。その場合、永楽銭一貫文＝米五石五斗（あるいは五石）の換算比率設定に注意すれば、ビタ一貫文＝米約一石八斗（あるいは一石六斗強）となり、「石貫制」に比較的近くなる。(15) ただし一貫文＝一石よりは、貫高に比べて石高が高く設定されることになる。以上の推定が正しければ、結果として従来の貫高による収取よりは増徴となったと思われる。むしろ意図的にかかる結果を誘導すべく、永楽銭一文＝ビタ三文の換算基準を援用したのであろう。関東と基準を共有させるために永楽銭が導入されたという目的も無視できないが[16]、あえて永楽銭を基準額として採用した目的は、ここにあったと考えられるのではないだろうか。

2　会津における「永楽」事例

以上、素描に留まるが、奥羽仕置と永楽銭との関係について述べた。それ以後の会津においては、北関東の事例に類似する「永楽」文言の史料が見られるので、簡単に触れることとしたい。

山（耶麻）郡半在家村高五百弐石弐斗之内、宝正寺寺屋敷之地、物成永楽百文之所、寺領ニ付置候間、年々右之分者、本
貢可被致候、為其如件、
慶長六年（一六〇一）十一月十一日
菅　助七
一成（花押）
町（町野繁仍）左近
吉　助作
蒲生（カ）江戸（ママ）
成信（花押）

宝正寺
きもいり平右衛門
同　助七郎
まいる[17]

以上

大峯御札被上候儀、奇特ニ被　思召候間、其方屋敷年貢・物成永楽弐百文之所、可被下之旨、被仰出候間、得其意、弥御祈念之儀、無油断、御札可被上者也、

慶長十六（一六一一）

十月廿三日

岡半兵衛尉

重政（印）（印文「重政、武生福豊」）

町野左近助

繁仍（印）

石川先達

八大坊[18]

蒲生氏は、領内の寺院に対する寄進を行っているが、その際、屋敷地を「永楽」基準額で換算し、安堵をしていることがわかる。これは奥羽仕置における検地に淵源を持つものとも考えられる。しかし、必ずしも「永楽」表記が徹底されているわけではない。次の史料を見てみよう。

以上

福浦之千手観音堂地、御年貢銭六百五拾文之儀、則被成御寄進候、就其千手院へ、両人ヨリ折紙を遣候条、可其御心得候、恐々謹言、

慶長七（一六〇二）

十二月廿一日

町左近

繁仍（花押）

岡半兵

重政（花押）

吉村宗兵衛殿

御宿所(19)

以上

福浦之千手観音堂地、御年貢銭、千手院曖分六百文者、為御寄進、観音江被付候間、仏前灯明以下、無懈怠被参、秀行（蒲生）様御祈念、可為肝要候、恐々謹言、

慶長七（一六〇二）

十二月廿一日

町野左近助

繁仍（花押）

岡半兵衛

重政（花押）

福浦

千手院

御坊中(20)

これら史料によれば、領内の千手院への寄進につき、「御年貢銭六百五拾文」の地を宛行っているものの、「永楽」の文言はない。

以上
先年秀行（蒲生）様御時、観音江為灯明、永楽六百五拾文所、其方於手前、被成御寄進候、然者去年、福浦村小打被仰付候処、右六百五拾文之内ヨリ出目分弐百拾八文在之ニ付而、御理被申上候、則本出分合八百六拾八文之分、無御別儀、被成御寄進候之条、弥灯明無懈怠、下野様（蒲生忠郷）御息災之御祈念、可被仕義肝要ニ候者也、

元和元年（一六一五）
十二月五日

町野長門守
幸和（花押）
稲田数馬助
貞右（花押）

福浦
千手院(21)

ところがこの史料によると、同じ対象と思われる地に対して、「永楽六百五拾文所」と記されている。蒲生氏における貨幣政策が幕府の政策を踏襲するものであったかどうかは明確ではないが、元和元年（一六一五）は既に幕府によって永楽銭の使用が禁じられた後に当たり、この「永楽」はあくまで計算上の基準額であった（「永高」）か、あるいは銭貨一般に対する異称として使用されたもの（つまり近世の「永」）と同じであったものと考えられる。

ともかくもここで注目したいことは、前者二つの史料との関係から、とりわけ土地に関する基準額表記において、十七世紀に入った段階においては、「永楽」文言が必ずしも永楽銭そのものを指すとは言い切れないことである。前節との関係において考えれば、十六世紀後半における基準額として永楽銭が採用され、通用銭（ビタ）との換算比率

が設定される形で検地が行われていたが、それによって永楽銭が貫高の基準額として定着する一方、その換算基準が必ずしも流通実態と一致をみていたとは考えられず、結果として計算上の基準としてのみ継承されていったのではないだろうか。それが十六世紀末期から十七世紀初頭において東国で見られる「永楽」基準額であり、すなわち「永高」であったと考えられる。そしてその残滓の最たるものが、近世を通じて見られた、銭貨異称としての「永」であった。

このように近世の銭貨における永楽銭に対する特別意識は、十六世紀後半から十七世紀初頭にかけての東国の土地制度の在り方が影響したのである。そして当該期は、逆説的にいえば、「永楽」という文言の語義が永楽銭そのものから乖離してゆく過程でもあったといえよう。

註

（1） 奥羽仕置に関わる研究は政治史的論考のみならず、城破・検地・刀狩それぞれにおいて厖大な研究の蓄積がある。さしあたり本章では検地に注目するものであり、その代表的なものとして、『福島県史』二・通史編二（福島県、一九七一年）、渡辺信夫「天正十八年の奥羽仕置令について」（同著・大藤修編『渡辺信夫歴史論集一・近世東北地域史の研究』清文堂出版、二〇〇二年、初出一九八二年）、小林清治①『奥羽仕置と豊臣政権』（吉川弘文館、二〇〇三年）、同②『奥羽仕置の構造―破城・刀狩・検地―』（吉川弘文館、二〇〇三年）などを参照。

（2） なお、第六章表14―41でみた宇都宮国綱宛の朱印状は、この時発布されたものである。その内容との関連については後述する。

（3） 小林註（1）①書第三章。

（4） 「一柳文書」（宮川満『太閤検地論Ⅲ・基本史料とその解説』御茶の水書房、一九六三年、三二四頁所収）。

（5） 「色部氏文書」（『新潟県史』資料編中世二、一一六四号）。なおこの文書の冒頭にある「出羽国御検地条々」が「陸奥国御検地条々」である以外は同文で、発給者が同じ木村常陸介・大谷吉継による、註（4）史料とは別の検地条書もあるが（『会津若松史』所収文書、『福島県史』一〇下・資料編五下、三四号）、発給者である木村・大谷が陸奥国の検地に関与した形跡はなく、偽文書の可能性が高いため、検討から除外する。なお、渡辺註(1)論文参照。

(6)「大阪市立博物館所蔵文書」。藤木久志『豊臣平和令と戦国社会』（東京大学出版会、一九八五年）参照。

(7)ただし、同日発給の石川兵蔵（貞清）宛秀吉朱印状に、この「永楽銭」に関する条文と「対百姓臨時非分之儀」に対する禁止を謳った条文の欠けた五ヶ条からなる条書がある（「五ヶ条の条書」、「芝文書」）。藤木註(6)書、一八九〜九三頁参照。ただし、藤木氏は刀狩の検討に主眼が置かれているため、二種の条書に「永楽銭」条項の有無という区別が存在する点については、深く追究されていない。

また小林清治氏は、宇都宮での条書は五ヶ条であったにもかかわらず「永楽銭」条項がある点と比較し、「五ヶ条の条書」が「永楽銭」条項を欠くのは、「この永楽銭相場が奥羽ではさほど有効でないと考えられたためか」と述べている（小林註(1)①書、一六六頁）。しかし、「五ヶ条の条書」も「七ヶ条の条書」も同時に奥羽仕置に際して発給されたものであり、「永楽銭」条項の有無の使い分けは、その対象地域における貨幣流通事情と大きく関わっている可能性もあるのではないだろうか。ともかくも会津や長沼（後述）においては「永楽銭」条項に基づいて検地が実施されていた。かかる地域は関東と地理的に近いことが注目されるが、その検証は今後の課題である。

(8)小林註(1)①書、一三〇頁。

(9)「本法寺文書」（宮川註(4)書、三六〇頁所収）。

(10)小林註(1)①書、一六七〜六八頁。

(11)ほかに「色部氏文書」（『新潟県史』資料編中世二・一一六五号）の、天正十八年九月付「豊臣秀吉指出検地定書案」には、「右之田畠悉皆共ニ永楽銭之積、年貢可申付候者也」との文言もあるが、検地の後に実際に永楽銭で収取したか、石高への換算に基づいて米で収取したかは判然としない。

(12)山陽新聞社編『ねねと木下家文書』（同社、一九八二年）所収。なお小林註(1)②書一三三〜三五頁参照。

(13)小林註(1)②書、一三五頁。

(14)小林註(1)②書、一五三〜五九頁。

(15)小林氏は「当郡銭」について、ビタよりもかなり低い価値を想定している。その正否については見解を保留するが、永楽銭と石高との関係を考えた時、従来の貫高で採用された銭貨価値（すなわち通用銭）と永楽銭との比較検討は必要であろう。

(16) もっとも文禄二年（一五九三）まで、実質的に関東・奥羽は一括して徳川家康に惣無事を委任されていたこととも無関係ではないであろう。

(17) 「新編会津風土記」巻六五・耶麻郡半在家村肝煎原平次郎文書（『福島県史』七・資料編二所収、以下同じ）。蒲生氏奉行連署状。

(18) 「石川頼賢文書」一四。蒲生氏仕置奉行連署屋敷課役免許状。

(19) 「千手院文書」一。蒲生氏仕置奉行連署寄進状。

(20) 「千手院文書」二。蒲生氏仕置奉行連署寄進状。

(21) 「千手院文書」三。蒲生氏仕置奉行連署寄進状。

第七章　中近世移行期の銭貨流通秩序

はじめに

十五世紀末期に各地域において独自に銭貨流通秩序が構築され、その軋轢が顕在化してゆく様子をこれまで述べてきた。十六世紀後半にはいよいよその混迷の度を深めることとなり、その混乱への対応策として、各地域権力は銭貨による収取から金・銀を収取する動向を見せることとなった。

ただし周知の通り、銭貨流通そのものが駆逐されることはなかった。混迷が続きつつも、中世渡来銭自体は十七世紀後半まで貨幣として流通した。一方、十七世紀に成立した徳川政権は、金・銀の貨幣としての普及が進む一方、寛永通宝の独自鋳造・発行を企図し、十七世紀においてその目標を達成させてゆくこととなる。しかし、実際に本格的な鋳造・発行に踏み切ったのは寛永十三年（一六三六）であり、それ以前においては中世的銭貨流通秩序を引き継いだ銭貨統制を採ることとなった。しかも未だ独立性の強い藩においては、自ら銭貨を鋳造し、発行する動きも見られたのである。この動向は、これまでに見た地域的銭貨流通秩序の形成に系譜を引くものであると捉えられ、藩による銭貨発行は、大内氏撰銭令のような地域権力による銭貨統制を淵源とするものであるといえよう。

このように考えると、十七世紀前半の銭貨流通史は中近世移行過程として注目すべき動向が見られるのであり、これまでは寛永中期まで豊前国を領国とした細川氏の事例(1)や、近年では毛利氏による独自の銭貨鋳造・発行の分析が行われてきた。(2)細川氏の事例については、その位置づけについて論者によって様々に指摘されてきたが、かかる事例を本書における地域的銭貨流通秩序の展開過程とみる視点から、再検討を行うこととしたい。

一　十六世紀後半から十七世紀初頭の銭貨政策をめぐって

1　十六世紀後半東国における銭貨流通事情

徳川政権初期の銭貨対策は、十六世紀後半までの東国における銭貨流通秩序と深い関係を有していたことが知られている。そこで、まずはその概略を既述の視点に基づいて整理したい。

まず前章でみた後北条氏領国について確認すると、十六世紀前半までに独自に制定した撰銭令は幕府撰銭令の影響を強く受けるものであり、当該期まではその独自性は薄かったと考えられる。(3)一方、やはり収取については精銭納原則を強制する意志が強く発揮されていたが、実際には領内での流通量不足に直面し、米などの代納が一般化していった。このような事態に対し、一五六〇年代になると永楽銭を基準通貨とする東国特有の現象が生じ、それに基づく収取体制が各大名領国に一斉に普及してゆくこととなった。その理由は様々に論じられているが、中島圭一氏によると、(4)京都から遠距離である北関東において独自の銭貨流通秩序が醸成される情況にあり、それに基づいて永楽銭に価値が一極集中する独特な秩序が生じた、とする。そして、このような流通秩序の醸成は領国を越えて展開している点を中島氏は指摘し、必ずしも「公権力」に依らない形でこのような秩序が生じる動向を重視すべきであると説いている。

中島説には疑問点もあることは既に前章で指摘したが、少なくとも後北条氏が永楽銭を精銭として選択した背景には、既に醸成されつつあった自律的な流通秩序が影響していたことは確かであろうと考えられる。

ただし、権力が必ずしも自律的な流通秩序に規定されるばかりではない点は、大内氏の事例に基づいて述べた通りである。その点において、「幕府や大名権力の通貨政策が貨幣流通の実態の追認に止まっている」という指摘は必ずしも正確ではない。また、「この時期の公権力が強力な通貨統制を実現するのは極めて困難であった」という点は、結果としては概ね容認される時代情況であろうと思われるが、各大名権力が独自に通貨統制を行おうとし、それが一定度影響を与えた点も無視できない。この点は後北条氏を事例に既に述べたが、ほかに例えば甲斐武田氏領国のものとして、次のような史料がある。（傍線筆者、以下同）

定

右、甲州悪銭法度幷新銭等之義者、一切被停止之間、近年檀那中へ可申渡之段申付候処、不申触候哉、富士参詣之導者悪銭持来、為最花神前へ投入候、禰宜・神主雖請取候、造営不成助用候、且者被背神慮、且当国被破法度、又者師（御カ）令無力者、檀那中へ無心可申請候、此三ヶ条以兼合従当年為改新銭、参詣之口々可居置奉行候、大小之旦那中へ可申届候、若背此理、有新銭持来族者、令糺明其御師、末代可為改易候、其可申触之状、仍如件、

永禄弐年（一五五九）

卯月十四日　　小山田（信茂）（「月定」朱印）

小澤坊（5）

この史料によれば、他国から甲斐国へ入る富士参詣の導者が武田氏によって使用を禁止されている悪銭や「新銭」

を持ち込み、賽銭として投げ入れる事態が問題となっており、その対策として参詣口に奉行を置いてチェックを行うよう定めたものである。中島氏は、これによって武田氏領国の通貨秩序が回復したであろうとする。(6)ここで注目したいのは、武田氏は領国外から悪銭が流入する事態を問題視したことである。秩序回復がその貫徹によって果たされたと見るならば、武田氏領国においては、その内部で完結する銭貨流通秩序が大名権力によって維持されたことになる。甲斐国においては領内の黒川金山開発によって大量の金が産出されたことで、金を中心とした貨幣流通秩序が形成されてゆくことが知られる。これは関東で見られる動向とは一線を画している。金産出という事情があったとはいえ、武田氏の政策によって十六世紀後半における秩序の分化が発生した影響を考えることも可能ではないだろうか。このような事態は、大内氏に見たような、権力による領国内で完結する貨幣流通秩序の形成に通底するものであると捉えられるのである。

以上のように、甲斐国においては領国を越えた銭貨移動に対する強固な規制を敷いたことにより、関東の動向とは一線を画してゆくこととなった。一方関東では中島氏の指摘するように、流通実態に即した対応を主としたため、領国を越えて永楽銭を基準とする銭貨流通秩序が流通現場から形成されたと指摘できよう。東国においても、当該期における銭貨流通秩序のゆくえは、この二つのコースが想定されるのである。

中世の銭貨流通秩序における権力と市場との関係は、むしろ後者のようなモデルで維持されてきた。(7)しかし、十五世紀後半に入ると撰銭問題という軋轢とともに変化が訪れ、前者のモデルが散見されるようになる。十六世紀後半段階においてもそれは併存するものであったが、徐々に前者のモデルが圧倒してゆく過程へと移ってゆくと考えられるのである。しかし、その過程は十七世紀に入っても紆余曲折を極めるものであった。次に見てゆきたい。

2　初期徳川政権の銭貨政策

徳川家康は天正十八年（一五九〇）八月に関東へ転封した。その銭貨政策については、永楽銭を精銭の二倍とする後北条氏時代の秩序を踏襲したとされている(8)。ここでいう精銭は、「古銭」と呼ばれる渡来銭を指す（永楽銭が単独で特別な価値を持つようになると、永楽銭は省かれる）。後北条氏領国ではこのほか「地悪銭」と呼ばれる銭種が存在し、精銭と交えて使用されていた。地悪銭については、永禄元年（一五五八）五月の後北条氏撰銭令(9)に、「古銭之地悪銭ハ、百文之内ニ拾銭・廿銭ハ相交も不苦候、卅銭共も有之者、可為曲事候」という文言にある通り、「古銭」（渡来銭）の劣化した銭貨もしくは模鋳銭であったことが考えられる（後に後退し、一緡に三〇文を含めることを容認している）。滝沢武雄氏は「中銭」という文言の注記のある史料(10)に注目し「精銭でも悪銭でもない銭貨」であると推定しているが、悪銭として記述している箇所もあり、混乱がある(11)。文言の近似性から、大内氏撰銭令において記された明銭のような位置づけが与えられる銭貨であったと見るべきであろう。すなわち、市場では忌避される傾向があるものの、政策的に価値を押し上げる必要のある銭貨である(12)。徳川氏転封直後においては、しばらくこの比率が継承されている。

転封前の徳川氏領国においても永楽銭が単独で高価値を与えられていた。しかし、遠江国では永楽銭と他の渡来銭との価値比率は、四倍であったことが指摘されている(13)。すなわち、天正十一年（一五八三）分の遠江国宇布見地頭領家年貢勘定帳(14)において、「永楽」一九九貫九七〇文が「非手」（びた）八〇一貫五八五文に換算されている記述を根拠とする。しかしここでは、後北条氏とは違い「びた」と呼ばれる点に注意したい。徳川氏領国においては後北条氏領国における精銭のような銭貨呼称が見あたらないことから、通用銭を「びた」と呼んでいた可能性が高い(15)。このことから、旧領国である遠江国と、新領国である関東とでは、同じく永楽銭を基準高としつつも、それに対応した通用銭との換算比率は異なっていた。

慶長五年（一六〇〇）の関ヶ原の戦を経て全国政権へと歩み出した徳川氏にとっては、この地域間格差の存在は解消すべき課題であったであろう。とりわけ地域を越えた隔地間流通や、遠距離を移動する軍事行動における決済において、トラブルの要因になることが懸念されたであろうし、実際そのような事態に見舞われる場合のあったことが窺える。降って元和二年（一六一六）五月に幕府の発布した撰銭令では、「御定之鐚銭ニ而、路次筋米・大豆売買不致ニ付、往来之者迷惑仕之由」という記述がある。[16]流通路における撰銭が特に問題視されていたのはそのためである。[17]未だ各藩の独立性が強い十七世紀前半においては、後述するようにその領国内での貨幣政策も独自性を持っていた。既に見たように、十六世紀までに顕在化した地域的な貨幣流通秩序が、この段階にあっても強固であったことが窺え、徳川政権はその克服を課題とすることとなったのである。

そのように考えれば、如上のような永楽銭と通用銭との換算比率の地域的差異に対し、方策が勘案されることとなったであろう。そこで、慶長七年（一六〇二）に宿駅整備の一環として定められたのが、永楽銭をビタの六倍とする街道筋の賃銭規定である。[18]ここで一挙に六倍まで引き上げた背景としては、すでに主に収取基準銭化していた永楽銭の価値をさらに引き上げることによって、徳川政権の増徴を目論んだであろうとする滝沢武雄氏の見解が妥当と考える。[19]ただし以後六倍の規定は管見の限り見あたらず、その目論見は頓挫したものと考えられる。[20]結果、慶長十三年（一六〇八）に次の撰銭令が発布される。[21]

定

一、永楽壱貫文に鐚銭四貫文充之積たるへし、但、向後永楽銭ハ一切取扱ふへからす、金銀鐚銭を以可取引事、
一、金子壱両ニ鐚銭四貫文可取引事、

一、鐚銭猥につかふへからす、但、なまり銭・大われ・かたなし銭・へいら銭、此五銭之外ハ異儀無く取引すへき事、

右条々、若於相背ハ、可為曲事者也、仍如件、

慶長十三年十二月八日（一六〇八）

備　前（伊奈元次）
対　馬（安藤重信）
大　炊（土井利勝）

これはいわゆる「永楽銭停止令」と呼ばれる法令であり、永楽銭の処遇を巡っては論争もあるが、[22]重視したいのは永楽銭と通用銭（鐚銭）との換算比率を四倍に規定した、有名な事実である。金との換算比率も同時に設定されており、金と銭貨の相場に配慮した側面もあったであろうが、[23]結果としては旧領国であった遠江国の通例を採用することによって、その確定を図ったのである。それまでの関東において依然として換算基準が二倍であったとすれば、四倍は妥協できる基準だったのだろう。[24]この換算基準の確定をもって三貨制度の確立ともされる。[25]徳川政権による一定の基準確定により、換算基準の地域的差異の解消を推進する一歩となったことは確実であり、実際に換算基準自体は近世を通じて維持されることとなった。

しかし銭貨流通自体は、この後も度重なる撰銭令の発布に見られるように、悪銭流通を巡る混乱が続いた。その背景は従来の指摘の通り、新たな渡来銭の供給が絶たれた中で、流通量確保が限界に近づいたためであろう。しかもその供給を満たすために、藩が独自に銭貨を鋳造し、領内に投下するような現象も出来する。この点は次節で述べるが、銭貨流通の統一を課題とする徳川政権にとっては、このような動向は極めて問題であったはずであり、その対応策として、自らによる銭貨鋳造が企図されることとなった。その結果、寛永十三年（一六三六）の寛永通宝発行へと向か

うこととなったのである。

二　十七世紀前半の地域銭貨鋳造——小倉藩細川氏の事例

前節で述べたように、統一政権として出発した徳川政権にとって、十五世紀末期から十六世紀にかけて成立した地域的貨幣流通秩序の克服は、重要な課題となった。そこで金・銀との換算基準を固定化させて価値の平準化を図りつつ、拡大した流通銭貨の地域偏差を強制的に否定しようとする方策を採ることとなった。

しかし実際には渡来銭供給が絶たれるのみならず、逆に東南アジアの銭貨需要に応えて海外へ流出しはじめる事態が始まっていたため[26]、必要とされる流通量をほとんど満たしていなかった。それによって銭相場が上昇しており[27]、金・銀・米の貨幣的使用が普及したとはいえ、銭貨流通の混乱が各地の経済に混乱をもたらす懸念の高まる状態であった。

十六世紀においては、断続的に流通量不足が発生する事態に見舞われることがあり[28]、収取においても代用手段を容認せざるをえない場合も見られたが、市場ではなんとか円滑な状態が維持されていた。とはいえ当該期においても、安定的に中国から渡来銭が流入していたとは考えがたい。そのなかで銭貨需要を満たしたのが、模鋳銭などの私鋳であった。またこれらの銭貨は、隔地間における大規模な経済活動を支えるためのものというよりは、大名権力の発達などによって形成されてゆく地域特化的な経済「圏」内での需要を満たす要素が強かったことが考えられる。いわば「地域貨幣」としての役割を担う銭貨であり、その存在こそが、銭貨流通秩序の地域分化をもたらす要因にもなったことを、これまで述べてきた。とりわけ銭貨は金・銀の「貨幣化」によって少額貨幣としての位置づけが強固となり、小規模な経済取引に対して影響を与える存在となっていったと考えられよう。ただし十六世紀段階では、大名権力が自ら銭貨鋳造に携わった徴候を確認できておらず[29]、基本的には私鋳による対応は市場において自律的に行われていたと考えられる。

十七世紀に入ると、統一政権が誕生したとはいえ、未だ各藩の独立性は強く、藩内の経済秩序は藩独自が担うべき状態が続いていた。よってその対応も、十六世紀において見られた動向と近似したものとなる場合のあることが考えられる。しかし前代と異なるのは、大名権力が自ら銭貨を鋳造し、投下する動きが見られることとなった点であろう。その一事例として豊前国小倉藩時代の細川氏を取り上げ、特質の検討を行いたい。細川氏の事例は既に伊東多三郎氏、安国良一氏などによって紹介されており、詳細な検討もなされている[30]。ただし、十五世紀から十七世紀までを見据えた銭貨流通の地域的秩序形成という視点に基づき、再検討を行う必要があるものと考える。

1　細川氏の財政状況と鉱山開発

慶長五年（一六〇〇）の関ヶ原の戦の後、細川忠興は丹後国から豊前国中津へ移封となった。そして、慶長七年（一六〇二）に小倉へと移り、豊前国と豊後国の一部を支配する藩主となった。しかし、その財政は常に逼迫状態にあり、早くから商人などより多額の借銀・借米を重ねていた。借米は飢饉・戦争対策の備蓄用途としてなされていた形跡が窺え、財政補塡の用途にはもっぱら借銀が充てられていることから、細川氏の財政は当初から銀によって賄われていたことがわかる。これは十六世紀後半に徐々に金・銀による収取が浸透してゆき、また、豊臣政権期において金・銀財政が確立したことによるものと考えられる。十七世紀に入ると、基本的に大名権力の財政は銭貨から金・銀へ移行していたことが明らかであろう。貨幣政策については当初において目立った動きはない。細川氏の行政記録である「部分御旧記」には元和四年（一六一八）二月に発布された幕府の撰銭令が筆写されており[31]、当該期までは幕府による銭貨政策を踏襲する対応を採っていたのではないかと考えられる。幕府も度々撰銭令を発布したように、撰銭令の法的効果はそれほど期待した通りの成果を発揮していなかったと考えられるが、それを踏襲した細川氏領国においても同様だったであろう。

一方、積極的な鉱山開発も進められた[32]。細川氏は、元和七年（一六二一）頃に領内の呼野において金脈があるとの報により調査を行ったり、寛永初年頃には豊前国宇佐郡内の銀山の調査も行わせている。もっともかかる鉱山開発は各大名も積極的に行っていることが既に知られており、細川氏もその一環であったが、とりわけ財政逼迫状態にあった細川氏にあって、鉱山開発の進展は大きな期待が寄せられていたようである。細川忠利自らが頻繁に採掘情況を確認しているのも、それを裏付けるものであろう。

そして元和八年（一六二二）二月、細川忠利から奉行と思われる小篠次大夫らに宛てて、「銅山之左右細々可申越候」という通達が下った[33]。詳細は不明であるが、領内において銅鉱の探索が行われたものと思われ、その情況を尋ねるものであったのだろう。呼野の近くに採銅所と呼ばれた金山があり、ここは古代以来の銅山としても知られていた。室町期頃には鉱脈が尽きたとされていたが、その再調査を行った可能性がある。ただし、この採銅所には金鉱が存在しその開発は進められたが、銅鉱はやはりなかったようである。この後、忠利は銅鉱についての報告を受けておらず、その探索も諦めたものと考えられる。

伊東多三郎氏によれば[34]、呼野・採銅所の各金山は砂金採集が主要な手段であったようであり、各地から数千人が群集し採集に当たっていた。その量も、二千両余りに上ったという。ある程度藩財政に補塡をもたらしたことは確かである。しかし、細川氏が肥後国に転封となる寛永後半頃には、早くも廃れてしまった。

領内における銅山開発には失敗したが、寛永元年（元和十年・一六二四）三月に、細川忠利から次のような通達があった。

2　「新銭」鋳造計画

新銭鋳立、国中遣候様見計堅可申付者也、
元和十年（一六二四）三月五日　御印（細川忠利）
米田与右衛門（是門）
西部形（ママ）部少輔
横山助進（重嘉）
浅山清右衛門(35)

「新銭」を鋳造し、領内での流通を図るようにすべく、奉行に命じられている。家臣と事前協議をした形跡を窺えずやや唐突な感はあるが、先に見た銅鉱探索の背景に、このような計画があったことが考えられよう。細川氏は独自に銭貨を鋳造し、領内での流通に資することを目指したのである。そこで担当奉行である米田与右衛門は小倉の町人に意見を求めたが、その返答は「迷惑」というものであった。

一、新銭遣之儀、町人めいわく仕由、訴詔ニ付而、与右衛門尉殿町人ヲ召連、罷出られ、御奉行所ニ而惣（ママ）談之上、先成次第、道二（松尾）ニ鋳立可申由、被申渡候、併銭屋可仕と望申者於有之ハ、互ニ可尋由、儀定之事、(36)

奉行所の行政記録である「日帳」には、このように記されている。「新銭」鋳造に領内の町人は猛反撥しており、訴訟も辞さないという姿勢であった。この反応には藩側も泡を食ったようであり、急遽奉行所まで町人を召し連れ、直接説得することとなった。一方、有力商人と思われる松尾道二（道仁）なる人物に「新銭」鋳造を請け負わせることを取り決め（そのような請負業者を「銭屋」と呼んでいる）、ほかに請け負いたい者が出れば松尾と相談させるべき旨を決定している。

この意外な猛反撥は、当の松尾を及び腰にさせたようである。同年四月五日には松尾から「中々請合候事不罷成」との返答があったと報告されており、請負を渋った。そこで奉行衆は忠利に伺いを立てた[37]。その返答は「新銭之儀、銭屋を定候者可然候へとも、過分之儀にて候故、可仕与申者只今者無之由、左様ニ可在之候、拾貫目・弐拾貫目ハ我等買候者、弐三千貫目も小倉ニ取扱可仕候由、左様ニも可仕候」というものであった[38]。「銭屋」が未だ定まっていないのは、町人の反撥によって普及が懸念されているためであったことから、藩自らが一〇〜二〇貫文を買い取れば、二、三千貫文程度が小倉で普及するであろうという見通しを述べている。藩が率先して「新銭」の授受を行う旨を周知させることによって、領民も受容し円滑な流通が期待出来る、という見通しであった。この忠利の意向に松尾は納得したとみえ、「銭屋」として「新銭」鋳造を開始することとなった。

ところで領内での銅山開発が頓挫したにもかかわらず、原料となる銅はどのようにして調達したのであろうか。これについて伊東氏は、銅を産出する長州藩毛利氏領国や、対外交易によって調達したことを指摘している。実際「新銭地かね」の調達奉行を決めており[39]、採掘ではなく、領外からの買い付けによって調達していたことは確かであろう。寛永元年（一六二四）八月に領内の香春を鋳造所に定め[40]、本格的な鋳造が開始された。

そして翌九月に、その見本を江戸に居る忠利に送っている。忠利は、「其内随分ふるはかし候へ」と返答したという[41]。「ふるはかし」は「古ばかす」と解釈でき、古銭に似せる細工を施すように要求していることがわかる。この遣り取りは当時における銭貨に対する観念を窺い知るものとして興味深い。当該期にあっては、銭貨の多くは劣化が進行しており、その劣化した状態こそが、貨幣として受容される要件となっていたのである。先にみた「新銭」への反撥も、このような観念が作用したものと見なすこともできよう。かかる時代にあっては、新たに銭貨を鋳造して投下しても、その浸透を図ることは極めて困難だったであろう。

このように並々ならぬ意欲で「新銭」を鋳造し、寛永二年（一六二五）三月には市場へ投下してその流通を促進した。(42)しかしその結果は、散々なものであった。

3　「新銭」流通の頓挫とその原因

細川氏は領内への銭貨流通促進のため、自ら「新銭」を鋳造して投下する計画を推進し、その実現を果たした。ところがやはり当初から市場では「迷惑」であったように、授受が忌避される懸念を内包したままの強行投下であったことから、銀比価が暴落したのである。そもそも銀比価については、「甲乙無之様」に定めるよう忠利から通達があったが、(43)この時点で「新銭」一貫文＝銀五匁の相場が定められたと思われる。これは幕府が定めた銭一貫文当たり銀一五匁とする換算比率に比べ、銀比価をかなり安く設定している。「新銭」があくまで領内通用を目的とするものである以上、他地域で流通する銭貨と同価値に設定する必要はなかったであろうが、元々領内での「新銭」忌避傾向が強かったことを勘案し、受容されやすくするために控えめな相場設定を行ったと考えられる。(44)結果、次のような事態になる。

一、新銭之儀壱貫ニ五匁ニ相定下にてハ、三匁五分・七分ニ売買仕由候、左候へハ安ク買高ク運上ニ上ケ、又運上之ことく遣方へ渡候へハいつれもめいわく可仕候、左候而安ク仕遣候事もミだりに候、此儀ハ小左衛門《(野田)》ニ申付候かと覚候、何とそ埒のつき候様ニ分別仕候へ、其上式部ニ申聞相ふれ候へと小左衛門ニ可申候、但奉行共

ニ申付候哉失念申候事、(45)

寛永四年（一六二七）六月頃になると、実際には「新銭」一貫文当たり三匁五分～七分程度の相場で流通していた。そこで安く「新銭」を買い取り、一貫文当たり銀五匁換算であった諸役運上に充てることによって、その差額を稼ごうとする事態が横行することとなった。しかも、低い相場で「新銭」を入手しながら、「新銭」による支払には正規の比価での取引を強要することによって、トラブルの頻発していたことが窺える。このような事態を打開するため、翌七月に次のような法令を発布した。

一、（寛永四年）七月廿七日ヨリ新銭つかい様之条々御返事相触候書付、御奉行中ヨリ仕出之扣

一、銭直段ハ壱貫文ニ付銀子五匁宛分事、

一、にせ銭・やけ銭・われ・かけをゑり、此外ハとり可申事、

一、小倉東西の町に被定置候銭屋へ銭を売候ハヽ、壱貫文ニ付四匁九分ニ売可申候、壱貫文ニ付壱分宛ハこう（口）せん（銭）として銭やとり、又同所ニて銭をかい候者ハ壱貫文五匁宛ニかい可申候、右之通り銭屋ニ而ハ米銭多少をかきらす取遣可仕候、此後ハいかほとニても銭をかいこみ候へと、銭や共ニ申付候事、

一、よろつうりかひ物銀子弐匁分迄ハ、銭ニて取遣可仕候、若此旨於相背ハ、双方曲事たるへき事、

一、銭を渡へきと申候て大分ニ而も取可申候、若とり申ましきと申もの候ハヽ、曲事たるへき事、

一、諸運上ニ銭を所持候ものハ、いか程ニ而もたて可申候、但直段ハ壱貫文ニ付五匁宛の事、

一、何とてもかよい日記ニてかい調候ものハ、銀子弐匁ヨリ下の分ハ、つもり立銀高いかほとニ成候共、銭をわたし可申事、

一、今ほと銭所持仕うり申度と存候もの候ハヽ、如何程にても可被召上候、代銀・米ニ而も壱貫文ニ付五匁宛

之算用ニ可被渡遣事、

右之前堅可相守候、若相背もの有之ハ曲事可申付候間、被得其意可被申触候、已上、(46)

第一条で改めて「新銭」一貫文＝銀五匁とする固定相場を強制させることを確認した上で、第二条では撰銭規定を盛り込んでいる。このような条項をあえて挿入したのは、「新銭」がまさに撰銭の対象となりうる事態に陥っていたことが考えられよう。そのことは、第五条において「新銭」の受領拒否を禁じていることからも窺える。実態としては、かかるトラブルが頻発していたのであろう。

注目すべきは第四条である。伊東氏も指摘する通り、実際には銀が少額取引にまで浸透している中で、銀二匁分以下の取引には強制的に銭貨を使用させようとするものである。おそらくは、そもそも「新銭」を鋳造した目的が、ここにあったことが考えられる。銭貨の流通量不足によって銀の少額貨幣化が急速に進行した結果、退蔵額も増加することになり、銀の流通量不足が出来していたことが考えられる。そもそも細川氏は借銀が多額に上っており、銀不足による相場上昇は財政に打撃を与えるものであったはずである。そこで銀の少額貨幣化を抑止し、相場下落によって藩財政の安定化をはかる意向が働いた結果、「新銭」鋳造が企画されたのではないだろうか。

結果からみて、その目論見は極めて甘いものであった。実勢相場が設定比価よりも暴落したことによって逆手に取られてしまい、市場の側が諸役運上の実質減を勝ち取ってしまったのである。ここに至っては、「新銭」鋳造はかえって藩財政逼迫を進行させる結果となってしまい、その意欲すらも失われてしまったのである。寛永五年（一六二八）六月には、藩による買い付けの際、銭貨での支払に難渋する動向を受けて、「銭を渡候とも、又ハ金・銀・米を渡申候とも、其方ハ無構、銀一へんの直段ニ可被仕通、申渡候」という姿勢に転じていた。(47)金・銀・銭・米での支払を勝手次第とするものであるが、実際には銭忌避の姿勢を受けて銀での支払要求を容認することとなった。「新銭」

の失敗は、銭貨一般の忌避という事態にまで発展したと考えられる。

4 「新銭」登場の歴史的意義

細川氏による領国貨幣としての「新銭」鋳造は、結果的には市場に忌避されてしまい失敗に終わった。ただし十七世紀前半段階においては、各藩において領国内で完結する領国貨幣を鋳造し、投下するような基盤が存在したことは、注目されるべきであろう。そのような基盤は当該期に突如として形成されたのではなく、十六世紀において徐々に構築された銭貨流通の地域的秩序の醸成にあったものと考えられる。

「新銭」鋳造は失敗に終わったが、後の寛永九年（一六三二）に細川忠興（三斎）から忠利に宛てた次の書状を見てみよう。

一、馬の沓・わらち・足なか、馬・人足之分者被召遣候様ニ被申付、馬の飼・兵粮ハ不及申、若左様之もの被召遣候事無用との御法度ニ候者、安ク直を定、往還心安様ニ被申付之由、又はたこ町人《(旅籠)》ニ被申付、其国々の銭別々にて候故、京銭ニうけさせ、以来其方かい取可遣と被申付之由、さても〳〵きもをつふし申候、日本始持分之国を、上使衆通候とて加様ニ申付候所ハ、以来も有間敷と存候、余心を被尽、以来之身之痛ニ可成かと無心元存候事、(48)

領内へ訪れた上使衆の用途について、「其国々の銭別々」なので、「京銭」による支払を受けることとし、そしてその「京銭」を藩が買い取ろうとする忠利の意向に対し、忠興はそのような前例はないと窘める内容である。領国ごとに異なった秩序によって銭貨が流通していたことが明確に意識されており、そのため、領国を越えて使用される精銭の位置づけを得ていた「京銭」(49)による支払を要求することによって、トラブルを避けようとするものであった。安国良一氏が述べるように、領国を越えた往来の場である宿場においては銭貨が主に使用されており、その地域的差異の存在が問題視されていた。(50)その「京銭」をなぜ細川氏が買い取ろうとしたのかは理由が明確ではないが、かえって領国内では「京銭」が多くは流通していなかったため、領内の旅籠では受領を渋る情況にあったことが考えられる。藩による新たな銭貨の鋳造・投下は受け入れられなかったが、既に領国単位で銭貨流通秩序が分化しており、領国内流通を担う銭貨と、領国を越えて使用される「京銭」が併存する、いわば銭貨流通の二重構造が形成されていた。この構造は、十六世紀において勃興する地域権力としての大名領国が、実質的には十七世紀前半にまで引き継がれており、それによって形成された銭貨流通秩序の地域分化もまた随伴していた。

ただし、十六世紀以前とは異なり、大名権力が自ら銭貨を鋳造し投下する動向は、十七世紀前半に初めて明確化したことは確かである。そこに前代との歴史的段階差が存在するのであり、これは一口に地域権力とはいえ、少なくとも貨幣政策においても、戦国期大名権力と近世初期大名権力とは明らかに異質な権力体である。

独自に銭貨を鋳造・投下しうる力量がどのようにして備わったかについては、当該期の幕藩関係に配慮しながら考える必要はあるが、その点については今は詰め切れず、今後の課題としたい。ただ銭貨流通に特化して述べるならば、十六世紀後半において金・銀（・米）が貨幣として流通しはじめたことにより、とりわけ高額貨幣である金・銀が隔地間流通を主に担う一方、銭貨は比較的少額取引に特化されてゆき、それぞれの地域内での流通を担う傾向にあったと考えられる。十七世紀に入るとそれが一段と進み、銭貨は地域内で完結する度合いが進行し、各地域権力による独自な対応を可能としたのではないだろうか。十七世紀前半における銭貨流通の特質については、細川氏の事例のみならず、より多くの事例を参照しながら検討を重ねてゆく必要がある。この点もまた今後の課題としたい。

おわりに

以上、十六世紀後半から十七世紀前半にかけての銭貨流通秩序の推移について検討を行った。課題は多く残されたが、概ね次のように整理しておきたい。十六世紀後半には賦課基準として形成された基準額と実際に流通する銭貨との価値格差が顕在化し、その換算比率も各地において独自に形成されていた。徳川政権は関東や街道筋を中心としてその解消を課題とし、一定の成果を収めた。それによって領国を越えて均質な価値を有する精銭（「鐚銭」、のち「京銭」）に基づく銭貨秩序の形成を果たすことができた。そして、寛永十三年（一六三六）の寛永通宝発行は、その延長線上に位置づけられるものであり、第一義には精銭流通量の減少を補塡することが主目的であったと推察される。(51)

一方、各大名領国を主な単位として秩序の地域分化が進行することとなり、上記の精銭とは異なる銭貨が地域内流通を担う形で流通することとなった。そして、各大名も独自に銭貨政策を実行しており、その流通量補塡も独自に行われていたのである。ただし、大名による独自の銭貨鋳造は、寛永通宝発行以後の寛永十七年（一六四〇）に明確に禁止されることとなった。これは寛永通宝の大量鋳造が成功し、流通量が潤沢に確保されることとなったためであるという。(52)これが、地域的な銭貨流通秩序が徐々に解消されてゆく転換点であったものと考えられ、以後渡来銭の流通からの退場が進行して寛永通宝単体での流通が浸透することにより、十五世紀後半から続いた銭貨流通の中近世移行過程が終わりを告げることとなるのである。

註

（1）　伊東多三郎「細川小倉藩の鉱山と貨幣」（同『近世史の研究』五、吉川弘文館、一九八四年、初出一九六八年）。

(2) 本多博之「近世初期幕府の銭貨政策と長州藩」(『広島女子大学国際文化学部紀要』一三、二〇〇五年)。
(3) 中島圭一「西と東の永楽銭」(石井進編『中世の村と流通』吉川弘文館、一九九二年)。
(4) 中島註(3)論文。
(5) 「諸州古文書・甲州二上(上吉田村浅間神社神主小澤河内蔵)」(佐藤進一・百瀬今朝雄編『中世法制史料集』五・四九二号)。
(6) 中島圭一「撰銭再考」(小野正敏・五味文彦・萩原三雄編『モノとココロの資料学』高志書院、二〇〇五年)。
(7) 中島圭一「日本の中世貨幣と国家」(歴史学研究会編『越境する貨幣』青木書店、一九九九年、初出一九九八年)参照。
(8) 佐脇栄智「後北条氏の貨幣政策について」(同『後北条氏の基礎研究』吉川弘文館、一九七六年)、滝沢武雄『日本の貨幣の歴史』(吉川弘文館、一九九六年)。
(9) 「井田文書」(前掲『中世法制史料集』五・四八〇号)。
(10) 「相州文書」五淘綾部・中里村庄左衛門蔵(同前書・五〇八号)。ここまでについては、第六章参照。
(11) 滝沢註(8)書一〇一〜〇五頁。
(12) 佐脇栄智氏はこのような銭貨が「中銭」と呼ばれたとする。佐脇註(8)論文参照。
(13) 滝沢註(8)書一一二頁。
(14) 「中村文書」(『静岡県史』中世四・一七二二号)。
(15) これは天正四年(一五七六)頃から貸借・年貢額表記基準である「本銭」(精銭額)と流通銭との価値が分化し、後者が「びた」と呼ばれるようになる奈良の動向と通底するものである(毛利一憲「ビタ銭の価値変動に関する研究(上)」、『日本歴史』三一〇、一九七四年)。徳川氏の政治的位置も勘案すれば、京都との関係が関東に比べれば高かったためであろう。
このように考えると、武田氏とは違い徳川氏の場合は領国内で銭貨流通秩序を完結させようとする意向が比較的小さかったことが考えられる。それは、領国が太平洋海運のルート上に位置するように、隔地間流通との関係が深かったためではないだろうか。この点についての検証は今後の課題としたいが、さしあたり永原慶二「伊勢商人と永楽銭基準通貨圏」(同『戦国期の政治経済構造』岩波書店、一九九七年、初出一九九三年)参照。
(16) 『徳川禁令考』三六八六。
(17) この視点に注目した論考として、安国良一「近世初期の撰銭令をめぐって」(歴史学研究会編註(7)書所収、一九九九年)がある。

(18) 児玉幸多編『近世交通史料集八・幕府法令上』(吉川弘文館)所収。各街道の宿場や舟着等に一斉に発給されている。なお児玉『近世宿駅制度の研究・増訂版』(吉川弘文館、一九六五年、初出一九五七年)参照。滝沢註(8)書、安国註(17)論文にも関連する言及がある。

(19) 滝沢註(8)書一一二〜一一三頁。

(20) 一六〇〇年代前半における永楽銭と通用銭(鐚銭)との換算比率の変遷に関しては不明な点が多く、さらなる精査を今後の課題としたい。なお「鐚」の字は、このように徳川氏(江戸幕府)による撰銭令において初めて現れる点に留意しておきたい。

(21) 『徳川禁令考』三六八四。

(22) 「永楽銭ハ一切取扱ふへからす」という文言の解釈をめぐって、その流通を一切禁止するものと捉えるか、永楽銭の優位性を禁止し、他の渡来銭と同価値にするものと捉えるかで見解が分かれている。前者の説を採るものに、渡辺世祐「足利時代に於ける撰銭とグレシアム法」(『史学雑誌』三三—一、一九二二年)、浜村正三郎「永楽銭の禁止を論ず」(『経済史研究』二七—五、一九四二年)、藤田五郎「撰銭禁制と貨幣改悪」(同『藤田五郎著作集四—封建社会の展開過程』御茶の水書房、一九七一年、初出一九五二年)、安国註(17)論文などがある。後者の説を採るものに、小葉田淳『改訂増補日本貨幣流通史』(刀江書院、一九四三年、初出一九三〇年)、滝沢註(8)書などがある。筆者はそれに続く文言も勘案すれば、この法令自体は永楽銭の流通そのものを禁ずる法令であったと考え前者の説に立つ。ただし、実態としては永楽銭が流通から排除されることもなく、他の銭貨と同価値で流通し続けた可能性を否定するものではない。論旨に即して言えば、永楽銭禁止は但し書で言及されるにすぎず、そもそもこの法令は実際に流通していた永楽銭への対策が主眼ではなく、通用銭(鐚銭)との換算基準を確定することにこそ目的があったと考える。永楽銭の流通そのものについてはそれほど重視されていなかったのではないだろうか。
なお滝沢氏は後者の説を採っているが、別のところで「去年永楽銭遣間鋪由、関東に於いて定められける」(『当代記』慶長十四年[一六〇九]八月条)という史料を引用している(同註(8)書一二〇頁)。これを「優位性の否定」と解釈するのは無理ではないだろうか。

(23) 十六世紀末期には、金・銀に対する銭貨の比価が暴落していたという指摘がある。岩橋勝「近世の貨幣・信用」(桜井英治・中西聡編『新体系日本史一二・流通経済史』(山川出版社、二〇〇二年)参照。

(24)　なお滝沢武雄氏は、佐脇栄智氏が六倍基準の放棄をグレシャムの法則が作動したためとする説（佐脇註(8)論文）を批判するなかで、後北条氏の「精銭」（実際は通用銭）とここでの鐚銭を直接比較はできないと述べるが（同註(8)書一一九頁）、ここでも両者の定義に対する混乱が見られる。既に述べたように、通用銭として永楽銭に対置される銭貨であるという点で、後北条氏時代の「精銭」と徳川政権（幕府）時代の鐚銭は同質のものと見なすべきである。

(25)　岩橋勝「江戸期貨幣制度のダイナミズム」（『金融研究』一七―三、一九九八年）。

(26)　岩生成一「江戸時代に於ける銅銭の海外輸出に就いて」（『史学雑誌』三九―一一、一九二八年）、黒田明伸『貨幣システムの世界史―〈非対称性〉をよむ』（岩波書店、二〇〇三年）参照。

(27)　安国良一「三貨制度の成立」（池享編『銭貨―前近代日本の貨幣と国家』青木書店、二〇〇一年）。

(28)　先に触れた甲斐国における「銭飢渇」の事例が著名である。

(29)　十六世紀に大隅国で鋳造された洪武銭等の模鋳銭である加治木銭鋳造に、島津氏の関与があった可能性は考えられているものの、その明確な徴証は未だ得られていない。

(30)　伊東註(1)論文、安国註(17)論文。

(31)　「部分御旧記」五六（『熊本県史料』近世三所収、以下同じ）。

(32)　以下、「部分御旧記」二七・二八および伊東註(1)論文を参照。

(33)　「部分御旧記」二七。

(34)　伊東註(1)論文。なお、以後の伊東氏の見解はすべて同論文による。

(35)　「部分御旧記」五八。なお元和十年二月三十日に寛永に改元しているが、細川氏における寛永年号使用はやや遅れており、引用などは史料に即して改元後も旧年号で記す。

(36)　「日帳」元和十年（一六二四）三月二十六日条（『福岡県史』細川小倉藩三所収）。

(37)　「日帳」元和十年四月五日条（同前書所収）。

(38)　「部分御旧記」二七。

(39)　「日帳」寛永元年（一六二四）八月一日条（『福岡県史』細川小倉藩一所収）によれば、「銭い申地かねかい《(買)》申御奉行」に渡辺清兵衛を充てている。

(40) 同右史料。「新銭い申所、かわらニきわまり申候」とある。なお伊東氏はこの「かわら」を川原と解釈し、小倉城下の川原で鋳造したと述べるが、『福岡県史』の注記にもあるように、呼野・採銅所に近い「香春」とすべきである。

(41) 「日帳」寛永元年九月十四日条（『福岡県史』細川小倉藩一所収）。

(42) 「部分御旧記」二七、寛永二年（一六二五）三月二十五日付細川忠利書状参照。

(43) 「部分御旧記」二八、（寛永元年ヵ）八月四日付細川忠利書状。「新銭取やりの直段甲乙無之様ニ年寄共相談之上相極候由、得其意候事」とある。

(44) もっとも、安価なコストで鋳造したことによる可能性も考えられる。その場合、「新銭」の品質が劣ることも予想され、それがさらに忌避感を煽った可能性があるだろう。ただしこの推測については、史料面では明らかではない。よって忌避の原因については、ひとまず品質の差異は問わない。

(45) 「部分御旧記」二八、（寛永四年ヵ・一六二七）六月二十四日付細川忠利書状。伊東氏は寛永五年（一六二八）とするが、後に触れる通り寛永五年六月には既に「新銭」普及を放棄する態度を見せていることから、筆者は寛永四年と推定する。

(46) 「細川家記」二二（東京大学史料編纂所架蔵謄写本）。なお伊東氏は六月とするが、七月の誤りである。

(47) 「日帳」寛永五年（一六二八）六月十二日条（『福岡県史』細川小倉藩二所収）。

(48) 『大日本近世史料』細川忠興文書一七四八、寛永九年（一六三二）七月十一日付細川忠利宛書状。

(49) ここでの「京銭」は十六世紀に悪銭として撰銭令に頻繁に記載される「京銭」とは異なるものであり、後北条氏の精銭や、幕府撰銭令に見る鐚銭と同様の地位を得る流通銭であったと考えられる。安国註(17)論文参照。

(50) 安国註(17)論文。

(51) 安国註(17)論文、本多註(2)論文参照。

(52) 本多註(2)論文参照。

終章　中近世移行期の流通構造と貨幣

はじめに

本書では、十五世紀後半から十七世紀前半の日本において発生した貨幣流通の諸問題と、特有の経済事情について具体的に検討を加えてきた。本章ではそれらの検討結果を踏まえ、そもそもなぜこの時代に悪銭が流通し、中世を通して維持されてきた貨幣流通秩序が動揺していったのかについて、流通構造の枠組みのなかで考察を行うことにより、結論としたい。その前提として、これまでの検討結果を踏まえて、当該問題の要点を整理しておきたい。

中世日本において、中国から移入された銭貨（渡来銭）が貨幣としての地位を獲得し、広く普及した事実は縷々述べた通りである。その端緒は十二世紀にあったが、渡来銭の普及には国家権力が関与することなく、市場における使用の広がりによってもたらされたのであった。そして、品位・銭文・形態を問わず一枚の銭貨をすべて一文として計算するシステムが、列島全体にわたって自律的に共有されることとなった(1)。このシステムは、十五世紀前半まで安定的に維持される。

十五世紀後半に入ると、変化が訪れる。すなわち銭貨の撰銭によるトラブルの頻発である。最低限使用に耐えうるすべての銭貨が均しく一枚＝一文として受領されるシステムが動揺し、特定の銭貨が悪銭と称されて忌避対象となったり、逆に特定の銭貨の価値が浮上し、他の銭貨との価格差（打歩）が生じる事態となった。そのため、様々な銭貨授受の場において混乱をもたらすこととなったのである。このような事態に直面することにより、幕府をはじめとする諸権力が撰銭令（撰銭禁令）と呼ばれる法令を発布して、その統制に乗り出してゆく。

なぜ十五世紀後半にこのような事態に至ったのであろうか。長く支持されてきた通説によれば、日本で流通する渡来銭の多くを占める北宋銭を中心に経年劣化が進行し、比較的新しい明銭の流通も相まって銭貨の品位差が拡大したことによるとされてきた(2)。それにより、品位の劣る銭貨が悪銭とされ、忌避対象となったというのである。

しかし序章で述べた通り、この図式には問題がある。幕府が発布した撰銭令に象徴的なように、比較的新しい明銭が逆に忌避対象となった形跡の窺える点である(3)。むしろ比較的新しい銭貨が忌避対象となる傾向を持っていたのであり、経年劣化の度合いが悪銭の指標とはなりえない。品位の格差拡大が撰銭が社会問題化する契機の一つであったことそのものは否定しないが、それのみを原因とすることもできないのである。

この問題点をめぐっては、十五世紀後半に明朝が銀財政へ転換したことによって、中国における明銭の価値暴落が日本に伝播したとする足立啓二氏の説が注目され、その是非をめぐって議論が続けられてきたが(4)、一連の議論は日本の実態に対する実証性に乏しいことが問題であった(5)。近年の中世貨幣流通史研究において、日本の経済事情にほとんど配慮がされてこなかったきらいがある。この点は看過しがたい問題である。貨幣は当該社会の経済構造に深く関わる存在であることが自明である以上、撰銭によるトラブルの原因についても、中世日本の流通構造論に内在した考察が求められよう。この作業が、本書で最後に残された課題である。

一　中世銭貨流通史の画期――悪銭の登場

まずは中世後期における銭貨流通秩序の変化の具体像について検討し、その特徴について把握することとしたい。

1　十五世紀末期における悪銭の登場

中世日本の銭貨流通は、渡来銭が中国から安定的に供給されたことによって成り立つものであったことは言うまでもない。しかし先学の指摘によると、既に十四世紀には日本において私鋳銭の鋳造および流通も認められている一方で、特に問題なく他の銭貨と同様に流通していた(6)。そもそも貨幣は、貨幣として勘渡されるモノの質的差異ではなく、相手が交換手段として認知し、受領するかどうかが決定的な成立条件ともされる(7)。すなわち銭貨の質的差異そのものよりも、どんな銭貨であっても一枚＝一文とする基準が社会全体に安定的に共有され続けたことによって、秩序が維持されていたのである(8)。

ところが十五世紀後半になると、銭貨流通史において画期的な現象が発生した。すなわち既に述べた撰銭の社会問題化である。撰銭とは、あるまとまった銭貨群から、なんらかの基準によって、一部の銭貨を排除するという行為であると定義されよう。もっとも、経年劣化等によって、使用に耐えないと判断された銭貨（悪銭）を排除するという意味での撰銭慣行そのものは、中世を通じて存在するものである。しかし、史料上に「撰銭」や「悪銭」の文言が頻出し、その対応を巡って様々なトラブルが看取されるのは当該期以降であり、その背景を時代情況に即して考える必要がある。

銭を選別するという行為が発生する前提として、雑多な銭種を区別する観念の登場が注目される。管見の限りその最も早い事例は、長禄二年（一四五八）に大乗院門跡尋尊が銭種について記録したものである。[9] そして小葉田淳氏によれば、「寛正三年造内宮記」や「氏経神事記」等の記事によって、伊勢では長禄三年（一四五九）において既に「悪銭」や「撰銭」の記事が見出されるという。[10]

ただし悪銭の文言を史料上で多く確認できるようになるのは、応仁・文明の乱を経て一四八〇年代以降になってからである。次にいくつかの荘園収取の事例から、その事実を確認したい。

まずは、賀茂別雷神社（以下、賀茂社）領能登国土田荘の事例を挙げる。

一、悪銭於京都安洲井（ママ）方渡申由蒙仰候、言語道断次第候、於国者ゑらミ候て渡候間、堅被仰候て可有御請取候、
　承候間渡申候、御心得肝要候、

（中略）

（明応六年ヵ・一四九七）五月十日　（隠岐）統朝（花押）

賀茂社務殿

尊報[11]

この史料は、収納請負業者であった土倉野洲井が賀茂社へ悪銭を納入したことでトラブルとなり、それに伴って、現地を実効支配する守護畠山氏被官の隠岐統朝が収取段階で撰銭を行い、野洲井に勘渡したことを報告したものである。代官に対するこのような荘園領主側の要求はほかにも見られ、例えば北野社においては、明応元年（一四九二）十二月に松梅院禅予が加賀国福田荘から納入された一八〇貫文について、「此内悪銭在之者、追而可返者也、」と代官に対し注記している。[12] このほか石清水八幡宮においては、永正九年（一五一二）の播磨国福田保南条における赤松氏

被官高見長実の代官請文に、「於御年貢銭者、清銭可納申、若悪銭等在之者、撰給替進納可申事」との文言を確認できる。(13)

ほかに東寺領備中国新見荘の場合、年貢銭への実際の悪銭混入は永正三年（一五〇六）であり、(14)同じ東寺領の播磨国矢野荘においてもほぼ時期を同じくしている。しかし東寺による悪銭混入への対策は、少し遡って確認される。すなわち明応九年（一五〇〇）十二月に矢野荘代官中井連乗（連承）に対し、「於悪銭者、連乗仁可被弁之由」を通知し、悪銭検出による納入額の目減り分は代官側の負担とする対応を採った。(15)同年十月に幕府が初めて撰銭令を発布した事実との関連も推測されるが、(16)実は年貢銭への悪銭混入と、領主側による対応はそれよりさらに遡って確認されるものであった。

このように、荘園領主は十五世紀末期になると、代官等に対して年貢銭への悪銭混入の際の補塡要求を盛り込むようになっていた。このような事例が多く見られるのは十六世紀に入ってからであるものの、荘園領主による悪銭対応への動きが十五世紀末期には既に登場していたことが明らかである。なお幕府撰銭令を巡って、高木久史氏は直前に起こった細川政元の大規模な軍事行動とそれに伴う食糧需給バランスの混乱を重視するが、(17)その影響が皆無ではないにしろ、撰銭令発布の条件はそれより以前から整えられていたと考えるべきであろう。(18)

このことからすれば、十五世紀末期には既に年貢銭への悪銭混入が現実問題となっていたことが考えられる。比較的早い事例としては、先に見た賀茂社領土田荘の場合、年貢銭への悪銭混入事例の初見は長享二年（一四八八）であり、ここでは一貫文の「悪銭」を五一一文の「本銭」として帳簿処理を行っている。(19)この段階ではまだ代官への補塡要求は行われず別の対応を採っており、にわかに悪銭の処理を迫られる状態にあったと考えられる。

すなわち長享期には未だ悪銭に対する対応手段の確立段階にあったのであり、荘園領主側が悪銭混入という新たな問題を抱えるに至る画期とすべき時期であったものと考えられる。そして一四九〇年代にかけて、荘園領主は年貢銭への悪銭混入対策を講じるようになった。注目すべきは、このような対応が複数の荘園領主においてほぼ時期を同じくして一斉に見られるようになったことであり、悪銭流通の社会問題化が顕在化した事実を如実に示すものである。よって、中世銭貨流通史の画期として、一四八〇〜九〇年代が重視されるべきであろう。

2　悪銭トラブルの深刻性

十五世紀末期に突如として荘園領主は悪銭混入への対応を迫られたものの、それでも混入を完全に防ぐことはできず、受領後の撰銭は欠かせなかった。しかし、受領段階ですぐさま悪銭の混入を見抜くことはできず、後に算用段階となって初めて気付くケースも多いのである。先に見た北野社領の事例において典型的なように、請取段階で撰銭の貫徹が果たせず、後の算用段階で悪銭混入が発覚する事態が想定されていた。無論一〇〇貫文を超えるような多額の銭貨をすべてチェックする事はかなりの手間を要したであろうことも影響したであろうが、比較的少額の納入事例でも算用段階になって悪銭が発見される事例も少なからず存在することから、単純に手間の問題だけであったとも言えない。年貢銭ではないが、賀茂社の事例に問題の深刻さを窺わせる史料がある。

　定氏人中置文事

右子細者、今度惣中借銭之内、号四貫文余悪銭私曲之由内々風聞在之事、実者太不可然、所除彼料足今度出銭ニ可立用申者也、如此雖相定、尚無承引者、時之評定衆堅可歎申之　旨、衆儀一同定処之状如件、

　永正十年《一五一三》七月吉日　（氏人署判略）(20)

この史料によれば、賀茂社が行った借銭のうち、四貫文余の悪銭が含まれていたと称して処理した事が「私曲」で

あったと噂されていた。悪銭ではないものを悪銭と処理して着服したのではないかと疑いをかけられたのであろう。そこで、調査してその噂が事実であれば、悪銭として除いた銭貨を「今度出銭」に立用するよう定めたのである。総額は不明であるものの、借銭した銭貨に悪銭が四貫文余も含有するというのは重大である。

悪銭混入によってもたらされるトラブルが深刻化する事態を懸念したであろうことから、貸主が意図的に悪銭を混入させることは考えにくい。また、貸主に悪銭を返却した様子を窺えない点も不審である。傍証に乏しく背景を探る事は困難であるが、私曲の疑義は事実であったのかもしれない。

ただしこのような問題の発生は、借銭という京都における銭貨授受においても、悪銭かどうかの区別が瞬時には行えなかったという深刻な社会状況に起因するものであったと言えよう。また、撰銭令が頻繁に発布される永正期においてもなお（むしろ頻繁に発布せねばならないということこそ）、日常取引において相当量の悪銭が実際に流通していた事態を見出せよう。

もっとも、以上のような経緯であるならば、少なくとも京都においては、幕府が撰銭令を発布することにより沈静化するはずである。しかしそうはならなかった。その原因がなぜであるかは、そもそも悪銭とはどのような経緯で生み出される銭貨であったかという問題から考えてゆく必要がある。それは単に銭貨の経年劣化に基づくものではなく、流通構造の変化に起因する可能性が想定される。そこで次に中世後期の流通構造論の整理に基づいて検討を加えたい。

二　中世後期経済構造と銭貨流通の二重構造

1　二つの流通構造論——求心的流通構造と地域経済圏

中世後期日本の流通構造をめぐっては、既に多くの研究蓄積がある。その核となっているのは、求心的流通構造論と地域経済圏の議論である。まずはその整理を行うこととしたい。

中世経済を支える根幹的社会システムは、もちろん荘園制であった。そのため中世における物流は荘園制支配による年貢輸送がその多くを占めると考えられ、結果として、領主の大半が居住する京都へ向けて各地から物資が集中するというモデルが想定されることとなった(21)。だからといって、荘園制によらない商品流通が微少であったわけではない。中世前期において既に各地において地域特化した生産物が多くみられ、それらが商品として流通していた(22)。しかし、これらの商品はやはり大消費地である京都を中心とした畿内へ求心的に向かっていくとされる。このような構造は「求心的流通構造」と呼ばれる。すなわち、各地での生産物が求心的に京都へ集中し消費されるか、再び各地へ拡散するという経済構造である。

しかし、このような経済構造であったとすれば、ただちに次のような疑問が浮かぶ。すなわち佐々木銀弥氏が明らかにしたように、十二〜十三世紀にかけて荘園においては遠隔地を中心に現物納から代銭納へと移行したという事実により、銭貨が求心的に京都へ集中することがあっても、各地における生産物が果たして同様に求心的流通構造の枠組みに包摂されるものであったか、ということである。これについて佐々木氏によると、大量の生産物を仕入れうる資本を有した有力商人の、各荘園市場への進出を前提条件として挙げている。そこで想定される図式は、各荘園市場で生産物を商人に売却することによって換貨し、その銭貨を領主へ納入する一方、商品となった生産物が商人の手によって大規模消費地（京都）へ輸送され、販売されたというものである。ただし佐々木氏は、十四世紀には代銭納が衰退に向かうと捉えている。代銭納のシステムそのものは十六世紀まで継続してはいるが[23]、一般的には遠隔地からの年貢納入が逓減傾向にあることは事実である。荘園制に基づく隔地間流通の規模は、全体的には低下したと考えられる。

だからといって、荘園制の「衰退」を過大視することもできない。近年では中世後期における荘園制が積極的に見直されており、その経済的影響力も無視できないことが明らかになってきた[24]。とりわけ土倉等の金融業者が代官請負を行う動向が顕著であり[25]、彼らが年貢銭輸送に携わるという形で、中世後期においても荘園制に基づく求心的流通構造を一定度下支えしていた。応仁・文明の乱以後においても、規模は縮小するものの、既に見た賀茂社領能登国土田荘のように、土倉が収納請負を行う情況は維持されていた[26]。このような状態は概ね戦国期を通じて維持され、戦乱の絶えぬ中、京都も都市機能を徐々に回復したと考えられる[27]。

一方中世後期の流通構造について注目すべきは、「地域経済圏」を巡る議論である。鈴木敦子氏は、十四世紀での生産力発展に随伴する貨幣経済の浸透を契機として、領主主導で成立した荘園内の市場が十五世紀にかけて徐々に広汎に成立していくと主張した[28]。ただしここでいう地域経済圏とは、それぞれが自己完結性の強いものではなく、地域内流通を意味する局地的ルートと、地域間をまたぐ幹線ルートの二重構造によって構成されていたという。先に見たように、中世前期での代銭納制の浸透は、在地での換貨の場（市）の存在が不可欠であるという視点からも、その意味で各地での貨幣経済の浸透を前提条件とすることは首肯できるものである[29]。

その背景を生産力発展に収斂させる点については、近年における発展段階論批判の高揚を受けて、再考が求められている。とはいえ仮に生産力発展を認めないならば、各地への貨幣経済の浸透は、領主の要求する収取体系に対応する形で、各地に市場が強制的に形成される構造が想定されよう。そういう市場も存在したかもしれないが、今知られる中世市の多くはそのようなモデルには該当しないはずであり、新たに地域市の誕生する歴史的動向の背景に、生産力発展が存在した事実は認めるべきであろうと考える。

この点に関連して、鈴木敦子説への疑問も呈されている。中世前期までの荘園制に基づく求心的流通構造に対置する論理展開であったため、中世後期において勃興する地域市場を代銭納制の浸透による荘園市場の発達に収斂させたことによって、荘園制とは必ずしも関わらない流通拠点や自由市場の勃興を区別せず、それらをすべて「地域市場」と一括した点である。(30)

この問題について井原今朝男氏によると、中世後期の求心的構造は荘園制にのみ基づくものではなく、各地域の領主層による京都志向や、荘園制に依らない各種夫役負担などがかかる構造を下支えしていたと見る。(31)一方で中世後期では荘園財政における国下用の増加によって各地に有徳人層の形成が進み、在地に社会的富が蓄積されたとも述べる。大局的にこのような動向が存在したことは事実であったと考えられ、荘園制的秩序の有無は別として、十五世紀には各地で拠点市場が発達し、その地域内流通が進展してゆく時代情勢にあった。

2　十五世紀後半以降の流通構造

十四世紀から十五世紀にかけて、地域経済圏の興隆を中心に経済構造が変化を見せ始めたことを確認した。それを踏まえつつ、貨幣流通秩序の変化について検討を行いたい。

その前提として、十五世紀後半という時期において、応仁・文明の乱の持つインパクトが絶大であったことは言うまでもない。「首都」京都の求心性は、室町期守護の京都集住という政策的理由によって消費人口が増大し、彼らの奢侈的性格も相まって、物資を集中させる力が働いていたことによって維持されていた。しかし、その消費人口が応仁・文明の乱を境に減少したことは米価下落からも裏付けられ[32]、超越した大消費都市としての京都の地位は低下した。問題はそれだけではない。応仁・文明の乱へと向かう世情にあって各地で頻発した紛争が流通構造に与えた影響も無視できない。そのキーワードとなるのが、「路次物騒（物忩）」である。つまり、戦乱によって流通路の安全な通行が脅かされる事態が頻発したのである。

例えば新見荘では、寛正五年（一四六四）の情況として、「御割符を尋候へ共、当国一宮之社務職備前すけ松方、当国之守護方と相ろん候て、更ニ割符持候あき人なんとたやすからす候て、此便宜ニ進上申さす候[33]」という。備中一宮吉備津社の社務職を巡る国人松田氏と守護細川氏との間での抗争によって、商人の往来が妨げられたのである。このような路次物騒による流通路不安は、少なくとも応仁・文明の乱の収束する一四七〇年代半ば頃まで慢性化していた[34]。

さらには時期を同じくして新関が乱立するようになり、いきおい流通コストの増大をもたらしたことが隔地間流通の大きな阻害要因となった事実も既に指摘されている[35]。このほか、十六世紀にかけて戦乱が各地へ波及することによって路次封鎖が頻発したこともよく知られている通りであり、そこでは強固な路次封鎖も伴っていた。一例を挙げると、一向一揆の蜂起による越前・加賀の路次封鎖について、次のような史料がある。

従今度能州上洛僧衆拾八人荷物等財之由相留、前波藤右衛門尉かたへ注進旨心得候、仍彼人数龍沢寺ニ可被置申候由、以中村新兵衛尉申付候、使僧両人ニ相副人、留置候僧衆可渡申候、　謹言、

九月十八日　（朝倉貞景）（花押）

笠松平次郎殿[36]

加賀口通路事、勢州（伊勢貞陸）為御使御下向候条、応　上意候、然間、於当役所書状等撰候之儀可停止候、委細前波藤右衛
門尉可申候、謹言、
（永正十五年・一五一八）
五月十三日　　（朝倉孝景）（花押）
笠松平兵衛尉とのへ
（貼紙略）[37]

前者の史料は一五一〇年前後の時期であったと推定され、能登国から上洛しようとした僧衆一八人を抑留させたことがわかる。後者史料における「加賀口通路」の文言から、笠松氏は越前・加賀国境において、朝倉氏の命によって実際に国境封鎖を担っていた人物と思われる。また幕府の斡旋によって永正十五年（一五一八）に、書状検閲については解除したことも判明する。

このように、往来する使者の書状まで検閲するような厳戒状態を勘案すれば、商人等の往来は厳しく規制されたものと考えられる。実質的には湊津の封鎖を伴ったと推測され、主要流通路であった日本海海運の機能が著しく低下したと考えられる。

西国から京都への主要流通路である淀川水運も、応仁・文明の乱以後にその流通量が激減した事実も既に指摘されている。[38] 戦乱に代表される社会不安の増大が、隔地間流通を大きく阻害する要素として働いた事実は明白であろう。このような事態は旧来の商人を駆逐させ、替わって「新儀商人」と呼ばれる新たな商人の勃興をもたらすほどの衝撃を与えた。[39]

ただし京都の持つ経済的求心力が低下した理由は、応仁・文明の乱にのみ帰することができるわけではない。その徴候はそれ以前にも見られたし、乱以後において完全に無に帰したわけでもなかった。

前者についていえば、荘園制的支配秩序が徐々に衰微する中世後期において、荘園領主経済は逼迫の度合いを深めていた。例えば東寺においては、造営用途の確保が十五世紀後半にさしかかって困難になりつつあり、財政規模自体も大幅に縮小していった[40]。このような動向はとりわけ小規模な領主に典型的に見られたとされているが[41]、東寺クラスの大規模領主においても例外ではなかった。

後者についていえば、規模は縮小したものの依然として大寺社を中心とした領主が存在し、荘園制に基づく収取は継続されることにより、京都の大消費地としての地位はかろうじて残されていた。また堺や坂本など京都近郊の拠点都市が発達することは、戦乱により衰微した京都の都市的機能を補完する性格も纏っていた[42]。その根拠たりうるのは、京都近郊に発達する拠点都市に地盤を持つ商人もまた、京都に居住する領主層との取引を頻繁に行っている事実である。

例えば東寺では、新見荘からの年貢輸送に際して兵庫や堺の商人が振り出した割符を利用している[43]。賀茂社においては、近江海津の商人「大黒屋」に土田荘の年貢収納請負を依頼するという関係が見られる[44]。割符の活用や収納請負の普及といった動向はむしろ中世後期を典型とするものであり、座特権に固められた京都の商人の衰退と、近郊拠点での新興商人の勃興と表裏一体にあるものとも考えられる。すなわち、近郊都市が補完する形で京都の大消費地としての地位をかろうじて維持することとなり、各地から物資が流入する動向そのものは応仁・文明の乱以後においても存在したとすべきであろう。このように「首都」京都が隔地間流通と関係が稀薄になりつつも完全に切断されるわけでもない、いわば中途半端な現象を生じさせたことが、十六世紀の様々な経済情勢を生じさせる要因になったものと考えられる。

3 銭貨流通の「二重構造」

これまでに見た十四世紀から十五世紀にかけての経済構造に基づくならば、結果として貨幣需要の増大と、貨幣の地域内流通の発生をもたらすことが考えられよう。前者について出土埋蔵銭の集積・分析を行った鈴木公雄氏によると、発掘総枚数では十五世紀にピークを迎えるという[45]。貨幣需要の増大に裏打ちされて、銭貨流通量そのものが膨張したことが想起される。この現象は、中世経済史において十五世紀が一つのピークであったという多くの指摘[46]にも裏付けられるものである。

そこで銭貨需要を満たすための銭貨供給手段が、当然ながら必要となる。その場合、渡来銭を貨幣とする以上、本来は中国からの絶えざる銭貨供給に頼る構造となっていた。しかし、一四六〇年代に明朝が銀財政へ転換したことを受けて銭貨流通秩序が崩壊し、安定的供給に翳りが生じた。足立啓二氏は、明朝の財政転換によって中国では銭貨に対する信用が崩壊し、それが日本へ波及したことによって、銭貨に対する不信感から撰銭が社会問題化するほど過熱したという[47]。

ただし足立氏が考えるほど、中国の動向が日本の流通の末端にまで急速に波及したと捉えることはできないのではないか。対外交易にも連なる幕府・大名・寺社・大商人レベルでの大規模決済の場ではそのような影響を見ることは可能であるが、各地域において発達する日常的小規模取引の場においては、おのずから対応が異なる様相を想定すべきである。

既に見たように、一四六〇年代になると路次物騒の頻発により京都へ向かう商品の減少が始まっていたが、それは地方へ拡散する銭貨の減少を表裏一体とする。また応仁・文明の乱による人口の拡散と地域経済の興隆によって、各地の市場では銭貨需要が相対的に高まったことが考えられ、銭貨の追加供給が必要となる。

ところが、それぞれの地域市場において独自の貨幣発行機能を持っていない場合、大局的には銭不足に陥ることが予想される。黒田明伸氏によれば、少額貨幣である銭貨は退蔵される傾向が強く、絶え間ない追加供給がなければすぐさま銭不足に陥る性質を有するという。(48) 十六世紀前半の甲斐において「銭飢渇」が頻発していた事実が知られるが、この現象は米価の高騰によって銭貨需要が高揚したために発生しているケースが見られることから、地域市場における銭貨流通量が商品需要に対して明らかに不足している状態が発生原因の一つであることがわかる。(49)

その結果市場の選択する対応は、銭貨の独自供給であったと考えることは容易であろう。文献史料ではその徴候を探り出すことは困難であるが、堺における鋳型の発掘や、東北における輪銭の大量発掘など、考古資料においては十五世紀後半頃から各地において私鋳の痕跡が頻出する事実はよく知られている。(50) そのピークは十六世紀後半であるが、発掘事例の増加傾向が十五世紀後半頃に見られる点を重視するのである。(51)

このようにして物理的に粗悪な銭貨が大量に流通を始めたことが考えられるが、しかしそれのみでは悪銭とはならない点に注意したい。すなわち、ある銭貨に対して支払側と受領側との間で同一の価値と認める合意があれば、どんなに粗悪な銭貨であろうとトラブルにはならないからである。その合意が形成されていない場合に、悪銭という評価が下されるモノが見出されることになるのである。

地域独自の銭貨供給構造は、既に中国の事例について黒田明伸氏によって明らかにされている。同氏は地域の日常取引レベルでの独自の動向を、「支払協同体」による自律的対応とした。(52) 中世日本における銭貨流通秩序が、そもそも権力に依らず自律的に形成されたと捉える視座に立てば、その変化もかかる自律的対応が作用したと想定され、共通性を見出せよう。ただし権力者や大商人層においては、足立氏の述べるように中国の影響を一定度受けた結果、精銭志向に傾いたと見ることも可能である。すなわち大規模流通である隔地間流通と、それに比して小規模である地域内流通との間で、銭貨流通秩序の二重構造が生じたのである。

この二重構造が日本にも存在したと捉えれば、とりわけ隔地間流通と地域内流通ともに深く関わる遠隔地荘園での収取の現場において、顕著に軋轢が表面化すると考えられる。

年貢銭を納入する領民がそもそも使用できない銭貨をストックすることは考えがたく、実際に現地では貨幣として通用した銭貨であった。在地での収取段階で悪銭とされる銭貨は、受領者にとっては悪銭でも、納入者にとっては悪銭ではなかった。ここに銭貨流通の二重構造の存在が明らかであり、前者の精銭、後者の通用銭への分化を見ることができるのである。このような構造であったゆえ、とりわけ年貢銭において、悪銭混入が深刻な問題として浮上したのである。

三　地域市場の展開と悪銭

以上の検討によって、十五世紀後半に大規模な戦乱を契機として「首都」京都を中心とする一極的な求心的流通構造が動揺し、各地において独自の地域市場が形成され、そのもとで銭貨流通秩序に二重構造が生じ、その軋轢の結果、悪銭が登場することを指摘した。本節では勃興する地域市場における独自の銭貨流通秩序をより掘り下げて検討し、中世的な銭貨流通秩序から近世三貨制度への移行過程を展望することとしたい。

1　地域通貨としての「国の料足」

これまで流通構造論に注目しつつ分析を行ってきたが、実際に地域内流通を担う銭貨（地域通貨）を明確に史料上で見出すことは難しい。しかし、十六世紀になると注目すべき文言がいくつか見られる。しばしば「国の料足」という文言の見られることである。ここではいくつかの事例について触れたい。

まずは、新見荘の事例である。永正十年（一五一三）に代官の一族で、実質的には又代官であった新見政直が、年貢銭納入が遅延していることについて領主の東寺に対し、その理由を伝えた書状に見られる。すなわち、「いつも国之料足わろく候間、売物取候間、定而ちそく《(遅速)》あるへく候間」との文言である(53)。

これによると、いつも「国の料足」が「わろく候」ため、収納物の換貨を保留しているので、納入時期に遅速が生じていると述べている。「国の料足」は、新見において日常的に流通していた銭貨であった。一方、東寺へ納入する銭貨としては「わろく候」、すなわち悪銭という評価が下されるモノであったと考えられよう。

ただし実際には、既に見たように十五世紀末期段階には在地での撰銭が貫徹されるようになっており、新見荘においても例外ではない。しかしそれすら不可能な状態であったため、「わろく候」と注進したのであろう。新見荘ではこの時期を境に代銭納を放棄して漆の現物納へ特化させてゆくが(54)、それは銭貨流通秩序の地域性が著しく進行し、領主の住む京都の秩序と大きく齟齬を来たしたためであったものと考えられるのである。

もう一つは、本願寺宗主証如が記した「天文日記」における次の一文である。

従四講来、天文十六年分内板津与扱分五拾貫文、此内金四両分代五貫五百文、残四十四貫五百文、国之料足只今運上有使、惣而前者小松浄西取扱了、其趣相尋之処、就替銭事万不弁之為躰候間、為四講取調候、

（後略）[55]

天文十八年（一五四九）に加賀国能美郡内の四講が「板津与《くみ》扱分」として本願寺に送進する五〇貫文の内、四四貫五〇〇文は「国之料足」を運上したとある。為替（替銭）ではなく銭貨での運上に証如は不審を抱いたが、為替を調達できなかったため銭貨で運上したと述べたという。

また証如は、「然代物不能間可替之由、申付之処、先々以替銭上之処、早速無運上、然今者替銭之主無之間、於国青銭上由候間、不及是非留之也」とも述べている。[56]当時の本願寺は、加賀からの送進については為替の使用を要求していた。その理由は「代物不能」とあるように、銭貨（代物）での納入に対する忌避感が生じていたためであった。為替の場合、原則的には畿内及び近国に拠点を持つ商人が各地を往来して振り出すことが一般的であり、請取側は銭貨の受領が商人の本拠で行われる。従来は為替が多用された理由として、かさばる銭貨の送進はコスト高であったためと理解されてきた。しかしそれだけではない。この場合は「国之料足」や「於国青銭」といった表現から、異なる「国」の銭貨を受領することこそに忌避感があったのである。

次は明確に「国の料足」と記されてはいないが、類例として取り上げたい。

越中国御神領松永庄之事、内渡分百貫文御売けん状あつけ被下候、孫左衛門国へ被罷下、彼方請取文・同代物請取申、於京都けん（見）銭七十貫文分被渡分ニ候、自然国相違候者、此過人としてゑり銭七拾貫文渡可申、万一とかく申候ハヽ、過人へかたく御けんせきあるへく、下間（頼辰カ）方へうけ文不相調者、御売けんほうく（反古カ）たるへくの状如件、

天文拾五年（一五四六）八月　日　おしろいや□（ノカ）

井上吉久（花押）

孫四郎吉次（花押）

松のお
　　祢宜殿
　　神主殿　まいる(57)

この史料によれば、松尾社は額面一〇〇貫文の越中国松永荘売券を作成して担保とし、「おしろいや」なる商人から借銭を行ったものと考えられる。そこで「おしろいや」は内者の孫左衛門を現地へ下し収納に当たらせ、そのうち七〇貫文を松尾社に勘渡することを定めたものである。その際もし「国相違」していれば、「過人」(孫左衛門)が「ゑり銭」して用立てる、とある。「国相違」が直接意味するものは、現地での収納がはかばかしくゆかず、請負額の調達が出来なかったことを指すであろう。

ただしその場合の補塡手段として、あえて「ゑり銭」との注記がなされる点は注目すべきである。単に収納が貫徹しなかったことのみならず、収納した銭貨に悪銭が混じる事態も想定されていたことが考えられる。そのような事態に対して「国相違」と表現することは、「国の料足」のような銭貨の存在が想定されていたのではないだろうか。すなわちこの史料からは、京都における流通銭と、越中での流通銭との「相違」が懸念されていると理解できよう。

これらの事例から明らかになるのは、中世では列島規模で長く共有された、銭種を問わず一枚＝一文とする銭貨流通秩序の崩壊によって、流通銭貨の質的差異が「国」単位で進行していた事実である。ただしここでいう「国」は、国郡単位での「国」ではなく、広狭に依らずある特定の地域的まとまりを示すものである。

「国」の範囲は、とりわけ十五〜十六世紀にあっては、当該期に特徴的な政治権力である大名領国と一致する場合も多い。しかし必ずしもそれに規定されず、個々の地域事情によって領国を越えた広がりを持っている例も多いだろう。また逆に一つの大名領国の中に複数の「国」の存在する場合も考えられる(58)。そして既述の流通構造の変容との関わりにおいては、拠点市場を中心とした個々の地域内流通「圏」と一致するのではないだろうか。そのような「国」の中で独自に銭貨流通秩序が形成され、そこで生み出された銭貨が「国の料足」となる一方、ひとたび「国」の外へ移出された時、悪銭として排除の対象となったと考えられる。

一方排他的支配を達成し、「国」と領国とを一致された大名領国においては、大名が公権力への統制を期待されることによって銭貨授受のトラブルへの積極的対応を行ったと捉えるべきだとし、かかる観点から領国経済圏の整備を把握すべきだとする意見もある。(59)

もちろん大名権力の公的意識を過小評価するものではないが、しかし大名領国における独自の銭貨対策は、収取対象としての銭貨の重要性を意識したものであり、権力としての恣意性も表面化するものであった。例えば最も早く撰銭令を発布した大内氏は、その規定について、収取対象となる段銭を精銭で納入すべき旨を呈示し（ただし宥免措置を設けている）、貸借や日常取引に使用される銭貨を別個に規定している。(60)大内氏はこの規定をそのまま十六世紀まで継続させており、流通事情への柔軟な対応というよりは、権力による精銭獲得対策としての性格が強く窺える規定であった。その志向性の背景には、得た精銭を領外との取引に充てる必要があったことが挙げられる。(61)すなわち領国の内外で取引銭貨が分化していたことを前提とするものであり、そして精銭とは、「国の料足」に対置される、「国」を越えて受容される銭貨を意味するのである。

しかし、少なくとも十六世紀前半までは、むしろ大内氏領国は特殊な状況であり、如上の強固な領国経済圏が一般的に見られたとは言い難い。既に見たように、各地域において流通路不安による隔地間流通の不安定化に伴い個々で独自な銭貨流通への対応が迫られるなかで、権力の強制には必ずしも依らず、自律的に流通秩序を整備する対応が進んでいたと見られる。その結果「国の料足」が形成されたものと考えられるのであり、このモデルの方が当該期においては一般的な情況であったであろう。ただし強制が働かない分、「国の料足」が「国」で完結する統制力を持たず、他地域へ頻繁に移出される結果を生んだと思われる。これが悪銭の正体と考えられる。それゆえ、とりわけ規模は縮小しながらも他地域から財貨が流入し続ける京都や各地の流通拠点において、深刻な混乱をもたらすことになる。撰銭問題の根本的原因はこのように捉えられるのである。

先に見た鈴木敦子氏による地域経済圏の問題と照らし合わせると、個々の地域市場が排他的に「面」的領域を形成したと見るのではなく、主に拠点市場や首都市場などにおいて複数の経済圏が重なり合う流通構造であったと考えられ、そのような複数の経済圏の交差こそが、悪銭の問題を深刻化させる要因となったのである。

2　拠点市場への悪銭流入と金・銀貨の登場

悪銭（すなわち「国の料足」）が如上のような構造で生み出されるものであったとすれば、悪銭を含む様々な銭貨が、元々隔地間流通によって支えられた首都市場たる京都や、流通の結節点として発達した各地の主要都市に流入したであろう。一方、そのようにして流入する悪銭もまた、逆にそれぞれの「国」に移出すれば貨幣として受用されるものであった。

そこで、十六世紀段階で既に悪銭売買（「悪銭替」）と呼ばれた、悪銭そのものを買収する商人の存在について考えたい。なぜ悪銭売買が商売として成立してきたのかは、長年議論されてきた問題である。「国の料足」としての悪銭の性格を見出すならば、次のように理解できよう。すなわち、隔地間流通を担う商人が悪銭を安価で買収し、それらが貨幣として通用するそれぞれの「国」で新たな取引を行う原資としたことが考えられる(62)。このような悪銭の還流システムが存在したことによって悪銭売買が成立しうるものと捉えられるのであり、時にはあえて悪銭としての無文銭が鋳造されたり、悪銭が悪銭と称されながらも貨幣として流通し続けたのではないだろうか。

以上の図式が正しければ、京都などの拠点市場において、個々の商人は自らの「縄張り」とする「国の料足」を求めることとなる。それによって、個々の商人ごとに受領対象の銭貨基準が個別に形成されるような状態となり、日常取引においても銭貨授受に混乱が発生する要因になったのであろう。幕府が統一基準として撰銭令を発布する背景もそこにあるものと考えられるが、既述の環流構造が成立していたからこそ、なお悪銭は排除されることなく流通し、また撰銭を巡るトラブルも頻発し続けたのである。

ただし、原則的に京都のみを生活圏とする「消費者」である荘園領主の場合は、「国の料足」の受領はそのまま自らの損害となる。そのため悪銭授受がトラブルとなるのであり、またそのトラブルを始めから回避する志向性によって、悪銭の受領そのものをなるべく拒否しようとする動向が見られたのである。そのため荘園各地において、当地の流通事情とは異なった年貢銭が、収取時とは別に納入段階で改めて撰銭されねばならなかったのである。

このような悪銭問題のメカニズムは、後にも受け継がれていった。十六世紀の半ばに差し掛かると、東国における永楽銭の精銭化が独自に進行しはじめるなど、銭貨流通秩序の地域偏差が顕著になる事実は既に知られている。しかしその構造的源泉は、十五世紀後半における流通構造の変化にあった。そのように考えれば、銭貨流通の地域化とも呼べる現象は、漠然と東西で区分できるような大雑把なものではなく、もっと細かな地域単位で独自に進行していた可能性を考えるべきであろう。この点は、例えば各大名が発布した撰銭令における規定内容がそれぞれ異なっていることによっても裏付けられるものである。

こうして形成された地域化は、容易に克服できるものではなかった。近世初期においても個々の大名領国で独自に銭貨発行を行っており、十七世紀前半までこの構造が命脈を保っている。十七世紀後半の寛文期になって中世渡来銭

（および私鋳銭）が完全に駆逐されることによって、漸く銭貨の統一が完成されたのである。

一方、十六世紀後半には注目すべき変化が訪れる。すなわち、金・銀が貨幣として流通するようになることである（「貨幣化」と呼ぶ）。その背景には、規模は縮小しつつも、未だ大消費地としての命脈を保つ京都において贈与経済を通じて金・銀がストックされていったことが、その前提と考えられている。(63)

ただし重要なのは、単なる儀礼的な贈答手段としての普及のみならず、金・銀が本来持つ貴金属としての価値を背景として、隔地間での財の移動を担う側面が大きくなったことであろう。このような金・銀の特異性は当然古代から把握されており、古代においては収取対象ともなっていた。しかし中世においては、代銭納の普及や、送金手段としての為替の発達によって、その役割が陰に隠れる形となっている。十五世紀後半になって隔地間流通のトラブル頻発によって為替の機能に支障がみられるようになるとともに、その代用として金・銀の役割が浮上してきたものと考えられよう。

そして、これまで述べてきたような銭貨流通秩序の変容とも無縁ではなかった。銭貨流通秩序の地域間格差の登場に伴い、銭貨による隔地間での財の移動が煩雑なものとなった。そこで銭貨に代わる手段としての金・銀（・米）の地位が浮上するのである。

浦長瀬隆氏が売券に注目して金・銀・米の「貨幣化」を検証したように、金・銀の貨幣としての使用は、土地取引のような高額取引の場において特に多く見られるようになる。(64)さらには精銭の代替として収取対象となる傾向が一五七〇年代に広がってゆくこととも相まって、(65)財としての金・銀・米の地位の高揚が一気に貨幣化にまで昇華していったのである。以後は金・銀・米が貨幣として使用されはじめることによって、その価値の高さを特徴とする金・銀は高額な取引手段として、銭貨は少額な取引手段として、一定度機能分化が進行したものと考えられる。このような機能分化は、近世において制度的に三貨制度が確立すると、より明確化したものと捉えられよう。

ただしとりわけ銀については、その鋳造段階での違いから地域差がはじめから存在していた[66]。銀の地域差も銭貨と同じく寛文期に克服されてゆくものと考えられており、その共通性に注目すべきである。ただし、この点の追究は十七世紀の貨幣流通事情をつぶさに検討する必要もあり、今後の課題としたい。

おわりに

一四六〇〜七〇年代は、応仁・文明の乱によって京都が壊滅状態に陥り、中世の流通構造の特質であった流通上の求心性が著しく損なわれた。そこで、京都の地位低下と共に重視されるのは、戦乱状況の伝播に付随した流通路不安（路次物騒）である。かかる事態は十五世紀後半以後において慢性的に見られるようになった。これらの事態によって中世経済の主要な位置を占めていた隔地間流通が停滞することとなるが、かえって各地域において拠点市場を中心とした経済圏の勃興も促した。ただし、そこで必要とされる銭貨は元々隔地間流通によって移入されることで賄われるものであり、その停滞は銭貨不足を生じさせることとなる。その結果として、それを充足させるため各地域で私鋳銭鋳造が盛んになったことが考えられ、それらは「地域貨幣」化して地域内流通を円滑化する役割を担ったのである。以上のような流通現場での対応が、一四八〇年代にかけて進行したのである。

しかし、その「地域貨幣」は各地域における自律的な対応によって貨幣として受容されるものであり、他地域へ移出された時、その貨幣としての価値を巡って授受の場で混乱が生じたものと考えられる。とりわけ地域との関係が稀薄化したものの、完全に切断されたわけではない京都や各地の拠点都市において、一四九〇年代になると「地域貨幣」の大量流入による銭貨秩序の混乱が発生することとなった。

一方で中島圭一氏の指摘するように、戦乱状況による社会不安が蔓延した点に注意すれば[67]、それが蓄財意識の高揚を生み出したことが考えられる。このことは、蓄蔵手段としての銭貨の埋蔵事例が十五世紀後半に増加していたことによって裏付けられる[68]。個々の社会に対する危機意識によって、「よりよい銭」（精銭）を好んで収集せんとする意識の広まったことが背景となったであろう。そして、その精銭の基準が当初は恣意的で無秩序的であったからこそ、撰銭が社会問題化したものと考えられるのである[69]。この志向は消費者としての荘園領主に顕著に見られるものであり、在地支配を行う代官等に対する厳しい撰銭要求に顕在化していた。一方、代官等も悪銭混入は自己の利害に直結するものであり、在地における撰銭が徹底されたであろう。

それでもなお納入段階で悪銭が発覚することを勘案すれば、悪銭は視覚や触覚で即座に判断できるような、単なる粗悪銭であったとは限らない[70]。その定義が一律ではなく、個々の取引主が独自に精銭の定義（すなわちそれは悪銭の定義でもある）を構築したためであったことが考えられる。これを銭貨に対する個々の「恣意性」と表現するならば、このような「恣意性」を掣肘する動向が地域内で自律的に形成される場合もある一方、各地域権力が強制した場合もあり、後者の場合には撰銭令として発現したものと考えられる。もっともそれが効果を生むかどうかは当然ながら大名権力個々のあり方や領国の地域事情に左右されると考えられる。

兎も角も、中世日本で共有されていた貨幣流通秩序の変化が流通構造の変容とともに十五世紀後期に発現し、それによって悪銭という歪みを生み出したのである。その流れは「全国一律」とも言うべき秩序から「地域貨幣」の登場にあったと大まかに指摘できよう[71]。それは十七世紀までのスパンで展開してゆく現象であった。

このような地域内での独自の銭貨流通秩序は、例えば東国においては、永楽銭偏重慣行が形成され、それが権力の収取体制として採用されたケースが想起される。(72) また一方で、とりわけ収取対象となる銭貨に対して、権力側が強制的に精銭を納入させようとする動きも生じていた。各地域における権力のあり方の違いも、地域独自の銭貨流通秩序形成に一定度影響したであろう。以上の様々な要因が絡み合い、異なる地域間での銭貨取引において、「悪銭」と呼ばれる銭貨を巡ってトラブルが頻発したのである。これが、撰銭の構造的要因であった。

註

(1) 中島圭一「日本の中世貨幣と国家」(歴史学研究会編『越境する貨幣』青木書店、一九九九年、初出一九九八年)。

(2) 小葉田淳『改訂増補日本貨幣流通史』(刀江書院、一九四三年、初出一九三〇年)、鈴木公雄『出土銭貨の研究』(東京大学出版会、一九九九年)など。

(3) 明応九年(一五〇〇)十月に発布された最初の幕府撰銭令(『室町幕府法・追加法』三二〇、佐藤進一・池内義資編『中世法制史料集』二、岩波書店所収)によると、「日本新鋳料足」(私鋳銭)は撰銭の対象として認める一方、「根本渡唐銭」である洪武・永楽・宣徳の明銭は撰銭を禁じている。ここであえて撰銭禁止を通達することは、市場では逆に忌避対象となる傾向の高かったと見るべきとするのが通説的理解となっている。

(4) 足立啓二「中国から見た日本貨幣史の二・三の問題」(『新しい歴史学のために』二〇三、一九九一年)、同「東アジアにおける銭貨の流通」(荒野泰典ほか編『アジアのなかの日本史』三、東京大学出版会、一九九二年)。

(5) 大田由紀夫「一五・一六世紀東アジアにおける銭貨流通―日本・中国を中心として―」(『鹿児島大学法文学部紀要・人文学科論集』四八、一九九八年)、黒田明伸『貨幣システムの世界史―〈非対称性〉をよむ』(岩波書店、二〇〇三年)参照。

(6) 中島圭一「中世貨幣システムにおける私鋳銭の位置」(『出土銭貨』二三、二〇〇五年、初出二〇〇二年)参照。

(7) 岩井克人『貨幣論』(筑摩書房[学芸文庫]、一九九八年、初出一九九三年)。

(8) なぜ列島全体に統一した銭貨に対する基準が普及したかについて、従来は中国における使用実態の影響が重視されていたが、それだけでは説明しきれない(中島註(1)論文)。また国家権力による強制が働いた形跡は窺えず、民衆の使用実態から自律的に形成されたとするのが通説である(桜井英治「日本中世における貨幣と信用について」、『歴史学研究』七〇三、一九九七年)。これらの見解は、かつての荘園制支配秩序に基づく代銭納制の普及に注目した主張を批判的に検討する立場から説かれるものであった。しかし一枚＝一文とする基準が地域的差異を伴わず統一性を持っていた点に注目する限り、荘園制的支配秩序の定着と、統一的な貨幣流通秩序の普及にはやはり一定度の相関関係があったのではないかと筆者は考える。

（9）『大乗院寺社雑事記』長禄二年（一四五八）春記。清水克行「大乗院尋尊の銭貨一覧表について」（『出土銭貨』八、一九九七年）、中島註（6）論文参照。

（10）小葉田註（2）書。伊勢に集中する点について小葉田氏は特に触れていないが、伊勢の特殊性を示す注目される事実である。伊勢を対象とした最近の研究成果として、千枝大志「一五世紀末から一七世紀初頭における貨幣の地域性―伊勢神宮周辺地域を事例に―」（鈴木公雄編『貨幣の地域史―中世から近世へ』岩波書店、二〇〇七年）がある。

（11）「賀茂別雷神社文書」（『加能史料』戦国Ⅲ所収）。

（12）『北野社家日記』明応元年十二月七日条。

（13）「石清水文書」（『大日本史料』九―四所収）。

（14）第二章参照。

（15）「東寺百合文書」レ函二三八号（『相生市史』所収「矢野荘史料」一一八八）。

（16）註（3）史料。

（17）高木久史「撰銭令の再検討―食料需給の視点から―」（『ヒストリア』一七九、二〇〇二年）。

（18）中島圭一氏は高木説を批判し、軍事行動との相関性を低く見る（中島「撰銭再考」、小野正敏・五味文彦・萩原三雄編『モノとココロの資料学』高志書院、二〇〇五年）。数多く確認できる撰銭令のうち、軍事行動による食糧需給バランスの混乱沈静化を目的としたものがゼロだとは考えない。しかし一方で、すべての撰銭令が食糧需給に関わるものであるとすることも困難であろう。また黒田基樹氏は、撰銭の問題化は飢饉を最大の原因とする（同「戦国大名の撰銭対策とその背景」、同『中近世移行期の大名権力と村落』、校倉書房、二〇〇三年）。しかし、飢饉は中世を通じて慢性的に発生していたことからすれば、なぜ撰銭がこの時代に発生し、社会問題化したかについては、改めてその背景を論じる必要があるのではないだろうか。以上のことからすれば、飢饉が契機とはなったかもしれないが、撰銭が発生した根本的原因はむしろ飢饉とは別のところにあることを、逆に示しているようにも思われる。

(19) 長享二年（一四八八）五月十九日付土田荘公用銭算用状（「賀茂別雷神社文書」、『（石川県）志賀町史』資料編一所収「賀茂別雷神社文書」九）。第三・四章参照。

(20) 「賀茂別雷神社文書」八（東京大学史料編纂所架蔵写真帳）。

(21) 脇田晴子『日本中世商業発達史の研究』（御茶の水書房、一九六九年）。

(22) 佐々木銀弥『中世商品流通史の研究』（法政大学出版局、一九七二年）参照。以下同氏の見解はすべて同書による。

(23) 第二章参照。

(24) 早島大祐「中世後期社会の展開と首都」（同『首都の経済と室町幕府』吉川弘文館、二〇〇六年、初出二〇〇三年）、井原今朝男「中世後期における債務と経済構造―求心的経済構造の空洞化―」（『日本史研究』四八七、二〇〇三年）。

(25) 中島圭一「中世京都における土倉業の成立」（『史学雑誌』一〇一―三、一九九二年）、永原慶二「荘園解体期における請負代官制」（網野善彦ほか編『講座日本荘園史』四、吉川弘文館、一九九九年）。

(26) 須磨千頴「土倉による年貢収納の請負について」（同『荘園の在地構造と経営』吉川弘文館、二〇〇五年、初出一九七一年）、第三章参照。

(27) 早島註(24)書参照。

(28) 鈴木敦子「中世後期における地域経済圏の構造」（同『日本中世社会の流通構造』校倉書房、二〇〇〇年、初出一九八〇年）。

(29) 関連するものとして早島註(24)論文参照。

(30) 綿貫友子「書評・鈴木敦子著『日本中世社会の流通構造』」（『歴史評論』六一九、二〇〇一年）参照。

(31) 井原註(24)論文（以下の同氏の見解も同じ）。ただし京都志向の浸透に同質の求心性を見る点については、早島氏は批判的である（早島「発展段階論と中世後期社会経済史研究」、同註(24)書所収、二〇〇六年、初出二〇〇五年）。

(32) 百瀬今朝雄「室町時代における米価表―東寺関係の場合―」（『史学雑誌』六六―一、一九五七年）。

(33) 「東寺百合文書」サ函一四八号（『岡山県史』二〇所収「東寺百合文書」四〇二）。

(34) 酒井紀美「戦乱の中の情報伝達」（有光友學編『日本の時代史12・戦国の地域国家』吉川弘文館、二〇〇三年）、第二章参照。

(35) 鍛代敏雄「戦国期の地域社会と寺社勢力」（同『戦国期の石清水と本願寺―都市と交通の視座』法蔵館、二〇〇八年、初出二〇〇六年）。

(36)「三崎玉雲家文書」(福井県立一乗谷朝倉氏遺跡資料館古文書調査資料一『朝倉氏五代の発給文書』［二〇〇四年］所収「三代朝倉貞景発給文書」四二)。
(37) 同右文書(同右書所収「四代朝倉孝景発給文書」一二〇)。
(38) 新城常三『中世水運史の研究』(塙書房、一九九四年)。
(39) 桜井英治『日本中世の経済構造』(岩波書店、一九九六年)、宇佐見隆之『日本中世の流通と商業』(吉川弘文館、一九九九年)、同「中世末期地域流通と商業の変容」(『日本史研究』五二三、二〇〇六年)参照。
(40) 伊藤俊一「室町時代における東寺修造勧進―諸国大師門徒勧進を中心に―」(東寺文書研究会編『東寺文書にみる中世社会』東京堂出版、一九九九年)、金子拓「室町期東寺造営方の活動とその変質」(『史学雑誌』一一三―九、二〇〇四年)、第一章参照。
(41) 清水克行「荘園制と室町社会」(『歴史学研究』七九四、二〇〇四年)。ただしその背景としては、荘園制の衰退ではなく、関所の乱立等による物価騰貴に重点が置かれている。
(42) この点について井原今朝男氏は「求心的流通構造の空洞化」と捉え、流通拠点の拡散を重視するが(井原註(24)論文)、井原氏自身がその流通拠点の位置を「首都圏周辺」と述べるように、「首都」京都との関係が意識される点において、矛盾する視点ではないだろう。
(43) 第二章参照。
(44) 註(26)に同じ。
(45) 鈴木公雄註(2)書。
(46) 瀬田勝哉「荘園解体期の京の流通」(同『洛中洛外の群像』平凡社、一九九四年、初出一九九三年)、桜井註(39)書、早島註(24)論文などを参照。
(47) 足立註(4)論文。大内氏撰銭令の法概念に中国の撰銭(挑揀)禁令の影響を見る髙木久史「一五世紀後半明の挑揀禁令と日本大内氏の撰銭令」(『新しい歴史学のために』二五八、二〇〇五年)も、同様の視座に立つ。
(48) 黒田明伸『中華帝国の構造と世界経済』(名古屋大学出版会、一九九四年)参照。
(49)「勝山記」(『山梨県史』資料編六所収)。黒田基樹註(18)論文、中島註(18)論文参照。なお中島氏によれば、「銭飢渇」や撰銭の発生原因を一定の環境要因には定めがたいとし、事例ごとの背景を検証する必要性を説く。

(50) 東北中世考古学会編『中世の出土模鋳銭』(高志書院、二〇〇一年)、中島註(6)論文などを参照。
(51) 地域内で完結する商取引の増加により地域内で必要な銭貨流通量が増大し、それを補うために地域独自の私鋳が発生したのではないだろうか。例えば東北では輪銭と呼ばれる地域特化的な銭貨が集中的に見られるように、私鋳銭の形態にも地域性が存在していた。
(52) 黒田明伸註(5)書。
(53) 「東寺百合文書」フ函一六七号(『岡山県史』二〇所収「東寺百合文書」二八四)。
(54) 第二章参照。
(55) 「天文日記」天文十八年(一五四九)十二月十七日条。
(56) 「天文日記」天文十六年(一五四七)十一月二十五日条。
(57) 「松尾神社文書」四(東京大学史料編纂所架蔵影写本)。この史料は小葉田註(2)書に「東相愛文書」として引用されているが、同影写本により字句を改めた。
(58) 池享氏は「国」について、生活空間としての性格が公権力(戦国大名)の支配対象の単位となり、それが公的領域として支配の対象となったと述べる(同「戦国大名領国における「国」について」、『武田氏研究』三二、二〇〇五年)。具体例は十六世紀後半の後北条氏などであり、その領国支配の貫徹性が高いために、「国」が大名の支配領域と一致するものとして捉えられている。しかし後述するように、十六世紀前半段階でそこまで排他的支配を貫徹できた大名権力はむしろ少数派であり、「国」はすべてが領国と一致する段階にはないと考える。
(59) 池享「前近代日本の貨幣と国家」(同編『銭貨―前近代日本の貨幣と国家』青木書店、二〇〇一年)。
(60) 「大内氏掟書」六一・六二条(佐藤進一・池内義資・百瀬今朝雄編『中世法制史料集』三、岩波書店所収)。第四章参照。
(61) 本多博之「戦国期社会における銭貨と基準額―筑前・豊前両国を中心に―」(『九州史学』一二六、二〇〇〇年)。
(62) 例えば橋本雄氏は、堺商人が悪銭を買収し、それを琉球に移出して取引を行ったと指摘している(同「撰銭令と列島内外の銭貨流通―〝銭の道〟古琉球を位置づける試み―」、『出土銭貨』九、一九九八年)。具体的にはこのような図式を想定している。
(63) 田中浩司「十六世紀前期の京都真珠庵の帳簿史料からみた金の流通と機能」(峰岸純夫編『日本中世史の再発見』吉川弘文館、二〇〇三年)、同「一六世紀後期の京都大徳寺の帳簿史料からみた金・銀・米・銭の流通と機能」(『国立歴史民俗博物館研究報告』

一一三、二〇〇四年）、中島圭一「京都における「銀貨」の成立」（同誌所収）。

(64) 浦長瀬隆『中近世日本貨幣流通史―取引手段の変化と要因―』（勁草書房、二〇〇一年）。ただし売券における表記額と、実際の支払手段とが異なっている可能性もあるので、個々の事例を慎重に見極める必要がある。髙木久史「一六世紀後半における貨幣史的転換について―浦長瀬隆氏の所論を中心に―」（『ヒストリア』一九五、二〇〇五年）参照。

(65) 第五章参照。

(66) 近世における銀の地域差に関する研究は多い。代表的なものとして、小葉田註(2)書、同『日本鉱山史の研究』（岩波書店、一九六八年）、榎本宗次『近世領国貨幣研究序説』（東洋書院、一九七七年）などがある。

(67) 中島註(1)論文。

(68) 鈴木公雄註(2)書参照。

(69) その基準については、足立啓二氏や髙木久史氏の指摘するごとく、中国における撰銭基準が導入された可能性も考えられる（註(47)参照）。ただし当初にあってはそれが一律に意識されたわけではなく、むしろ共有されなかったからこそ、撰銭が社会問題化したのである。

(70) 私鋳銭は質的に精巧なものから粗雑なものまで多種に及び、無文銭もあれば現在でも真贋の区別に困難を伴うものもある。それらがいずれも貨幣として鋳造・投下されたことを重視せねばならない。なお、永井久美男「模鋳銭の全国的様相」（東北中世考古学会編註(50)書所収、二〇〇一年）などを参照。

(71) 中島註(1)論文、同「中世貨幣の普遍性と地域性」（網野善彦・石井進・鈴木稔編『中世日本列島の地域性』名著出版、一九九七年）、池享「一九九七年度歴史学研究会大会中世史部会報告批判」（『歴史学研究』七〇五、一九九七年）参照。

(72) 第六章参照。

あとがき

本書は二〇〇六年十月に提出し、二〇〇七年一月に一橋大学より博士（経済学）を授与された学位論文「中近世移行期日本の社会経済構造と貨幣流通」（主査は池享先生、副査は江夏由樹、大月康弘、森武麿、渡辺尚志各先生）をもとに、再構成を経て一書になしたものである。なお本書は独立行政法人日本学術振興会二〇〇五〜六年度科学研究費補助金（特別研究員奨励費）による研究成果を含んでおり、刊行に際しては直接出版費の一部として二〇〇八年度科学研究費補助金（研究成果公開促進費）の交付を受けた。

各章それぞれの初出は次の通りである。

序　章　第一・二節は原題「中近世移行期日本の貨幣流通史研究を振り返って」（『歴史学研究』八一二、二〇〇六年三月）、第三節は新稿。

第一章　『年報中世史研究』二八、二〇〇三年五月。

第二章　『歴史学研究』七八〇、二〇〇三年十月。

第三章　第一節1・第二節は原題「撰銭現象の再検討―収取の現場を中心に―」（『人民の歴史学』一六六、二〇〇五年十二月）、第一節2・3は新稿。

第四章　第一節2・3・第二節は前掲「撰銭現象の再検討―収取の現場を中心に―」、第一節1は新稿。

第五章　新稿。

第六章　『出土銭貨』二六、二〇〇七年五月、補論は新稿。
第七章　新稿。
終　章　原題「中世後期の流通構造と撰銭」（『年報中世史研究』三二、二〇〇七年五月）。

研究者の処女作の「あとがき」は、いつの頃からか著者の「歴史」を書くのが伝統になっている。私自身もそれを楽しみにしつつ、手に取ってまず「あとがき」を開くのであるが、そこでほかの方の生い立ちを読むにつけ、多くの方は実に早くから歴史に興味を持たれていることに気づかされる。まさに三つ子の魂百まで、と言ってしまうと失礼に当たろうか。

私自身はといえば、歴史そのものに最初にふれたのはやはり小学生時代であった。それも理由はお恥ずかしいもので、学校の図書室に唯一置かれた漫画が『少年少女日本の歴史』（小学館）シリーズだったからである。ただこの思い出は、同世代の方であれば共感いただけるのではないだろうか。しかしこれを読んですぐさま歴史に興味を抱いたわけではない。中学生時代に歴史小説を読むことが多かったものの、将来にわたって歴史を学んでみたいという思いがあったわけではなかった。最初の転機は高校入学後、文系・理系の選択の時だっただろうか。この時漠然と、なぜか唐突に社会科教員を目指してみたいという思いが芽生え、文系を選択することになった。確固たる信念もない進路決定であり、結局はその道も断念することになったが、この時の何気ない選択が将来を決定づけるきっかけになったのはなんとも皮肉なものである。

そんなあやふやさであったため、大学に入学するまでは、歴史学や中世史に関する専門的な書籍を読んだ記憶がとんとない。愛媛大学に入学しても、最初の二年間はほとんど学問にふれることなく、バイトと遊びに明け暮れる不真面目を絵に描いたような生活だった。

ただもともと戦国時代を勉強したいという思いがあり、織豊期〜近世史がご専門の内田九州男先生のゼミに参加するようになった。当時のゼミでは徹底的に古文書解読を鍛えるという雰囲気が強く、私も積極的に参加して近世の行政史料を読む機会を得ることになった。文書の内容まで存分に把握する段階には到達できなかったが、生の史料を読む楽しさに一気にのめり込んだ。思えばこれが、私にとっての歴史学との邂逅だったように思う。研究者の基礎体力とも言うべき古文書解読を早くから鍛えられたことは、私にとってかけがえのない財産となっている。

しかしまだ「学」への思いが弱い私は、日明関係をテーマにした卒業論文を執筆したものの、その内容たるや「論」とはほど遠いものだった。結局は大学院入試に失敗して一浪することとなり、一旦地元へ帰ることになった。この一年は実に辛いものであったが、知人であったベトナム史の蓮田隆志氏の勧めもあり、大阪大学の桃木至朗氏が主宰する海域アジア史研究会に参加させていただく機会を得たのは僥倖であった。ここで藤田明良、山内晋次、岡本弘道各氏ら、時代や地域を超えたさまざまな分野の研究者の方々と知己を得ることとなり、大いに勉強させていただいた。ここでの薫陶が今の私を支えている。

また、これをきっかけに対外関係史を専門とする研究者の方々ともおつき合いをさせていただく機会が多くなり、私的な集まりである「倭寇の会」（仮称らしいが、そのまま十年を迎えようとしている）にも加えていただき、多くの貴重な情報をいただいている。こう思えば、回り道も悪いものではない、と今にしてみれば言えるのかもしれない。

そして運良く卒業論文審査を必要としない形でなんとか名古屋大学に合格して進学したが、最初の一年はほとんど中世史の基礎的な研究史や中世古文書学の学習に四苦八苦するような体たらくであった。ただ私にとって幸いだったのは、名大には指導教官の稲葉伸道先生をはじめ、小田雄三、高橋公明各先生や、西島太郎、水野智之、斎藤夏来、大下悟、横山和弘各氏らの先輩方がおられ、中世史を学ぶにはうってつけの環境だったことである。さらには名古屋を拠点とする中世史研究会において、他大学におられる諸氏からも指導をいただく機会を得ることができた。このようにゼミや研究会などでの耳学問も糧として、なんとか修士論文を書き上げることができた。

当時名大では「田中穣氏旧蔵典籍古文書」の写真帳を購入したこともあり、ゼミではその中から文書を選んで報告するというスタイルを取っていた。そしてその結果発見したのが、本書第一章で取り上げた頼母子関係史料であった。修論の主要テーマである新見荘（本書第二章）も、同文書にある新見荘算用状に目が留まったことがその発端であった。こうしてみると私の研究はまさに偶然に左右されたもので、透徹した理論に基づく厳密な対象選択を旨とする諸先学には足元にも及ばず、なんとも情けない限りであるが、それが私の身の丈に合っていると思うことにしている。

そして修論を執筆していた頃、名大に黒田明伸氏が集中講義に来られた。そこで展開された鮮烈な貨幣流通史論には、まさに度肝を抜かれた。もともと対外関係史に興味を持っていた私は、中世の渡来銭からアプローチするすべはないかと苦悶していたのだが、一気に蒙を啓かれる思いで、以後は貨幣流通史にのめり込むことになった。これまたふとしたきっかけではあったが、私にとっては大きな転機になったと思っている。短い期間ではあったが、名大時代は非常に濃密な時間を過ごすことができたと思う。

修論提出後はそのまま名大に進学するつもりでいたが、一念発起して一橋大学へ進学することを決め、当時積極的に中世貨幣史に取り組んでおられた池享先生のもとで学ばせていただくこととなった。ゼミでは先生をはじめ、菊池浩幸、糟谷幸裕、藤井崇各氏らの多彩な方々に揉まれ、厳しくも楽しく学問に打ち込める機会を得ることができた。そのほか後輩や他大学からの参加も得て、活気溢れるゼミで常に刺戟を受けている。博士論文を四年で完成させることができたのも、ゼミでの厳しい議論の経験や、ゼミの後にほぼ欠かさず続けてきた「反省会」のお蔭である。なお、本書の索引作成はゼミの後輩である竹井英文氏にお世話になった。感謝申し上げる。

このほか一橋大学の渡辺尚志、若尾政希各先生による近世史のゼミや、学外では久保健一郎氏主宰の『八代日記』勉強会や堀新氏主宰の『兼見卿記』勉強会、明治大学の院生を中心とする『満済准后日記』の勉強会などに参加する機会を得て、大いに勉強させていただいている。また現在は日本学術振興会特別研究員として、東京大学史料編纂所の榎原雅治氏にお世話になっている。

東京へ来て驚いたのは、やはり研究会・勉強会が非常に多く、実に恵まれた環境にあるということだった。それまでずっと地方で活動をしていた私にとってはまさに目移りのする状態であったが、その中から歴史学研究会日本中世史部会に参加を決めたことは、私にとって大きかった。

毎月の例会での活発な議論に圧倒されるのみならず、歴研大会の準備段階からの真剣な議論を目の当たりにし、学問に対する熱意や学界への参加意識を肌で感じることができた。独りよがりになりがちな私にとっては、常に自らを見つめ直す貴重で刺戟的な機会となり、私もその中で議論に携わることのできる歓びを今は感じている。またいろいろな大学からさまざまな個性を持った若手研究者が集っており、とくに同世代でもある赤澤春彦、石田浩子、伊藤瑠美、小山貴子、清水亮、田中大喜、野口華世、長谷川裕子、守田逸人各氏らとの交流によって、自らの専門分野の殻に閉じこもりがちな私を常に軌道修正していただいた。これまでの御礼を申し上げるとともに、今後ともご指導をいただけるようお願い申し上げたい。歴研を通して培った多くの方々との交流は私の人生にとっての大きな財産であり、これからも大事にしてゆきたい。

ほかにお世話になったたくさんの方々のお名前を挙げねばならないところだが、紙幅の都合によりすべてのお名前をお出しすることはできない。何卒ご寛恕いただきたい。ただあとお一方だけ、桐野作人氏のお名前を挙げさせていただきたい。ドクター進学に際して進路に迷っていた私に対して、東京への進学を強く勧めてくださり、東京へ移る際には多大なご高配を賜った。東京に地縁もなく、知人もほとんどいなかった私にとっては、精神的にも非常に大きな助けとなっていただいた。別して感謝申し上げたい。

このように振り返ってみると、私は本当に気の向くままに生きてきたような気がしてならない。しかしそれも、多くの方々の助けをいただいてこそ可能であったことを改めて実感している。普段は忘却しがちであるが、この場を借りて改めてお世話になった方々に御礼申し上げる。そして、この「ちゃらんぽらん」な私を心配しながら、粘り強く見守り続けてくれた両親には、ささやかな還暦祝いとして本書がせめてもの気休めになればと思う。

二〇〇八年八月三十一日

三十四歳の誕生日に

川戸貴史

戦国期の貨幣と経済（オンデマンド版）

Digital Publishing

2019年9月1日　発行

著　者　川戸貴史《かわとたかし》
発行者　吉川道郎
発行所　株式会社 吉川弘文館
〒113-0033 東京都文京区本郷7丁目2番8号
TEL 03(3813)9151(代表)
URL http://www.yoshikawa-k.co.jp/

印刷・製本　株式会社 デジタルパブリッシングサービス
URL http://www.d-pub.co.jp/

川戸貴史（1974～）
ISBN978-4-642-72880-5

著者略歴

一九七四年　兵庫県に生まれる
一九九八年　愛媛大学法文学部卒業
二〇〇一年　名古屋大学大学院文学研究科博士前期課程修了
二〇〇六年　一橋大学大学院経済学研究科博士後期課程単位修得退学
現在　日本学術振興会特別研究員、博士（経済学）

〔主要論文〕
加賀国金津荘の荘家一揆と一向一揆（『ヒストリア』二〇七）、室町幕府明銭輸入の性格（『歴史評論』七〇〇）

戦国期の貨幣と経済

二〇〇八年（平成二十）十二月一日　第一刷発行

著者　川《かわ》戸《と》貴《たか》史《し》

発行者　前田求恭

発行所　株式会社 吉川弘文館
郵便番号一一三―〇〇三三
東京都文京区本郷七丁目二番八号
電話〇三―三八一三―九一五一〈代〉
振替口座〇〇一〇〇―五―二四四番
http://www.yoshikawa-k.co.jp/

印刷＝株式会社 三秀舎
製本＝株式会社 ブックアート
装幀＝山崎 登

索　　引

本索引は，I 事項，II 人名，III 地名に分類の上，採録した．

I 事　　項

あ 行

か 行

さ　行

た　行

な　行

は　行

ま　行

や　行

ら　行

わ　行

II 人　名

あ　行

か　行

さ　行

た　行

な　行

は　行

ま　行

や　行

ら　行

III　地　名

あ　行

か　行

さ　行

た　行

な　行

は　行

ま　行

や　行

ら　行